KB060544

풍속문화로 만난
무령임금 무덤의 12가지 비밀

| 구중회 |

공주대학교 사범대학 국어교육과 교수(전공 : 풍속문화학)
JH 지식곳간채(한국문화풍속문화원) 원장
이메일 : jhkoo@kongju.ac.kr
전화 : 041-850-8176(연구실), 041-881-3937(연구원)

저서 _ 한국명리학의 역사적 연구(국학자료원, 2010)
　　　경책문화와 역사(민속원, 2009, 2010년 대한민국학술원 선정 우수도서)
　　　종리경책 연구(상명미디어, 2009)
　　　능묘와 풍수문화(국학자료원, 2008)
　　　옥추경 연구(동문선, 2006)
　　　충청도 설위설경(분지, 2002)
　　　계룡산 굿당 연구(국학자료원, 2001)
　　　공주지방의 민속신앙(공주문화원, 1995)

풍속문화로 만난 무령임금 무덤의 12가지 비밀

초판인쇄일　2011년 12월 15일
초판발행일　2011년 12월 20일
지 은 이　구중회
발 행 인　김선경
책 임 편 집　김윤희, 김소라
발 행 처　도서출판 서경문화사
　　　　　　주소 : 서울 종로구 동숭동 199 - 15(105호)
　　　　　　전화 : 743 - 8203, 8205 / 팩스 : 743 - 8210
　　　　　　메일 : sk8203@chollian.net
등 록 번 호　제 300-1994-41호

ISBN　978-89-6062-082-7　　93900

ⓒ 구중회, 2011

　정가　17,000원

풍속문화로 만난
무령임금 무덤의 12가지 비밀

구중회 지음

서경문화사

이 책을 쓰는 내내, 53세라는 고령에 태자를 잃고 비통해 하는 무령임금[501~522]의 모습을 나는 잊을 수가 없었다. 여러 장치들이 이를 실증적으로 증명하고 있다.

그 가운데 하나의 보기가 귀걸이다. 이야기하기조차 조금 민망하지만, 임금은 여성의 그것[하트Heart 모양의 생식기] 모양으로 만들고, 비[아내]가 남성의 그것[포탄 모양의 생식기]으로 만들었다. 모두 자손의 번성을 위한 문화적 장치였다. 산후 처리의 장치로 산치자 열매[피를 멈추게 하고 오줌을 정제하는 한의약제]와 굽은 옥[곡옥은 생명의 상징]도 물론 마련하였다. 이런 장치들은 성임금[523~553]이 부모님의 살아 있을 때를 배려한 감각이라 생각된다.

임금은 죽음은 반함 의례로 시작되었다. 오늘날에도 여전히 이루어지는 의례가 그 때에도 진행되었던 것이다. 시신의 존엄성을 지키기 위하여, 큰 못 박힌 신발[식이], 머리받침[두침], 발받침[족좌], 수저[동시] 등의 장치들이 필요하였다. 머리받침으로 머리를, 발받침으로 발을 고정시키고, 발 모양이 흐트러지지 않도록 못 달린 신발을 신겼던 것이다. 수저는 구슬을 입에 물리기 위해 고정하는 물건으로 이용되기도 하였다.

이 책의 구상은 내가 공주대학 교수로 더욱이 풍속문화학[=민속학 + 궁중학]을 공부하면서부터 한 번도 머리를 떠나지 않은 주제로 시작되었다.

그동안 몇 차례나 현장[남경, 서안, 실크로드Silk Road 絲路]을 다녀오
고 자료를 모은 것도 모두 이런 이유에서였다. 그 가운데 참고가 많이
된 책은 중국의 법전[『당육전』. 김부식은 『삼국사기』를 쓰면서 이 책을
참고하지 못하였다]과 서역 자료[돈황 관련 사전류, 돈황벽화집류], 그리
고 최신[2010 · 2011년 등] 현지 학자들의 고고학 연구 성과들이었다. 3
대 의례서인 『예기』, 『주례』, 『의례』 등도 큰 몫을 했다. 무덤 이야기는
상례[장례 포함]의 하위 개념이기 때문이다. 당시도 이들 책들이 들어와
있었다고 생각된다[발굴 40주년 기념 특별전에서 직접 이런 사실을 확
인할 수 있었다]. 특히 이 시대에 유입된 '원가력' 도 이해의 폭을 넓게
해주었다.

한마디로 줄여서 이 책의 내용을 말하라고 한다면, '백제 냄새나는 이
야기들' 이다. 소위 스토리텔링Story Telling이라는 것이다. 아니다. 내가
이야기를 하는 게 아니라, 임금 내외가 들려주는 이야기를 보태거나 빼
지 말고 그대로 전하는 임무를 맡고 싶었다.

그저 임금 내외를 비롯하여 당대 사람들이 무슨 생각을 하며 어떻게
살았는지, 흉한 일 피하여 좋은 일 찾으려고 무슨 고민을 했는지, 어찌해
야 전염병[여역]을 막을 수 있는지 …. 이런 냄새가 나는 이야기들을 듣
고 싶었다.

이야기들을 듣다가, 놀란 때가 한두 번이 아니다. 사람 살아가는 곳은 '옛날이나 지금이나 똑같은 것이로구나.' 공감할 수 있었다. 생태적인 환경의 피할 수 없는 모습일지도 모른다.

금년 봄 이 작업을 시작하면서, 나는 그들 무덤 앞에서 '알릉의[자료는 온라인Online상에서 '무령왕릉 알릉의'를 검색하면 된다]'를 올린 바 있다. 이번에는 마무리 작업으로 내년 2월 어느 좋은 날을 잡아 또 그 앞에서 이 책을 올리고 싶다. 예술 계통의 전문가를 몇 분 모셔다가 춤도 추고 노래도 불러 내외분에게 보여 드리고 싶다.

이 책이 나오기까지 많은 분들과 기관의 도움을 받았다. 그중에서도 공주시 문화재과에서의 재정적 지원에 대하여 고마움을 전하고 싶다. 그리고 지난 6월 하순에 서안 한나라 황제들의 무덤을 찾아가 통역과 작은 일까지 맡아준 구현식 선생과 그림을 그려준 김현진 양에게도 고마움을 전한다. 특별히 교정을 처음부터 세세히 보아주신 강헌규 교수님께 감사 말씀을 올리고 싶다. 출판 사정이 어려운 가운데 이 책을 선선히 내준 김선경 사장님과 사전에 『특급뉴스』에 연재를 허락해 준 김광섭 사장님께도 고마움을 전한다.

_ 차례

제1장
무령임금 무덤 읽기

① '왕릉' 과 '임금무덤' 은 다르다. ② 한 나라의 문화는 자연발생적 바탕 위에 형성·성립되고 역사가 흘러가면서 스스로의 발전과 외래 요소가 끼어들어 더욱 충실한 문화를 만들어간다. ③ 무덤의 연구는 범주상 상례[장례 포함]의 하위개념이다.

이러한 기본적인 생각을 가지고 이 글을 쓰기로 하였다. 크게 보면 백제 사람들과 풍속의 입장에서 서술하여야 한다고 생각한 것이다.

1. '임금 무덤' 과 '왕릉' 이 다른 까닭

우리는 백제 역사에서 25대 임금을 '무령왕' 이라고 부른다. 그런데 그 무덤에서 나온, 돌에 새긴 문서[지석 또는 매지권. 이후로는 무령돌문서라고 부르기로 한다]에는 '백제 사마왕' 이라고 되어 있다. '무령왕' 이 우리나라 시각이라면, '백제 사마왕' 은 중국적 시각이라고 할 수 있다. 서로 다른 시각이 있다는 것은 서로간의 독립체계를 인정하는 자세라고 할 것이다.

하북성 능산의 '중산왕릉'과 광주시의 '남월왕릉'은 도굴되지 않은 채, 처녀 무덤으로 발굴되어 화제를 남겼다. '지하박물관'이라고 할 만큼 많은 껴묻거리[부장품]를 남겨 중국의 역사 연구에 적지 않게 이바지한 바 있다.

그런데 이들 무덤에 묻힌 '왕'은 '제후' 급이지만, 주나라[희씨, 약 B.C.1030~256년. 이 연도는 『중국역사사전』(이병갑 엮음, 1995)에 의거한 것이다. 이후 중국 연도는 모두 이 사전에 근거한 것이다]의 그것과는 구별된다. 주나라는 '황제[진시황부터 이 용어가 사용되었다]'라는 용어 대신에 '왕'이라고 하였다. 연대가 모호한 전설상의 문왕[昌], 무왕[發], 성왕[誦] 등이나 역사 시대의 선왕[靜, B.C.828~782]부터 난왕[延, 315~256]까지 27대 '왕의 계보'가 바로 그것이다.

무령임금은 이들 왕과 다른 문화권이다. 물론 문화가 겹치는 부문도 있겠지만, 대체로 겹치지 않는다. 문화권의 차이를 전제하지 않는다면, 백제 시대의 '왕'과 중국의 '왕'이 동일한 제도로 이해할 가능성이 높다. 어디 그뿐인가? 춘추전국시대의 초[B.C.?~228], 위[B.C.403~225], 제[전씨, B.C.386~221], 진[B.C.778~207] 등의 '왕'이라는 용어와도 겹친다. 다시 말하자면 우리나라 고대 역사상의 임금과 춘추전국시대 중국의 왕과는 다른 문화권인 셈이다.

참고로 제[여씨, B.C.?~379]와 노[희씨, B.C.1055~246]는 '○공[을공, 주공 등]'을, 연[B.C.856~222]과 진[희씨, B.C.1106~376]은 '공'과 '왕'을 섞어 썼다. 위[B.C.403~225]와 한[B.C.408~230]은 '후'와 '공'을 섞어 썼다.

하여튼 무령 '임금'이란 용어는 독립적인 문화로 인식하되 일부 외래의 그것과 겹쳐 있다는 의미이다. 따라서 무령왕과 무령임금은 다른 것이다. '임금'은 우리나라 고유한 색깔을 지니는 것으로 중국의 제후급인 '왕'과 구별되는 것이다.

'무덤'도 같은 논리이다. 한자식 표기로 크게 분묘와 능원묘로 나뉜다고 할 수 있다. '분묘'는 주로 고고학에서 사용하는 용어이다. '총'도 같은 의미이다[구중회, 2008, 『능묘와 풍수문화』, 25~33쪽]. '능원묘'는 '능'이 황제나 왕급이고, '원'이 그 아래 등급이고, '묘'가 일반 서민들의 등급이다. 조선 시대의 능원묘는 중국의 그것과 또 다른 의미이다. 조선 시대의 원이 왕세자급이라면, 중국의 그것은 급수가 아니라 무덤의 영역을 의미하기 때문이다.

따라서 무덤과 능은 개념이 전혀 다를 수도 있다.

무령임금 무덤과 무령왕릉은 너무도 먼 거리의 용어인 셈이다. 다시 말하자면 임금 무덤은 역사적으로 보나 환경적으로 보나 나름대로 문화를 가진 영역이라는 것을 지적하고 싶다.

2. 우리 문화에 외래문화 끼워 주기
- 중국과 일본 나아가 서역 문화 -

중학교 때 배운 수학 지식[XY = Z]으로 설명하면, 이해가 빠를 듯하다. 처음 Y는 우리나라 환경적 상황과 인문적 조건에서 자연스럽게 발생된 요소이다. 초창기 그 모습은 엉성하고 빈약하여 아직 이름조차 부르기가 꺼려졌을 것이다. 그럼에도 불구하고 우리 선조들의 삶이므로 사랑하지 않을 수 없다.

그런데 이런 모습을 서구문화가 유입되면서 이런 모습을 애니미즘

Animism이니, 금기Taboo[속신]니, 토테미즘Totemism[토테미즘은 20세기 처음 10년 동안 사회학과 문화인류학이 융성하면서 많은 사람의 관심을 불러일으켰다]이니, 주술Sorcery이니, 미신Superstition[합리적 내용을 갖지 않은 것으로 생각되는 신앙이나 의식으로 이 용어를 사용하는 사람은 은연중에 자신의 과학적·철학적·종교적 확신이 보다 더 우월한 근거를 가지고 있다고 생각한다. 이 말은 그 뜻이 모호해 주관적으로 사용되는 경우가 많다]이니 하면서 낮춰 보고, 우리나라 학자들도 반성 없이 그대로 따라가는 경우가 대부분이다. 서구적인 유일신이란 기독교적 관점[기독교는 Christianity인데, 다른 종교는 모두 이즘Ism으로 표기된다. 예컨대 불교는 Buddhism, 도교는 Taoism, 유교는 Confucianism이다. 종교의 근원지라고 할 수 있는 인도의 힌두교도 Hinduism이다. 말하자면, 기독교 이외에는 '종교'가 없고 '주의'만 있는 셈이다]에서 판단한 것이다.

우리나라의 자연발생적인 모습을 어찌 외국인의 잣대로 잴 수가 있겠는가? 잣대 하나 마련하지 못한 후손들의 부실일 뿐이다. 그런데 오늘날은 이러한 자연발생적인 촌스러움과 엉성함이 '한류'를 만들어가고 있다. 상수항 Y가 자랑스럽고 미래의 방향이라 생각하지 않을 수 없다.

백제시대[B.C.18~A.D.660]의 사람들은 태어나자마자 결정된 환경에 놓이게 된다. 달리 이야기하자면, 자연환경은 물론이고 인문환경까지도 자신이 결정할 수 없다. 그 땅에서 봄·여름·가을·겨울 어느 계절에 태어나 자라고 역사가 흘렀다. 여기에는 아직 '어떤 외래문화'도 끼어들지 않았다. 이것이 상수항 Y이다.

이웃이 생겨나고 사회와 국가가 형성되고 성립되며 이웃 나라의 영향도 받게 된다. 이것이 변수항인 X이다. 고구려[B.C.37~A.D.668], 신라[B.C.57~935], 가야[?~?] 등과 중국과 일본 나아가 유교, 불교, 도교 등의 종교 등과도 관계를 맺어나가면서 X가 성립된다. 물론 백제 사람들의

| 왼쪽은 우즈베키스탄의 실크로드 답사[강헌규 · 조재훈 교수와 기사와 통역한 사람]하는
자리이고 오른쪽은 중앙아시아 건축에서 만나기 쉬운, 벽돌쌓기 모습이다. |

| 왼쪽은 서안공원에서 만난 일행[638~727]의 뒷모습이고,
오른쪽은 한나라 양릉 앞에서의 필자이다. |

스스로의 개발도 역시 X이다.

여기서 새로운 백제문화인 Z가 성립된다. 그리고 이런 Z는 다시 충전한 새로운 항목으로 Y′인 셈이다.

기본적인 XY=Z라는 등식은 XY′=Z′라는 새로운 등식이 성립된다. 이 등식은 다시 XXY′=Z″라는 등식이 된다. 이러한 적층성적인 등식이 문화의 본질이라고 생각된다.

하여튼 기본은 항상 상수항인 Y이다. 이런 등식은 잊을 수도 없지만, 잊는다고 해서 잊혀 사라지는 것도 아니다. 상수항이기 때문이다. '토착문화' 니, '고유문화' 니[이 용어는 어딘지 모자라고 부족하며, 심지어는 천박하다는 인식이 깔려 있어서 사용하는 데 자유롭지 못하다] 하는 Y는 근원적인 민족의 에너지를 발산하고 있다.

가령 무령임금 무덤이 '남조묘[벽돌무덤]' 영향[X]을 받았다면, 그 바탕에는 상수항인 무덤 형식을 전제로 한 것이다. 벽돌무덤 형식[X]이 이전의 상수 형식[Y]과 결합하여 새로운 형식[Z]이 성립된다. '남조묘'는 원산지인 중국의 XY = Z이므로, 백제에 들어온 형식은 Z인 것이다. 다시 말하자면, 백제는 ZY = Z′가 되는 셈이다. 중국의 XY = Z는 한족이 아닌 이민족의 변수항 X, 심지어는 서역[메소포타미아와 인도]의 변수항 등 수많은 X′, X″, X‴...가 있어서 형성된 Z′, Z″, Z‴ … 등인 것이다.

이런 의미에서 중국문화를 이해하여야 한다. 이들 문화는 '원산지'이면서 동시에 '전파지'라는 것이다. 중국의 문화를 '원산지'로만 인식하는 것이, 그동안 '관행'처럼 되어 왔다. 소위 '사대주의 덫'이라고 생각된다. 외뿔 돌짐승[일각수]은 서역에서 건너온 유니콘Unicorn이 중국 초나라의 무덤에 들어가 '진묘수'가 되지만, 무령임금 무덤에서는 진묘수 X에다가 신이로운 징조[상서] Y를 다시 보탠 새로운 Z였던 것이다. 소위 한족 문화란 국내적으로 다른 이민족의 통합문화이고 국외적으로는 인도나 메소포타미아의 서역 문화를 수혈을 받고 있었던 것이다. 또 다른 이웃 나라들과 서로 문화적 결합 형태가 있었던 것이다. 예를 들면 추석문화는 원산지가 우리나라인데 중국문화에 들어가 합류한 경우이다.

이러한 발상은 중국에 대한 인식을 새로이 하여야 한다는 의미이다.

무령임금 무덤은 '중국 남조[유송, 제, 양과 후량, 진]'의 영향권에 있는 것이 사실이다. 그러나 북조의 전체적인 기조는 북위를 비롯하여 서위, 동위, 북제, 북주 등이 소위 '북적'이라는 선비족의 나라로, 당대 '중국의 이민족'이다. 따라서 남조는 중국 한족문화의 총량인 것이다. 당대 남조는 그 전신이 전·후 한나라를 계승한 '몸통'인 셈이다. 이민족에 밀려서 남쪽 지방으로 쫓겨 가서 50년 전후의 정권을 유지하던 '유랑국가'였던 것이다.

이와 비교하여 백제는 당시 600여 년을 유지하던 정권이었다. 유랑국가는 아직 문화를 수립하기는 고사하고 자신의 정권 유지도 힘든 상태였다. 그러므로 '남조의 영향'은 '한나라 전통을 이은 유랑국가의 영향'으로 말해야 정확한 표현이 될 것이다. 북위는 북적의 하나인 선비족 탁발씨인 도무제[386~409]가 386년 건국하여, 534년에 효무제[532~534]가 망할 때까지 150년을 유지한 정권이다. 이후에도 선비족 우문씨 정권인 북주까지 합하면 200년간이나 이민족이 본토를 지배한 것이다. 유씨인 송은 59년간, 소씨인 남제는 23년간, 소씨인 양은 55년간, 후량은 33년, 진씨인 진은 32년 등 정권 유지에 힘이 버거운 '분열과 유랑의 시대'였던 것이다.

무령임금의 머리관 꾸밈새[관식]의 영락[불교]이 북위를 통하여 들어온 사실 하나만으로 '남조의 영향'이라 보기에 다소 무리가 있다. 더구나 목관을 일본에서 들여 보고, 유리옥들이 육지나 바다를 통하여 서역에서 들어온 것을 감안하면, 무령임금 무덤은 크고 작은 강의 물들이 모여서 된 바다의 문화인 셈이다. 전·후한 문화가 남조라는 강줄기, 북적의 일파인 선비족의 북조라는 강줄기, 서역과 일본이라는 각각의 작은 강줄기 등의 물결이 모여 이룬 바다의 문화인 것이다.

십분 양보해서 중국문화가 당대에 엄청난 영향을 주었다고 하더라도 현대의 입장에서 재조명하지 않으면 아니 된다. 중국문화는 한족의 문화로 원산지라는 의식이 너무 과도하게 포장되어 있다. 앞에서 이미 말한 대로 다시 중국문화는 전파지의 요소가 적지 않았던 것이다.

3. 무덤문화는 상례[장례 포함]의 하위개념

임금 무덤은 '무덤'으로 읽히기보다 오히려 '정치'나 '미술[공예품, 장신구]'을 이해하는 도구로 읽혀온다. 백제사를 밝히는데, 이러한 유물은 어떤 증거를 나타낸다는 식이다. 고고학에서는 유물을 하나하나 독립시켜 논의하면서 편년을 밝히거나 비교하고 기술적 수준과 국제 관계를 밝히게 된다. 말하자면 임금 그 자체의 '사람 냄새나는 이야기'가 적다는 것이다.

무덤은 결국 우리들의 죽음 문제와 닿게 된다.

이러한 인간사를 이야기를 하려면 유물 하나의 독립된 개체로 설명해서는 그 실체에 접근하기가 쉽지 않다. 인간 중심의 이야기로 유물을 엮어서 보여주어야 한다는 것이다. 풍속문화 즉 상례[장례]로 묶어서 보아야 한다는 것이다.

무덤은 무덤이다. 관·혼·상·제 등의 의례에서 보듯이, 무덤은 상례인 통과 의례의 한 과정이다. 그런데 임금 무덤을 연구하는 사람들은 대체적으로 상례를 거의 의식하지 않는 듯하다. 하나의 사물로 보는 듯한 인상을 받는다.

　동양문화에서 상례를 논의하려면, 가장 고전적인 바탕이 되는 책이 『예기』, 『의례』, 『주례』 등 3대 의례서이다. 그런데 이 3대 의례서는 무령임금 무덤이 중국 남조의 영향을 받았다는 인식으로 인하여 논의의 대상조차 되지 못한다. 발굴 40주년 무령임금 특별전시에서 시신이 놓였던 시상이 새로이 제시되었다. 이는 이들 의례서의 의례가 실행되었다는 의미이다. 모든 장례 절차를 마치고 문을 닫으며 올린 공헌과정에서 안상 위에 올려진 2개의 공양물 그릇이 안상[제상]에 표시가 나는 것으로 확인이 되기도 하였다.

　따라서 의례서의 상례[장례 포함]가 적용되었음을 의미한다. 여기서 짚어야 할 것이 28개월 상례도 있다[한나라 상례 기간은 7일, 10일, 10~20일, 20~30일, 30~40일, 40~50일, 50~60일, 60여 일, 70여 일, 80여 일, 100여 일, 200일, 300여 일, 433일, 빈장 230일 등 다양했다]. 졸곡이 끝나고 길제로 진행되었다는 사실이다. 이때는 음악도 있었으리라 생각된다.

　그러면 복제[상복을 입는 제도]가 있었다는 의미이기도 하다. 정복, 의복, 종복, 가복, 강복으로서 참최, 제최, 대공, 소공, 시마 등의 5등이 진행되었다는 것이다. 그런데 아직 복제에 관한 발견이 되지 않았을 뿐만 아니라 불교와 도교 의례와 겹쳐서 이에 대한 탐구가 과제로 남아 있다.

　무덤을 무덤으로 이해하기 위해서는 문화적 배경을 고려하지 않으면 아니 된다. 시간이 바로 그것이다. 3년상은 실제 2년의 기간이 소요된다. 초상은 사람이 죽어서 장례까지 기간을, 소상은 죽은 뒤 1년을, 대상은 소상 뒤 1년을 의미하기 때문이다. 무령임금의 상례[장례 포함]를 27월로 보는 것은 잘못된 서양적 사고이다.

　무령임금 무덤은 '가나다'의 문화가 아니라 '천지인'의 문화인 것이다. 일본인을 거쳐서 들어온 서구의 가나다순 문화는 문학, 역사, 철학이라는 콘텐츠 세계를 버리고 기호인 형식만을 가지고 조합한 문화이다.

오늘날 '목욕'은 일상적인 생활의 하나다. 그러나 불교의학에서는 '의술 행위'였다. 백제 율종[겸익(인도 유학기간 526~530)]의 10송율은 목욕의 5가지 공덕을 이야기하고 있다. ① 때를 없앤다. ② 몸이 깨끗해진다. ③ 몸 안의 한·냉병을 없애준다. ④ 풍을 없애준다. ⑤ 편안함을 얻게 한다. 오늘날의 입장과는 너무나 차이가 많은 인식이다. 이 뿐이 아니다. 세수와 양치질, 술의 폐해와 약으로서의 술의 역할, 과식 등도 불교의학에 해당된다. 가래나 침을 담는 타구가 위생시설이라는 점이다. 가나다 문화로 천지인 문화를 읽을 수 없는 이유이다. 더욱이나 당대의 생활문화는 오늘날의 입장에서 '주술'이니 '미신'이니 하는 관점은 차라리 문화를 버리는 것과 같은 행위이다.

천지인 문화의 핵심인 우주론적 혹은 유기론적 세계를 세속적인 현상으로 치부하는 문화비하적 관점이라고 할 수 있다. 천지인의 관점에서 볼 때, 출토된 유물들은 하나하나 독립된 세계이면서 동시에 전체로 하나로 통일된 세계이다. 1973년 『무령왕릉 발굴조사보고서』의 기술 과정을 보면 독립된 유물들이 다 부분품으로 있어서 한 품목도 파악하기가 쉽지 않다.

동양문화의 특징의 하나가 하늘[천]과 땅[지] 그리고 사람[인]이 서로 얽혀져 있다. 하늘이 사람의 부귀장수와 서로 대응되어 있다. 물론 땅이라는 실체를 통하여 움직이는 도덕적 유기체이다. 보기를 들면, 별이 사람의 수명을 관장하는 따위이다. 이러한 문화는 한나라에서 형성된 것이지만, 결국 이런 문화는 인도India와 메소포타미아Mesopotamia[Tigris 및 Euphrates 강 유역의 고대 국가로 이라크Iraq의 옛 이름] 등의 서역과 서로 엉켜서 이루어진 통합 형태라 할 수 있다.

이것도 무덤을 무덤으로 이해해야 할 이유이다.

우리는 신성한 문화와 세속적 문화를 구별하지 않으면 아니 된다.

무령임금 무덤은 백제 왕실이라는 '신성한 문화' 이다. 엘리아데Eliade
의 용어를 빌리지 않더라도 세속적인 문화Profane Culture와 신성한 문화
Secret Culture를 구별하지 않으면 아니 된다. 예를 들면, 종교문화는 신성
한 문화에 속한다. 세속화된다면 종교적 속성을 잃을 것이다.

임금 무덤을 논의하는 과정에서 '위세품' 이란 용어가 있다. 주로 역
사학에서 활용되는 용어인데, 우리 왕실문화의 신성성을 무너뜨린 것이
라고 생각한다. 가령 무령임금이 가졌던 소위 '환두대도' 를 위세품이라
고 한다.

임금이 '위세' 를 부리려고 '대도' 를 갖는다고 생각할 수 없기 때문이
다. '의기[의례적인 기구]' 라
고 해야 할 것이다.

'위세' 의 사전[『민중국어
사전』]적 의미는 ① 사람을
두렵게 하여 복종시키는 힘,
② 맹렬한 기세, ③ 위엄이
있는 기세 등이 있다. 비슷
한 단어[『한글유의어사전』]
로는 위력, 위풍, 위의, 위엄,
세위, 위광 등이 있다. 이러
한 사전적 의미를 읽고 있노
라면, '역사가 거세되어 있
다' 는 생각을 지울 수 없다.

'임금' 이란 신분은 당시
웅진백제시대의 최고 통치

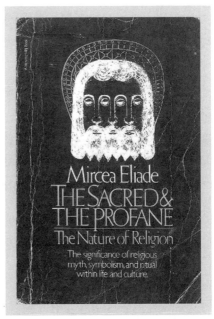

| 엘리아데 『성과 속』의 표지 |

자이다. 임금은 통치권과 제사권을 동시에 수행하는 자리이다. 그러한 신분적 위상을 고려할 때, '위세'란 용어는 적절한 표현이 아니라고 할 수 있다. 임금의 경우는 그 자체가 권위이자 신성한 문화의 소산이다. 인위적으로 '위세'를 부릴 필요가 없는 자리인 것이다.

그뿐이 아니다. 임금의 '위세품'이 학술어가 되려면 품목의 개념, 종류, 역사 등이 정리되어야 한다. 고고학 관련 책을 읽다 보면, 거의 빠지지 않는 용어가 '위세품'이다. 백제 임금 문화의 '신성성'을 고의적으로 훼손하려는 의도가 숨어 있는 게 아닌가 하는 의구심이 든다.

영어권에서 '신성'의 사전적 의미는 Holy, Sacred, Divine 등이 있다. 'Holy'는 근본적으로 종교에 관련되며, 종교적으로 깊이 존경받는 정신적인 순수함을 뜻한다. 'Sacred'는 계율이나 단체 따위에 의해 종교적인 의미가 주어진 성스러운 것으로 신에게 바쳐지는 것이란 뜻이 있다. 'Divine'은 '신성[신적인 성질 혹은 성격]을 가진, 신에게서 나오는, 신에 관계하는'이란 뜻으로, 초인간적인 힘 즉 최고의 위대함을 나타낸다. 제사권을 가진 임금의 신성은 영어권의 개념이 들어 있다. 그런데 '위세품'에서의 위세는 이러한 신성성을 빼내버린 즉 역사를 없애버린 개념이란 생각이 든다.

임금의 문화를 제대로 이해하지 못하고 추상적으로 인식한 것이 소위 '위세품'이라는 용어이다. 당대의 신성한 문화에서 임금이 소유해야 할 물건은 보검이지 군인이나 가질 큰칼[대도]이 아니다. 그것도 우리나라 용어로 대도는 없고 장도이어야 한다. '대도'는 일본식 칼이다.

무덤을 무덤으로 이해하려면, 벽에 그린 그림 읽는 법을 이해하지 않으면 아니 된다.

동양문화의 특징 가운데 하나가 '소의경전' 문화다. 불교나 도교 그리고 유교의 그림은 뒤에 경전이 배경으로 자리잡고 있다. 특히 인도의 힌두교를 비롯한 불교문화는 그러하다.

경전뿐만 아니라 자연현상도 마찬가지다. '4신 문화'는 태양의 운동을 근거[그 바탕에는 별자리가 깔려 있기고 한다. 이는 밤낮을 의미하는 것이기도 하다]로 하고 있다. 동쪽[동방]은 해가 뜨기 전 푸른 하늘색을 바탕으로 '청룡'을, 남쪽[남방]은 해가 공중 한가운데 있는 붉은 하늘색을 바탕으로 '주작'을, 서쪽[서방]은 해가 지고 난 직전의 하얀 하늘색을 바탕으로 '백호'를, 북쪽[북방]은 밤이 된 검은 하늘색을 바탕으로 '현무'라고 표현하였다.

이것은 해의 움직임을 중심으로 구성한 설명이고 별[28수]의 위치를 중심으로 구성하기도 한다. 청룡은 동방의 7수[각항저방심미기]를, 주작은 남방의 7수[정귀유성장익진]를, 백호는 서방의 7수[규루위묘필자삼]를, 현무는 북방의 7수[두우여허위실벽]를 의미하게 된다.

문화는 시대에 따라 형태나 형식만 바꾸어 나타날 뿐 삶의 기본적인 모습은 변화할 수 없다. 가령 장수, 건강, 부유 등 예컨대 '5복'에 대한 믿음은 인류의 역사와 영원히 함께 할 것이다. 가령 3국 시대의 허리띠[과대] 형식은 고려와 조선 시대에 오면 세분화되어 '패佩', '수綬' 등으로 나타나 오늘날에는 의복 패션Fashion의 치레로까지 나아간 것이다.

무덤을 무덤으로 이해해야 할 이유가 여기에 있다.

여기서 꼭 짚고 넘어가야 무덤문화의 과제가 있다. 우리나라 고고학은 '일본고고학'이라는 생각이 드는 것은 '공부가 짧아서'일지도 모른다. 예컨대 '널길'의 한자식 표현은 '羨道'다. 고고학과 역사학을 전공하는 학자들이 모인 자리에서 '왜 연도라고 읽느냐?'고 물어보았다. 처음 공부하는 학생들이 '선도'로 발음하여 '연도'로 고치는 경우가 있다고 하였다. 일본고고학의 용어를 그냥 쓰기 때문이라고 했다.

그런데 '널길'을 나타내는 단어가 중국 역사서에서 '연도埏道'가 있다는 것을 알았다. 『후한서』'주반전'에서 상례[장례 포함]와 관련하여 널길이 없는 무덤에서 영구를 구덩이 바닥까지 과정에서였다. 이현[?~?]

의 풀이[주]에서 '연도'가 등장한 것이다. 널길을 쓰지 않고 영구를 매어
서 지하로 내린다는 것이다.

'羨道'는 '埏道'로 고쳐져야 할 것이다. 이러한 의미에서 학술[고고
학] 용어를 쓰는 대신에 풀어서 쓰면서 [　]로 학술어를 쓴 것도 무덤의
연구를 돕기 위함이다.

무령임금 무덤은 '지하박물관'이자 '판도라의 상자'이다. 많은 고대
사의 비밀과 문화적 역동성이 잠재되어 있다고 생각된다. 선입견 없이
이를 앞으로 살피고 뒤로 살피고 오른쪽으로 왼쪽을 그리고 위아래로
살필 때 새로운 지평이 열리리라 믿는다.

4. 「신묘년 무령임금 무덤의 알룽의」

기　간 : 2011년 1월 12일 정오[12:00]

장　소 : 무령왕릉 모형관 앞

참가자 : 공주시 문화재관리소 소장[노평종]을 비롯한 시의원, 백제문
　　　　화연구소 소장[정재윤], 문화원 원장[나태주], 언론인 등 관련
　　　　자 여러분

다음은 『금강뉴스』 2011년 1월 14일 14:04:38 「신묘년 무령왕릉 알릉
의(謁陵儀) 거행」이란 신용희 기자[s-yh50@hanmail.net]의 기사이다.

　신묘년 새해를 맞이하는 무령왕릉武寧王陵 알릉의 謁陵儀가 1월 12일
正午(12시) 무령왕릉 모형관 앞에서 거행됐다.

　한국풍속문화연구원과 공주시 문화재관리소(소장 노평종)가 주최하
고 정재욱 전 문화원장의 사회로 진행된 이날 행사는 학계와 시민 100여
명이 참석했다.

　공주에서 처음으로 개최된 알릉의謁陵儀에는 '백제금동대향로' 복원
자인 오문계씨가 백제금동대향로에 분향한 뒤 나태주 공주문화원장의
무령왕 추모시 낭독과 최선(공주대)교수의 화관무로 가歌와 무舞 의식
을 진행했다.

　이어 사의祀儀 순서로 초헌관인 노평종 공주시 문화재관리소장이 감
주를, 아헌관인 윤홍중 공주시의원이 탁주를, 종헌관인 구중회 한국풍
속문화연구원장이 청주를 각각 헌작했다. 제례는 소·양·돼지의 3종
류를 갖춘 9품의 공물 등과 과일·떡·포(명태)가 진설됐으며 민간의례
인 소지 올리기 등으로 진행됐다.

　이 행사를 제안한 구중회 교수는 " '알릉의謁陵儀' 란 능[능은 임금, 원
은 왕세자 등, 묘는 대사부]을 알현하는 의식을 뜻한다. 이 능의는 3국

[고구려 · 백제 · 신라] 시대에 흔한 일은 아니었다. 고구려 몇 왕이 능을 알현하였다는 기록이 있으나 백제나 신라의 경우는 왕릉에 능의를 지냈다는 기록은 보이지 않는다. 그럼에도 불구하고 무령왕릉을 찾아 알릉의를 지내고자 하는 이유는 아직까지 문헌 기록을 발견하지 못했다고 하더라도 실제로 알릉의가 없었다고 생각되지 않는다"며 "백제 시대 '알묘' 의 사례가 고구려와 신라와 비교하여 상대적으로 많았다는 것이다. 고려와 조선 시대 알릉의는 '5례의' 가운데 '길례' 에 속한다. 국가의 사전 즉 제사의 전범의 하나로 제도화된 것이다. 고려 시대에는 알릉의 대신의 '배릉의[왕릉을 참배하는 의식]' 라는 용어를 사용했다"라고 알릉의를 개최하게 된 경위를 설명했다.

1. 반함의례의 흔적들
- 큰 못 박힌 신발[식이], 수저[동제시], 머리받침[두침],
발받침[족좌, 연궤, 철궤] 등의 도구 -

이 글은 무령임금 무덤에서 출토된, 젓가락이 없이 단독으로 쓰인 수저[동시, 동제시]와 9개의 큰 못이 박힌 신발[금동은제이, 식이], 그리고 임금과 그 아내의 머리를 받쳤던 받침[두침, 유침]과 발을 고정했던 받침[족좌, 연궤] 등을 통하여 당시의 임종 과정의 일부를 밝히려는 데 그 목적이 있다.

지금까지 수저, 신발, 머리와 발받침 등은 각각 독립된 채 고고학적 유물로만 연구가 진행되어 왔다. 그러나 무덤 안의 유물들은 하나하나 독립되어 있으면서 동시에 전체가 하나로 묶인 세계이다. 그동안 진행된 고고학이나 역사학 입장에서 이를 밝히는 데는 한계가 있을 것이다.

그러므로 풍속문화학[이 용어는 집필자가 만든 것이다. 기존의 '민속학'과 '궁중학'을 포괄한 내용이다. 민속학은 '일본을 통한 외래 지식

| 왼쪽 숟가락이 오른쪽의 것과 다르고 젓가락이 없다. |

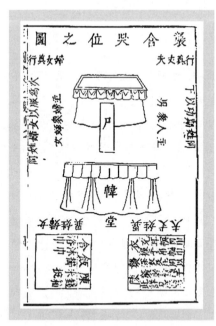

| 반함의례의 그림. 17세기 의례 모습 |

방법'이고 궁중학은 '역사 상의 전승되는 지식 방법'이 다의 입장에서 접근하려고 한다. 『무령왕릉발굴조사보 고서』에서 제시한 학술 용어 를 사용하지 않은 것은 이 때문이다.

이 글을 쓴 직접적인 동기 는 왜 젓가락이 없이 수저만 있느냐 하는 궁금증에서 제 기되었다. 두 개의 숟가락은 젓가락이 2쌍이 있어서 서 로 짝이 된다는 것을 금방 알 수 있다. 그런데 유독 수저만 하나 있고 젓가락이 없는 것은 필경 무슨 의미가 숨어 있을 것이란 생각이다. 여기에 착안하게 된 것이 '반함 의례'이다.

사람이 죽으면, 반함의례가 있기 마련이다. 죽은 이의 입에 쌀이나 동전 등을 입에 넣어주는 의례다. 쌀을 세 차례 입에 넣으면서 '100석이오', '1,000석이오', '10,000석이오'라고 말한다. 동전을 넣을 때에는 '석[가마니]' 대신에 '냥'을 같은 방식으로 한다. 풍속문화학에서는 죽은 이가 저 세상에 가서 먹을 쌀이나 사용할 돈을 넣어주는 것으로 이해된다. 무속에서 무당들이 옷을 보내주는 것[태우는 행위]도 같은 뜻으로 이해되고 있다.

이러한 가정을 증명하기 위하여, 우리나라의 역사서, 즉 『삼국유사』, 『삼국사기』, 『고려사』, 『조선왕조실록』, 『증보문헌비고』 등 중요 역사와 풍속문화 책들은 물론이고 중국의 역사서인 『사기』를 비롯한 『양서』, 『송서』, 『전·한 한서』, 『전·후 당서』, 『당육전』, 『당회요』, 『통전』, 『예기』 등 뒤질 수 있는 모든 것을 모두 뒤졌다. 그러다가 드디어 『예기』 제22편 '상대기'에서 해당 '뿔 숟가락'으로 번역되는 '각사'를 찾아냈다. 여기서 '사'는 '숟가락'이나 '윷[척사를 상기하기 바란다]'이라는 사전적 의미이다.

사람 특히 임금이 죽으면 신하가 윗니와 아랫니를 버티는 '각사'를 쓴다는 것이다. 젓가락이 없는 수저가 바로 각사 역할을 했다고 생각했던 것이다.

처음 죽으면 시체를 상안상에 옮기고 염금[이불]으로 덮고 죽을 때 입었던 옷을 벗긴다. 소신[신하를 낮춰 부름]이 이[치]를 버티는 데 각사[뿔 수제를 쓰고 발을 묶는 데 연궤[발받침]를 쓴다. 임금, 대부, 선비도 마찬가지다.

이 글은 『예기』 제22편 '상대기'에서 뽑아온 것이다.

진도가 여기까지 나아가니 일사천리로 조사가 진행되었다. 중국 역대의 상장 풍속을 찾아 나선 것이다. 그 대표적인 책의 하나가 이여삼[길림대학 고적연구소 교수]의 『한대상장례속』[2003, 심양출판사]이다.

상례 풍속은 초혼[혼을 부르는 의식, 혼을 부르기 위하여 지붕에 올라가 죽은 이의 이름을 부르며 옷을 흔든다] → 목욕[죽은 이를 목욕시키고 손발톱을 자르고 머리를 감긴다] → 반함[죽은 이의 다음 세상을 위하여 쌀과 동전 등을 넣어준다] 등의 순서가 있다. 오늘날 장례 풍속과 조금도 다르지 않다.

반함이란 구슬[주], 옥, 조개[화폐], 쌀[미] 등을 죽은 이의 입속에 넣어주는 행위를 말한다[수건을 뚫어서 구슬을 물리는 것을 말한다. 반함은 대부 이상에 적용되는 것이고 일반 선비는 공양고에서 시작되었다]. 이여삼 교수는 『전국책』, 『한서』, 『후한서』, 『예기』, 『춘추』, 『의례』, 『주례』 등의 적지 않은 책에서 '반함의례'에 관한 부분을 찾아 기록하였다. 특히 주목되는 것이 『후한서』 '효숭언황후기'이다. 황제의 아내가 죽자 반함에 써야 할 도구를 마련했다는 부분이다. 그림이 그려진 가래나무[梓]의 신명 기구, 옥으로 만든 상자가 있다는 것이다. 여기서 흥미로운 사실은 김수철·이광희·신성필이 「무령왕릉 목관재 및 칠기의 수종과 칠 기법 연구」[『무령왕릉 : 출토유물 분석보고서Ⅲ』, 2007]에서 '가래나무속'을 찾아내고 있다는 것이다. 이들은 무령임금 무덤에서 '한 번도 밝혀지지 않은 수종'이며 '관재보다는 일부 목재품'으로 보고 있다. '효숭언황후기'와 연관시켜 생각할 때 반함의례 등과 관련된 도구일지도 모른다.

하여튼 죽은 이의 시신이 굳기 전의 반함의례는 오늘날 장례에서도 그대로 이어지고 있다. 다만 그 형태가 다소 다를 뿐이다. 즉 엄지손가락과 엄지발가락을 각각 묶어서 영구를 모시기 쉽게 하는 장례 행위인 것이다.

참고로 관에 들어가지 않은 상태는 시[시신, 시체]이고 관에 들어간 상태는 구[영구]이다[빈전은 아직 무덤에 모시기 이전의 장례 현장. 일반 서민은 '빈소'가 된다]. 사당에 들어가지 않고 혼전에 있는 상태는 우['우주']이고 사당[조상의 신주를 모신 곳]에 들어간 상태는 신[신주]이 된다. '우'의 상태 혹은 그 이전 단계에서 '신'이 되지 못하면 귀로 구천을 떠돌게 된다. 굿이나 설경을 읽는 것은 이들 귀를 신으로 천도하기 위한 것이다. 귀는 불행이나 질병의 원인을 제공하기 때문이다. 굿이나 설경과 관련된 문화는 궁극적으로 효도 사상과 연결되는, 우리나라의 중요한 유산 가운데 하나이다.

이와 함께 큰 못이 9개 달린 장례용 신발도 역시 같은 용도라는 것이다. 또 같이 넣어서 생각해야 할 것이 다리받침이다. 『무령왕릉 학술조사보고서』에서 '족좌'로 이름을 붙인 이래로 공식적인 명칭이 되었다.

그런데 『예기』 제22편 '상대기'에서는 연궤[발받침]이다. 풀이를 보면, '길쭉한 것인데 겨우 두 발을 올려놓을 만한 걸상'이다. 죽은 이의 발에 신발을 신기려고 신하로 하여금 이를 붙들어 매어 발을 휘어지는 것을 방지한다는 것이다.

| 『예기』 반함의례 부분 |

『조선고적도보』 제3책에 의하면, 경주의 서악리 베개무덤[침총]의 무덤방[현실]에서 돌머리받침[석침]과 돌발받침[석족좌]이 동시에 발굴된 사례가 있다[『조선고적도보』 제3책, 1916년 3월 31일, 360~363쪽].

무령임금이 죽은 후 큰 못이 9개나 달린 신발은 발이 휘어지지 않도록 필요했던 것이다. 내부에 3중포심이 붙어 있고 신발 바닥에 따로 얇은 나무 껍데기를 깔았다고 알려지고 있다. 각 판은 2장으로 되어 있는데, 안쪽 판의 재질은 은이며 바깥쪽의 판은 금동이다. 이러한 장치는 사후의 영생을 위하여 발이 훼손되지 않고 원형을 유지시키려는 데 필요했

| 무령임금 무덤의 신발과 중앙아시아에서 발견된 나무 신발이 비슷한 모습을 하고 있다. |

다고 생각된다.

『예기』의 방식을 따르면, 사람[임금, 대부, 선비]이 죽으면, 숨진 후부터 시체를 입관할 때까지 여덟 번을 옮긴다. ① 임종하면 창 아래 옮기고, ② 목욕하는 상에 옮기고, ③ 함상[입에 옥 따위를 물리는 침상]에 옮기고, ④ 습상[옷을 갈아입히는 침상]에 옮기고, ⑤ 소렴[매포, 금(깃과 동정이 있음), 정의. 여성(내상)인 경우 당의, 장삼, 산의 등을 입힘] 때 옮기고, ⑥ 당[영대를 모시는 것으로 혼백을 봉안하고 명정을 씀]에 모실 때 옮기고, ⑦ 대렴[매포, 금, 정의, 도의, 산의, 천금, 지욕, 베개 등이 필요함] 때 옮기고, ⑧ 시체를 관에 넣을 때 옮긴다. 여기서 세 번째 함상에 옮겨 행하는 의식이 반함의례다.

국립공주박물관에서 무령임금 무덤 발굴 40주년 기념 특별전이 열리고 있다. 여기에서 임금의 아내가 죽어서 누웠던 빈상이 전시되었다.

『예기』에 죽은 이는 임금이 대상이다.

참고로 임금이 죽은 뒤 목욕시키는 과정의 일부를 따라가 본다. 목욕시킬 때 와반, 즉 질그릇 상을 쓰고 수건[치건]으로 닦고 담당하는 신하는 손톱과 수염을 깎는다. 머리털을 씻은 더러운 물은 구덩이에 버린다. 그리고 큰 상[대부는 오랑캐 상을 설치하고 얼음을 담아 놓는다[선비는 질그릇 상을 놓으나 얼음이 없다].

침상을 마련할 때 자리가 있으면 얼음의 냉기가 통하지 않기 때문에 자리를 걷어치우고 평상의 살을 드러낸다. 그러나 자리를 치우더라도 베개는 그대로 남겨둔다. 그리고 입에 물건을 물릴 때에도, 옷을 껴입힐 때도, 시체를 당에 옮길 때에도 각각 침상이 하나씩 있다. 이때에도 그 상에 모두 베개와 자리가 있다. 임금, 대부, 선비 모두 마찬가지다.

이 글 역시 『예기』 '상대기'에서 뽑아 옮긴 것이다. 여기에 등장하는

'베개'가 머리받침[두침]라고 할 수 있다. 임금 아내의 머리받침[두침]에는 붉은 색 바탕으로 거북등껍질 6각이 있고 그 안에는 작은 그림으로 채우고 있다. 비천과 오획, 산화 등의 그림으로 보아 서왕모가 다스리는 제석천비라고 생각된다. 서왕모는 도교적 제석천은 불교적 성격으로 한대 명제[57~75] 이후 황제 무덤문화[불·도·유 3교 통합]와 일치된다고 생각된다.

> 철막대에는 금제 능형[마름모양]장식[꾸밈]이 붙어 있는데 대나무를 형상화한 것으로 보인다.

이 글은 『공주국립박물관』 안내서[2004, 44쪽]의 설명이다. '마름 풀잎 모습으로 꾸민 대나무'를 꽂았다는 것이다. 이러한 설명은 발굴 30주년 기념[『백제 사마왕』]으로 2001년의 '철기'에서 '대나무'로 나아간 것이다.

하여튼 머리받침[두침]의 '좌우 봉황 두 마리'와 발받침[족좌]의 '좌우 대나무'는 도교와 관련이 있다.

이 새가 봉황이라면 '鳳'은 수컷을 '凰'은 암컷을 뜻한다. 행서체인 '갑'과 '을'은 암수를 나타낸 것이라면, '갑'은 동쪽이고 '을'은 서쪽이다. 즉 임금의 위치처럼 동쪽에 수컷 봉이 놓이고 서쪽에 암컷 황이 있었다고 생각된다. 원래는 암수의 구분이 없이 '봉'만 사용했으나 뒤에 '황'이 만들어진 것이라 알려진다. 형태상으로 암수의 구별이 어렵다면, 아직 '황'과 결합되지 않은 시대의 산물인지도 모른다.

보통 봉황이 나타난다는 것은 커다란 사건의 징후가 되거나 군주의 위대함을 증명하기 위한 것으로 전해진다. 맨 처음 봉황이 나타난 것은 중국 전설상의 황제가 죽기 전에 나타난 것으로 되어 있다. 임금의 아내는 남편인 무령임금이나 후손이 위대한 임금이라는 것을 암시할지도 모른다.

| '봉황' 과 '대나무' |

『설문해자』에 설명된 봉황은 가슴이 기러기, 후반부가 수사슴, 목이 뱀, 꼬리가 물고기, 이마가 새, 깃이 원앙새, 무늬가 용, 등이 거북, 얼굴이 제비, 부리가 수탉과 같이 생겼다고 되어 있다

도교의 설화에 의하면 봉황은 대나무에서 놀기를 좋아한다. 참고로 공주시의 땅 이름에서 봉황동과 반죽동이 서로 경계를 이루는 것은 이러한 도교 설화와 무관하지 않다.

신선이 사는 봉래산에는 붉은 대가 있다고 한다. 그 열매의 크기는 큰 구슬만 하고 봉황과 난[새]이 날아와 놀며 신선들이 즐기고, 바람이 불면 종과 풍경 소리를 낸다. 이 붉은 대는 도교와 신비로운 존재들과 어우러져 있는 존재이다. 또 도가에서는 죽순을 햇볕의 태(햇볕이 배어 있는 곳)라고 여겨 대명[크게 밝음]이라 부른다.

이 인용문은 송준호 교수가 『한국문화 상징사전』[1992]에서 '대' 를 소개한 부분이다. 임금 아내에게 나타난 봉황과 대나무는 도교의 신선 사상과 맥락이 닿아 있음을 알 수 있다.

지금까지 논의한 바를 정리하면, 삼국 즉 백제, 고구려, 신라에서 장례용 신발[식리]이 골고루 출토된다는 것은 반함의례가 널리 유행했다는 뜻이다. 더구나 일본까지도 유행했던 장례풍속이라고 할 것이다. 그런데 아직 가야지역에서 출토되지 않았다는 점은 어느 신분에 속하는 사람들의 장례 도구인지 탐구가 필요한 대목이다.

참고 사항으로 불교 열반 그림을 생각할 수 있다. 여기서 베개를 만날 수 있다.

돈황석굴에서 이른 시기인 북주[556~581]의 그림에서 열반 그림이 있고 베개를 베고 있다. 북주는 선비족 우문씨가 세운 나라다. 말하자면 우리나라와 같이 주변국에 속하는 민족이라 할 수 있다.

막고굴에서 가장 빠른 시기의 그림으로 평가되는 열반 그림이다. 석가모니 부처가 열반하는 모습인데, 머리는 베개를 베고 맨발인 모습이다. 이 맨발을 마하가섭Mahākāśyapa[석가모니의 10대 제자의 한 분이다.

| 이 그림은 막고굴 428굴의 서쪽 벽 북쪽에 있다. |

본래 바라문으로 석가모니가 도를 깨달은 지 3년쯤 부처님께 귀의하였다. 두타 제1로 부처님의 심인을 전해 받았다. 석가모니가 돌아가신 뒤 500아라한을 데리고 제1 집결을 하면서 우두머리가 된다[이 만지며 애도하는 그림이다.

이 석가모니의 열반 그림은 오른쪽으로 누운 모습[우협이좌]이다. 이러한 열반 그림은 용문석굴이나 맥적산 석굴 가운데 북위[386~534]에도 등장한다. 북위나 북주가 모두 선비족이란 점에서 중국의 중원 문화와 또 다른 측면이라 생각된다.

| 이 열반 그림은 수나라 것으로 막고굴 295굴 천정 人자판 서쪽에 있다. |

머리받침[두침]은 불교에서도 확인되는 광범위한 풍속의 하나라고 할 수 있다. 불·도·유 3교가 통합된 의례와 관련된 것이 반함의례의 성격이라 할 것이다.

2. 보검[검패]과 큰칼[환두대도]의 품격 문제

임금의 왼쪽에서 커다란 보검이 그 썩은 갑에 싸여 놓여 있었다. 자루 부분만 원형을 유지하고 있을 뿐 칼날은 덮여서 거의 보이지 않는다. 소위 환두대도로 부르는 것이다. 결론부터 말하자면, 이것은 도[칼]가 아니고 검이다. 양 나라와의 군사동맹 관계에서 그 표상으로 백제에 보낸 검패[『삼국사기』의 용어]이다.

이 글에서는 검이 어찌하여 대도가 되었는지 과정과 검의 역사와 도상에 대하여 논의하려고 한다.

• [환두]대도라는 이름을 얻게 되는 과정 •

검과 칼[도]의 구별법은 날의 종류[외날은 칼, 양날은 검]와 손잡이의 쇠뇌 유무라는 지극히 단순한 고고학적 고려였다. 가장 오래된 『장자』 「설검」은 외날이다. 이와 같이 '검'과 '칼[도]'은 구분할 어떠한 역사학적 근거가 없다.

그런데 20세기 전반부에 들어서면서 일본학자의 고고학을 수용하면서 역사와 단절되고 만 것이다. 백제 역사가 아니고 근대인의 역사가 되어버린 것이다.

'고건축' 전문가인 일본인 학자가 발굴한, 우리나라 유물 조사보고서에서 '대도', '도', '도자' 등 용어를 사용한 뒤 그대로 굳어져 버린 것이기 때문이다.

하나의 단어가 학술적인 용어로 성립되려면, 적어도 형태Form, 기능 Function, 의미Meaning 등을 충족시키지 않으면 아니 된다. 그런데 칼 즉

'대도', '도', '도자' 등의 용어는 학술어로 적절하지 않다. 이들 세 요소를 충분히 고려하지 않았기 때문이다.

국립문화재연구소[2001]의 『고고학사전』은 '고리자루칼'로 '환두도'란 항목을 설정하고 있다. 그 설명에 따르면, 그 구분 기준은 '칼의 크기'와 '손잡이 머리 부분의 형태'였다. '칼의 크기'에 따라 '큰칼[대도 60cm 이상]', '작은칼[소도 60~30cm]', '손칼[도자 30cm 미만]' 등으로 나누고, '손잡이 머리 부분의 형태'에 따라 '민고리자루칼[소환두도]', '3잎고리자루칼[3엽고리자루칼]', '세고리자루칼[3환두도]', '용봉고리자루칼[용봉환두도]', '귀신고리자루칼[귀환두도]' 등으로 나눈다.

이러한 고고학적 사전의 정의는 '형태'라는 조건에 맞춘 것이다. '기능'이나 '의미'를 고려의 대상에서 빠져버린 것이다.

그 결정판이 일본 경도대학 인문과학연구소의 『한대의 문물』[1976]의 견해다. 이 책자는 경도대학 임이나부林已奈夫를 반장으로 반원으로 10여 개 대학과 연구소와 협회가 모여서 엮은 것이다. 1970년부터 5년간의 작업 끝에 결실을 본 것이다. 한나라의 문물을 정리한 것으로 책 종류를 빼면 10개의 항

| 『석명』 석병, 칼 풀이 부분 |

목으로 구성되어 있다.

그 가운데 맨 끝의 항목이 '무기와 정기[깃발]' 다. 여기에서 칼[도]과 검을 구별하여 설명하고 있다. 중심적인 전거가 한나라[전한 B.C.206~A.D.5, 후한 25~220]의 유희劉熙의 『석명』 '석병' 즉 군사에 관한 풀이다. 여기에서 칼은 5종류가 나온다.

'단도' 즉 짧은 칼, '패도' 즉 차는 칼, '전도' 즉 종이를 오리거나 나뭇가지를 자르는 칼, '서도' 글씨나 그림을 새기는 칼, '봉도' 즉 가위 칼 등이 그것이다. 무령임금의 대도는 검이기 때문에 어디에도 해당되지 않는다. 칼이 베는 것이고 공격하는 용도로 임금의 위엄과 덕망을 상징할 수 없는 것이다.

칼은 '환' 즉 고리, '봉' 즉 자루, '삭' 즉 칼날, '병' 즉 칼집 등으로

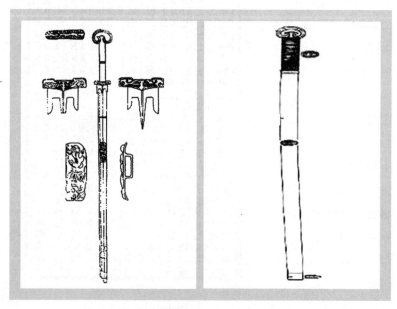

| 일본 학자의 검과 칼의 구분 |

구성되어 있다는 것이다. 검은 '심' 즉 칼자루와 칼날 부분을 나누어주는 테에 '비' 즉 쇠뇌가 있고 '봉' 즉 칼날 끝이 있다는 것이다.

칼과 검의 구분은 손잡이 부분의 '비', 즉 쇠뇌[두 팔을 껴안듯이 붙어 있다가 있느냐 없느냐에 따라 결정된다는 것이다. 이러한 구분법이 잘 드러난 것이 앞의 그림이다.

칼은 평양에서 발굴된 '환도'를, 검은 소홍리저[지역 이름]의 것을 보기로 들고 있다. 여기서 '환도'는 무령임금 무덤의 '환두대도'와 같은 종류다.

여기서 제기된 것이 '양날이냐[검]' '외날이냐[칼]' 와 손잡이에 '쇠뇌' 가 '있느냐[검]', '없느냐[칼]' 다. 이러한 구분법은 칼과 검이 '무기' 라는 점에 착안하였기 때문에 빚어진 결과이기도 하다. 칼과 검은 병기용이기도 하지만 의례용[노부와 의장 등]과 신앙[불교나 천도교의 검경] 및 예술용[검무] 등을 고려하지 하지 않았기 때문이다.

검과 칼을 구분법을 논의하기에 앞서 '환도'와 '환두대도'를 이해하지 않으면 안 된다.

'환두대도'는 한자로 '環頭大刀' 이고 '환도'는 '環刀' 이다. 언뜻 보면 비슷한 용어로 생각하기 쉽지만, 실제는 전혀 다르다.

『국조오례의 서례』 권4 군례 병기도설에 의하면, '검' 은 '사람이 차고 다니는 병기' 이다. 2종류인데, 하나는 '운검', 즉 '구름 검' 이고 다른 하나는 '패검', 즉 '차는 검' 이다.

'구름 검' 의 주머니는 고기 가죽으로 싸고 붉은 칠을 하며 흰 은으로 꾸몄고 붉은 실로 땋은 끈을 드리우며 얇은 가죽 끈으로 차도록 한다고 하였다. 다른 하나의 '차는 검' 은 사투리로 '환도,' 즉 '휘어진 칼' 이다. 검정 칠을 하고 누른 색 구리로 꾸미고 역시 붉은 실로 땋은 끈을 드리우고 사슴 가죽으로 찬다고 하였다.

『국조오례의 서례』는 '구름 검' 과 '차는 검' 즉 '환도' 는 제도적으로는 같다고 보았다. '환두[대]도' 가 '고리자루를 가진 칼[『고고학사전』]'이라면 '환도' 는 '휘어진 칼' 이다. 일본인 학자들이 '환도' 를 '환두[대]도' 로 오해한 것이다. 역사학에 등장하는 칼이나 검은 '형태적인 것' 이 아니라 오히려 의미Meaning['신분']나 기능Function인 것이었다.

무령임금 무덤에서 출토된 '환두대도' 는 발굴 20년 후에 얻은 이름이다. 1973년 발간된 『무령왕릉 학술조사보고서』의 이름은 '단룡환두도' [여기 환은 '鐶']로 하나의 용이 새겨진 고리머리 칼이라는 것이었다. '환두대도[여기 환은 '環']' 는 1991년 충청남도와 공주대학교 백제문화연구소에서 발행한 『백제무령왕릉』에서였다. 부장 유물 1에서 금속제 장신구를 소개하는 자리에서 7번째 '환두대도와 장식도자' 로, 당시 부여박물관의 신광섭이 집필을 맡았다. '丹頭' 라는 단서 조항을 붙인 것이 특이하다. 이후 이 용어는 변동 없이 오늘날까지 사용되고 있다. 2008년에는 '금동제[『무령왕릉 기초자료집』]' 라는 접두어가 붙었고, 작년[2010]에는 '고리자루칼[『국립공주박물관』]' 이란 『고고학사전』 용어를 사용하였다. 그래서 '환두대도' 는 여전히 진행중이다.

그러면 어떻게 '환두대도' 라는 용어가 어떻게 성립되었는지 그 과정을 따라가 볼 필요가 있다.

1915~16년 조선총독부에서 발간한 『조선고적도보』에는 '도[칼]' 및 '대도[큰칼]' 와 '검' 으로 나누어진다. 『조선고적도보』 1~2책은 1915년 3월 1일에, 3책은 다음 해 1916년 3월 31일에 발간되었다. 1책은 낙랑시대 및 대방군시대 그리고 고구려시대[국내성]를, 2책은 고구려시대의 평양 장안현을, 3책은 마한시대, 백제시대, 임나시대, 옥저[?]시대, 예[?]시대, 고신라시대, 3국시대 불상 등을 조사한 보고서였다.

이 가운데 평남 대동군 대동강면 석암동 고분과 경북 경주군 보문리 부부총에서 출토된 것과 전경주군 내전양평이 소장한 것은 '대도[큰칼]' 와 '도[칼]' 로 분류되었다. 이들은 오늘날 고고학적 분류는 고리칼자루 즉 환두대도였다. 따라서 1915~16년에는 '환두대도'가 아직 없었다는 뜻이다. 그냥 '대도', '도', '도재손칼」'라고 하거나 앞에 '부장'이 접두사로 붙어서 '부장대도', '부장도', '부자도자'라고 했던 것이다.

그뿐이 아니다. 경주 보문리 부부총의 '부장대도'는 '검'에 속한다. 적어도 사진에 나타난 바로는 양 날을 가진 것이 분명해 보인다. 이들이 용어를 붙인 것이 이렇게 혼란스럽다.

여기에 곁들여 흥미로운 사실은 '조선고적'이 무덤 발굴을 중심으로 '고건축 전공자'에게 '촉탁'되었다는 점이다. 이 발굴은 1909년[명치 42] 9월부터 약 34개월간 공학박사인 관야전, 문학사인 곡정제일, 공학사인 율산준일 등이 담당했던 것이다. 고대 무덤을 '고건축'으로만 본다는 자체가 시사하는 점이 있다. 이런 까닭으로 빚어진 결과가 아닐지 모르겠다.

참고 자료 하나 소개하기로 한다. '환두대도' 혹은 '환두도'란 용어는 1936년에 발행된 『조선고적조사보고』에서 나타난다. 도계리 50호분 벽돌무덤 앞·뒤·옆방이 있다. 이 옛날 무덤에서는 대도, 도, 도자 등이 고루 출토되었는데 모두 철[쇠]제였다.

• 역사서에 나타난 기록들 •

4국[백제·고구려·신라·가야]시대는 검과 칼이 구분되어 있었다. 칼이 생필품이나 전쟁터의 무기인 반면에 검은 '지휘권' 내지는 '출세'의 상징이었다.

'지휘권'의 보기가 백제 무령임금과 고구려 안장임금의 보검이다.

『삼국사기』[고구려본기] 제7 안장임금[재위 519~530]의 '패검'이었다. 안장임금은 고구려 22대 재위자다. 이름이 흥안이요 문자명 임금[492~518]의 장자로 519년에 즉위하였다. 이때는 무령임금 19년이었고 양[소씨] 무제임금 18년이고 북위[선비족 탁발씨] 효명임금 2년이었다.

양의 무제는 520년 2월에 고구려 안장임금에게 '영동장군 도독영평이주 제군사 고구려왕'으로 양나라 방식의 군사 동맹을 맺고자, 사자[강주(법)성)에게 '의관'과 '검패'를 전하려 했다. 그런데 그 사자가, 북위 병사에게 해상에서 붙잡혀 서울인 낙양에 압송되었다. 그리고 북위의 효문제는 안장임금에게 '안동장군 영호동이교위 요동군개국공 고구려왕'으로 등급을 높여서 군사 동맹을 맺었다.

이처럼 중국의 남·북조 나라들은 우리나라 4국[백제·고구려·신라·가야]과 군사 동맹을 맺으려고 경쟁을 벌인다. 특히 북위와 양의 이러한 군사적 동맹의 경쟁은 지속적으로 이루어진다. 양나라 직공도가 외국 사신들의 '사진첩'이라는 점을 고려하면, 더욱 이를 실감이 날 것이다. 사실 중국 남·북조 특히 남조의 나라들은 '제 발등의 불끄기'도 바빠서 명멸하는 정권들이었다[유씨의 송이 59년, 소씨의 남제가 23년, 소씨의 양이 55년, 후량이 32년, 진이 31년 23년에서 59년 동안 유지했기 때문이다. 거기에 비교하면, 우리나라 4국은 이미 500~600년을 지탱해온 안전한 상태의 국가였다].

하여튼 양나라는 무령임금이 즉위하자 '정동대장군'을, 521년에는 '영동대장군백제사마왕'이라는 직책으로 군사 동맹을 맺었다. 이러한 과정에서 외교 문서와 같은 '의관'과 '검패'가 전달된 것이다. 이것이 무령임금 무덤에서 출토된 보검의 역사적 진실이다.

'출세'의 보기가 『삼국사기』[권47 열전 제기 설계두[신라 사람]에 나온다. '중국에 가서 고관직에 올라 검패를 갖추고 천자의 곁에 출입하고 싶다'는 기록이 그것이다.

칼에 대한 기록은 주로 '무기'나 '수사법'으로 등장한다.

'刀'의 표현은 사람과 동물을 죽인 기록이다.

고구려의 두로가 모본 임금을, 유유[고구려 사람]가 위나라 장수를, 김현[신라 사람]이 호랑이를 죽였다는 것이 그 사례이다. 그리고는 "목숨을 칼 도마 위에 올려 놓았다" 든지, "간을 칼로 에는 듯하다" 든지, "칼로 허벅지 살을 베었다" 든지 등과 같이 수사법이나 실제적인 행위를 표현하는 경우다.

한두 가지 짚고 넘어가야 부분이 있다.

우선 연개소문[?~665]이 '몸에 칼 5 자루를 찼다' 는 대목이다.

> 이에 원근을 호령하고 국사를 전제[마음대로 함]하여 매우 위엄이 있었으며 몸에 칼을 다섯 자루를 차고 있어서 좌우의 사람들이 감히 쳐다보지 못하였다[『삼국사기』 권49 열전 9 개소문조].

여기서 칼을 분명히 권력의 상징인 '지휘권' 과 관련된 것이다. 검의 기능을 가진 것이다. 칼과 검의 분별이 사라지는 시기인지도 모르겠다.

또 하나의 보기는 『삼국유사』 권2 기이 제2 '처용랑과 망해사' 조다. 임금[헌강임금 재위 875~886]은 북악 산신이 보여준 '옥도령[이병도의 번역인데 원문을 보면 '옥도검' 이다] 이라는 부분이다. 무속에서 칼춤[검무]을 추는데 그 유래가 아닌가 한다.

또 하나의 보기는 '도' 를 신표로 사용한 보장왕[고구려 재위 642~668] 때의 기록이다. '도' 의 초창기의 기능은 화폐였던 사실을 상기할 필요가 있다.

검과 칼의 역사는 고려 충렬 임금 시기에 와서 새로운 전기를 맞는다. 원나라의 영향을 받아 '환도[여기서 환도는 '휘어진 칼' 을 말한다] 라는 용어가 사용되기 시작하여 오늘에 이른다. 충렬임금 3년[1277] 원나라에서 유홍, 홀노[환철장 즉 대장장이]가 파견되었다. 임금이 이장무에게 명령하여 그들과 함께 충주로 가서 환도 1,000개를 만들었다는 기록이다. 국가에서는 홀노가 만들어 가진 환도[왕족들과 권무관]를 회수한다는 기록이 다음 해에 보인다. 1280년에는 교위 정지연을 원나라로 보내 환도 378자루를 바쳤다는 것이다.

그런데 서긍[1123년 1개월 개경 상주]의 『선화봉사고려도경』 제13권 병기에는 '패검' 이란 용어를 사용하고 있다.

> 패검의 장식은 모양이 길고 날이 예리한데, 백금[은]과 오서[검은 무소뿔]에 사이사이 어긋나게 해사어피[바다상어 가죽]를 섞어 칼집을 만들었다. 곁에 환뉴[칼집 둘레에 고리를 달아매는 것]를 만들어 색 끈으로 꿰거나, 혹은 혁대 · 상옥체[상옥으로 꾸민 칼등] · 봉필[칼의 장식, 즉 위의 장식은 봉, 아래 장식은 파이다] 등속으로 하니, 역시 옛날의 남은 제도이다. 문위 교위와 중검랑기가 모두 찼다.

패검의 구조가 상당히 구체적으로 설명된다. 여기서 흥미를 끄는 것은 문위 교위와 중검랑기가 찼다는 기록이다. 이것은 서긍이 패검을 찬 신분을 지적한 듯하다. 하여튼 서긍이 기록한 검의 구조는 『국조오례의 서례』[권4군례] '병기도설' 과도 거의 일치하고 있다.

『국조오례의 서례』 군례 병기도설의 부분이다. 고려시대의 오례에 속

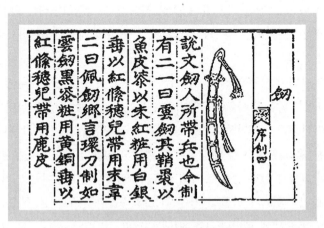

| 『국조오례의 서례』 권4 군례 병기도설 2b |

하는 길례와 군례 등에는 '난도', 즉 제사에 쓰는 희생[소, 양, 돼지 등]을 잡는 칼이 등장하는데 역시 조선시대에 그대로 계승된다.

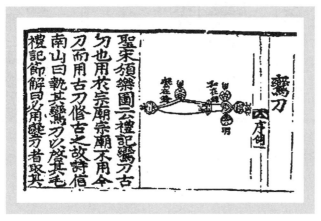

| 『국조오례의 서례』 권1 길례 '제기도설' 50b |

난도는 종묘[나라의 조상을 모신 사당]에 쓰는 옛날 칼이다. 흥미로운 것은 난도가 음악과 관련되어 있다는 점이다. 반드시 난도를 씀은 그 방울소리를 듣고 궁과 상이 조화된 뒤에 고기를 벤다는 것이다.

> 난도는 종묘에서 고기를 베는 칼이다. 환[고리]에 화[음]가 있고 봉[칼
> 끝]에는 난[방울]이 있다. 난이 봉성에 있으며 소리가 궁상에 맞고 화가 환
> 성[고리 소리]에 있으면 소리가 각치우에 맞는다.

이상은 위에 표에 보이는 설명이다. 이 난도는 환도처럼 고려시대부터 전승된 것이다.

『국조오례의 서례』의 길례 '노부'에는 '은장도'와 속악[정대업]에는 검이 등장하기도 한다.

| 『국조오례의 서례』 권2 가례 노부도설 22a |

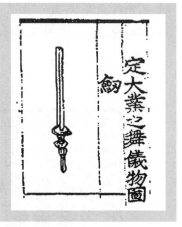

| 『국조오례의 서례』 권1 길례
속부악기도설 102b |

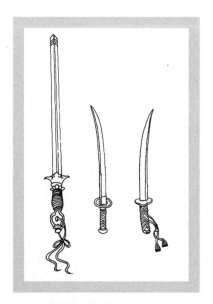

| 단도[짧은칼]로 중국식 검[왼쪽],
금식 환도[가운데], 중국식 단도[오른쪽]를
분류하고 있다. |

은장도는 길례 노부로 등장한다. 나무로 만드는데 칼집에 조각을 하고 은을 입혔고 붉고 푸른 채색을 사이에 칠하였다. 고려시대의 반검도 역시 목검인데 서로 비교가 된다. 속악의 정대업에 등장하는 검은 첫 번째 줄에 서되 6명씩 2줄로 12개의 검이 등장한다.

검과 칼에 대한 결정판은 정조가 명하여 지은 『무예도보통지』이다.

권1은 총론, 권2에는 쌍수

도, 예도, 왜검, 권3에는 제독검, 본국검, 쌍검, 마상쌍검, 월도, 마상월도, 협도 등이 있다. 이들은 형태에 의거한 것이라기보다는 기능과 사용자의 신분 등과 밀접한 관련이 있다.

『무예도보통지』의 검과 칼[도]은 분류는 고고학의 검과 칼의 그것과 적지 않은 차이가 있음을 알 수 있다.

이 책 이외에도 『동국병감』, 『병학지남』, 박종경[1765~1817]의 『융원필비』 등 적지 않은 책을 참고할 수 있다. 여기서는 이 정도로 줄이기로 한다.

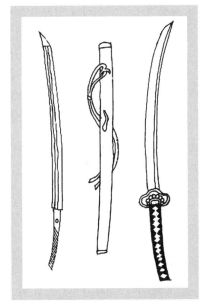

| 일본 검[왜검]으로 칼집[초, 왼쪽], 칼[도, 가운데], 칼날[인, 오른쪽]을 제시하고 있다. |

• 장자의 설검과 도홍경의 도검 •
- 설검은 외날이고 도검은 전 · 해서체 명문이 있다 -

사실 검에 관한 기록은 한나라의 유희 『석명』 '석병' 보다 앞서서 『장자』 제30 '설검', 즉 검에 대한 이야기가 있다. 장자[약 B.C.369~290]는 검을 '봉[칼날 끝]', '악[칼날]', '췌[칼등어리]', '심[칼자루의 테]', '협[칼자루]' 등으로 나누어 설명하고 있다.

장자가 말하는 검은 '양날' 이 아니고 '외날' 이다.

장자는 천자, 제후, 일반 백성 등의 검이 각각 있다고 설명한다. 가령 '천자의 검' 은 주변의 나라를 검의 구성 요소로 비유하는 사용한다. 검을 상징적으로 인식하고 있는 것이다.

> 천자의 검은 연계[B.C.856~222]와 석성을 칼날 끝으로 삼고 제나라
> [B.C.386~221]와 대산을 칼날로 삼고 서북의 진晉나라[B.C.1106~376]와
> 위衛나라[B.C.1030~209]를 칼의 등마루로 삼고 주나라[B.C.1030~256]와
> 송나라를 칼자루의 테로 삼고 한나라[B.C.408~230]와 위魏나라[B.C.403~
> 225]를 칼자루로 삼습니다.

검의 구성 요소를 갖고 나라를 설명하는 방식이다. 그런 다음에 검의
역할을 갖고 설명하고 있다.

> 사방 오랑캐로 그 둘레를 안고 춘하추동 사시의 추이로 그것을 감싸며
> 발해로 주위를 둘러치며 상산을 띠로 삼아 칼을 허리에 찹니다. 오행으로
> 통제하며 형벌과 은덕으로 휘두르는 법을 논하며 음양으로 칼을 칼집에
> 서 뽑으며 봄 여름에는 칼을 가지고만 있으며 가을 겨울에는 칼로 내려칩
> 니다.
> 이 칼은 곧장 앞으로 뻗으면 더 이상 앞이 없는 우주의 끝에까지 이르
> 고 위로 쳐들어 올리면 더 이상 위가 없는 무한의 높이를 가르고, 아래로
> 내려치면 더 낮은 데가 없는 아래를 치고, 휘두르면 사방 어디고 한정된
> 방향이 없습니다. 그리하여 위로는 뜬구름을 절단하고 아래로는 대지를
> 묶은 굵은 밧줄을 끊습니다. 이 칼은 한 번 쓰면 제후들의 옳지 못함을 바
> 로 잡고, 온 천하의 만백성이 복종합니다. 이것이 천자의 칼입니다.

제후의 검은 지혜와 용기 있는 사람을 칼날 끝으로 삼고 욕심이 없는
사람을 칼날로 삼고, 현명하고 어진 사람을 칼등으로 삼고, 충의와 성덕
이 있는 사람을 칼자루의 테로 삼고 재지가 뛰어난 호걸을 칼자루로 삼
는다고 보았다. 그 역할을 설명하고 있다. 일반 백성을 검도 전개하는
방식은 마찬가지이다. 이를 표로 정리하면 다음과 같다.

	천자	제후	백성
날 끝鋒	북 : 연나라 중심과 변방	지혜와 용기있는 사람	쑥대머리 구레나룻에 철모와 투구 짧은 전투복 차림. 서로 싸워 죽임
날鍔	동 : 제나라	욕심없는 사람	
등脊	서북 : 晉나라와 衛나라	현명하고 어진 사람	
자루테鐔	周나라와 宋나라	충의와 성덕이 있는 사람	
자루夾	韓나라와 魏나라	지혜가 뛰어난 호걸	

청동기시대에는 칼이 거의 없고 검이 주종을 이루는 것과 일치되는 시기라고 할 수 있다. 이러한 사례는 『예기』 '소의'에도 나온다. 검과 칼을 전해주는 방식이 소개되어 있다. 검을 바치는 데는 궤를 열고 그 뚜껑을 궤의 밑에 겹쳐 끼운 다음 검집과 검을 곁들여서 전갈을 청하는 것이다. 도[칼]를 바칠 때에는 칼날을 반대로 하여 칼자루 끝의 고리[穎]를 잡도록 건네준다. 곡도曲刀를 바치는 데는 손잡이 쪽을 잡도록 건네준다. 무릇 날카로운 칼날이 있는 것을 남에게 줄 때에는 칼날을 정면으로 받는 사람 쪽에 향하지 않게 하는 법이다.

도홍경[456~536]은 양나라 사람으로 도교, 불교, 유교 삼교일치론자이다. 그는 무제[502~549]의 '산중재상'으로 알려진 사람이기도 하였다. 그의 저서 가운데 『고금도검록』이 있다. '왕이 황제가 되면 도검을 만들지 않을 수 없다'는 말로 이 저서는 시작한다. 그런데 그런 기록이 모두 사라져서 글을 쓴다고 했다.

하우의 아들 계啓는 재위 10년을 누렸다. 경술 8년에 구리 검을 만들었는데 길이가 3자 9치였다. 뒤에 진망산 자락에 묻었다. 검의 위에는 28수 무늬가 있고 등의 면에는 성진이 있고 등에는 산천일월을 기록하였다.

계의 아들 태강太康은 재위가 29년이었다. 신묘 3월 봄 1 동검을 만들었다. 위에는 8방의 면이 있고 길이가 3자 2치로 머리가 네모졌다.

시황[B.C.259~210, 재위 37년] 3년에 정사일에 북쪽 땅에서 동검 2개를 캐냈다. '定秦' 이라는 명문이 있는데 이사李斯[B.C.?~208]가 작은 전서체로 새겼다. 뒤에 아방궁 문설주 아래와 관대 아래에 묻었다. 길이는 3자 6치였다.

이런 형식으로 기술하고 있다. 도홍경은 검을 '하늘의 의지' 로 표현하는 사람이었다. 즉 신의 뜻과 위력을 지닌 상징물로 받아들였다고 할 것이다. 그 상징이 대전 즉 큰 전서체라는 '주문' 에 있다고 했다. '주문' 의 '주籒' 는 원래 주나라 태사 이름이다. 그가 만들었다는 글자체를 '대전' 즉 큰 전서라 한다. 이미 있었던 '소전' 즉 작은 전서체와 상대적으로 쓰인 것이다.

도홍경의 『고금도검록』을 정리하면, 왕이 황제가 되면 도검을 만들어야 하는데 도와 검에는 전서체와 해서체 등의 명문이 있어야 한다는 것이다.

| 『고금도검록』 첫장 |

• 도상Icon •

'환두대도'는 고고학적 용어다. 역사학적 용어는 백제, 고구려, 신라, 가야 등 4국시대에는 '검패'였고 고려부터 '패검'으로 바뀌어 사용했다. 패검의 다른 명칭, 즉 사투리가 '환도'였다. 환도는 '휘어진 칼'이지 '환두도'의 고리자루칼과 다른 것이다. 그런데 일본인 학자가 '환도'와 '환두도'를 동일시하여 결국 '환두대도'가 되기에 이르렀다.

'환두대도'라는 용어는 문제를 내포하고 있다. 형태로 한정시켜 분류한 것이기 때문이다. 청나라 윤록允祿 등이 나라의 명을 받고 1755년에 짓고 1766년에 반포한 『황조예기도식』에는 검이 아예 사라진다. 모두 칼로 정리되었다. 『경국대전』에서 환도장과 도자장으로 나뉘었거나 『국조오례의 서례』에서 칼과 검을 구분한 것과 대조된다. 다시 한 번 강조하거니와 칼과 검은 구별이 아니 되지만, 형태로 나눈 방식[고고학]이 아니고 백제 당시의 기능과 신분 등의 방식[역사학]과 함께 고려해야 한다는 것이다.

융복합 학문이 요사이 학계의 흐름이다. 인문계와 이공계 등의 융복합이 요청되는 시대다. 이제 고고학, 역사학, 풍속문화학 등이 통합되고 한중일의 범주를 벗어나 세계를 대상으로 학문을 정립할 시기가 온 것이다.

'환두대도'의 도상은 용인데 이름이 애자睚眦이다. 죽이는 것을 좋아하여 칼자루에 있고 삼키기 때문에 혀를 내밀게 된다. 그런데 이러한 '소의경전'을 인식하지 못하고 '공예품'으로 다룬다. 실상 이러한 도상의 해석은 비교적 간단한 답에 속한다. 동양 문화의 범주에서 9룡의 설화와 관련이 있기 때문이다. 애자 이외의 용은 다음과 같다.

① 초도椒圖는 닫는 것을 좋아하여 문고리 장식에 쓴다.

② 비희贔屭[贔屓]는 무거운 것을 지기 좋아하여 비석 귀부에 쓴다.

③ 수우囚牛 음악을 기뻐하여 악기의 머리에 쓴다.

④ 망풍望風은 험한 것을 좋아하여 건축의 각진 위를 다는 데 쓴다.

⑤ 기하는 물을 기뻐하여 다리 아래나 물 떨어지는 데에 쓴다.

⑥ 포뢰蒲牢는 울기를 좋아하여 종뉴에 쓴다.

⑦ 산예狻猊은 연기와 불을 기뻐하여 향로의 다리에 쓴다.

⑧ 이문螭吻은 바라보기를 좋아하여 지붕에 쓴다.

9룡설은 이와 다른 논의가 있으나, 여기서는 줄인다. 그러나 옛날의 종과 솥에 새겨진 도철을 9룡의 하나로 보는 견해가 있다는 점을 밝혀둔다. 도철은 고대 문물을 이해하는 데 흔한 도상이기 때문이다. 도깨비 도상도 도철과 관련이 있으리라 생각된다.

3. 28개월의 길제 상례
- 졸곡 이후 길제로 빈장을 마무리하다 -

무령임금은 523년 5월 7일에 죽어서, 2년 후인 525년 8월 12일[갑신] 무덤에 묻혔다. 그 아내는 526년 11월에 죽어서 529년 2월 12일[갑오] 무덤에 묻혔다.

임금 부부의 상례 기간은 모두 정확하게 같은 28개월이다.

28개월이란 임금의 경우 523년이 5월부터 12월까지 8개월, 524년이 12개월, 525년이 정월부터 8월까지 8개월로 이를 더한 달수다. 그 아내의 경우도 526년이 11월부터 12월까지 2개월, 527년과 528년이 각각 12

개월, 529년이 정월부터 2월까지 2개월 모두 더하면 역시 28개월이다.

　이러한 계산법은 우리나라 방식에 의거한 것이다. '3년상'이면 2년인 24개월과 죽은 날이 해당되는 1개월을 더하면, 25개월이 되는 계산법이다. 지금까지 무령임금 부부의 상례는 같이 '27개월상'으로 알려져 왔다. 이 '27개월상'은 '25개월'과 '27개월' 두 가지 학설 가운데 후자를 선택한 것이다. 이러한 선택은 웅진 백제 사회의 상례를 파악하는 열쇠라고 할 수 있다.

　좀 더 우리나라 년 개념을 살펴볼 필요가 있다. 가령 '3년'이라면 가장 짧게 14개월부터 가장 긴 36개월이 걸리는 셈이다. 가장 짧은 기간인 14개월은 12월 그믐날[1개월]부터 온전한 한 해[12개월]를 보내고 다음 해 정월 초하루[1개월]까지가 여기에 속한다. 이런 방식으로 계산하면 25개월부터 36개월까지 12달 어디에 걸쳐도 3년이 된다.

　조선시대 상례 기간은 원칙적으로 임금은 5개월, 그 아내는 3개월이다. 그런데도 실제는 정종은 3개월 7일[음력 1419.9.26~1420.1.3]이었고 영조[음력 1776.3.5~7.27]와 헌종[음력 1849.6.6~10.28]은 4개월 22일이

| 무령 임금(왼쪽)과 그 아내(오른쪽) 돌에 새긴 문서[매지권] |

었다[구중회, 2008, 『능묘와 풍수문화』, 69~75쪽].

그러므로 무령임금 부부는 28개월상임에도 불구하고 임금이 3년이고 그 아내는 4년이 걸린 셈이다. 다만 여기서 윤달은 달수에 포함되지 않는다. 우리나라에서 '윤달'은 '나머지 달'로 풍속문화상 제한을 받지 않기 때문이다.

그러면 풍속문화상 '28개월상'이란 어떤 의미인가? 이에 대한 답변이 바로 이 글의 중심적인 부분이다. 성급하게 결론부터 내리면, 흉례 기간인 '상제'가 아니라 길례 기간인 '길제'라는 것이다. 어디서부터 길제인가 하는 것은 학자마다 다르다. 일찍부터 백제에 들여왔던 『주례』에 의하면, '우제'까지가 상제라면 '졸곡'부터는 길제이다. 이러한 논리에 힘을 실어 주는 또 하나의 전거가 묻힌 날이 부부 모두 '갑[갑신과 갑오]'의 일자 간지라는 사실이다. 여기서 '갑'이라는 천간은 소위 '강일'로 양+의 날이다. 또한 흥미로운 점은 확인되지 못한 주장이지만, 이날 시호[武寧]가 지어졌다는 것이다.

이러한 과정들을 하나씩 보아 나가기로 한다.

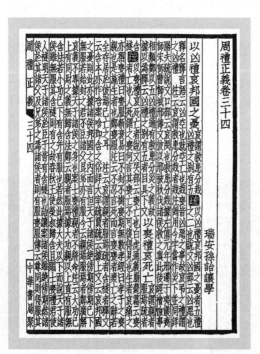

| 『주례』의 흉례 |

일반적으로 3년상은 실제로 25개월이다. 고대의 사람들의 상례 제도는 "봉분을 만들지도 않았고 나무[구목 또는 묘목]을 심지도 않고 그 기간도 정하지 않았다[『주역』 계사편 하]". 다만 슬픔이 가시면 상복을 벗었다. 뒤에 가서 1년 안으로 상례를 마치는 제도가 마련되었다.

그러나 아버지는 존귀하고 어머니는 가깝기 때문에 1년의 기간을 더 연장하여 슬픔과 감사한 은혜를 표현하도록 했다. 은혜와 사랑이 지극히 깊으므로 기간을 더하여 2배로 한 것이다. 이것이 3년상 25개월이다.

이상의 상례적 논리는 서한[B.C.206~A.D.5, '전한' 이라고도 한다] 경제임금[재위 B.C.157~141]이 당대 학자들을 학술원 턱인 백호관 회의에서 치열하게 논의한 성과물이다. 이 내용은 동한[25~220, '후한' 이라고도 한다] 반고[32~92]가 정리한 『백호통의』[달리 『백호통』, 『백호의주』라고도 한다]이다.

이상의 무령임금 무덤에서 발견된 고고학적 자료 이외에도 문헌적 자료가 남아 있다. 수나라[581~618] 역사책으로 『수서』가 있다. 열전으로 '동이' 인 백제의 풍속을 설명하는 자리에서 '상제' 가 고구려와 같다고 하였다. 그런데 고구려의 상례는 사람이 죽으면, 빈소[임금 부부는 빈전, 후실과 세자 등은 빈궁이 된다]에서 3년을 경과한다는 것이다. 길한 날짜를 잡아 장사를 지내는데 아버지와 어머니 그리고 남편이 3년, 형제가 3월이다. '초종' 동안 곡하고 장례 때에는 북을 치고 춤을 추며 음악을 울리며 보낸다. 땅에 묻을 때는 살아 있을 당시 옷과 마차 등을 가져와 무덤 곁에 둔다. 장례에 모인 사람들이 다투어 이를 가져갔다는 것이다. 무령임금 부부의 상례도 이와 같지 않았는지 잘 모르겠다.

중국의 상례에서 25개월설 즉 3년상은 27개월설이 제기되면서 새로운 전기를 마련한다. 여기서 27개월은 담제를 말한다. 담제는 대상이 지난 다음다음 달에 지낸다고 되어 있다. 27개월상을 제안한 사람이 서한 선제임금[재위 B.C.79~49] 때 박사인 대덕이라고 한 학설도 있다[서건학

『독려통고』]. 이후 27개월 학설은 정현[127~200]에 와서 정립되었다고 할 수 있다. 정현은 동한 말기에 학문을 집대성하여 '정학', 즉 정현의 학파가 형성될 정도까지 이른 경학자이다. 『모시전』, 『삼례주』, 『주역주』, 『시보』, 『박오경이의』, 『육례론』 등을 펴냈다. 당고지화를 당하여 집필에만 전념한 결과이기도 하였다. 그의 학문은 송나라 주자와 함께 '정주학'이라 하였다. 따라서 27개월 상례는 한나라 훈고학을 대변하는 학문적 성격을 지녔다고 할 만하다.

그런데 위[220~265]의 경학자 왕숙[195~256]의 25개월 학설이 다시 부상되었다. 그는 후한의 훈고학적 학풍을 배격하고 금·고문을 종합하여 경서를 해석한 사람이다. 정현[127~200]의 학설을 배격하고 마융[79~166]의 학설을 지향하였다. 왕숙은 『상서』, 『시경』, 『삼례』, 『좌전』, 『논어』 등의 주석을 달았고 『공자가어』를 지은 것으로 알려지고 있다.

이후 상례 기간은 25개월과 27개월로 둘로 나눠 자웅을 겨루게 되었다. 정의허에 의하여 27개월 학설로 조정되었다가 다시 25개월 학설이

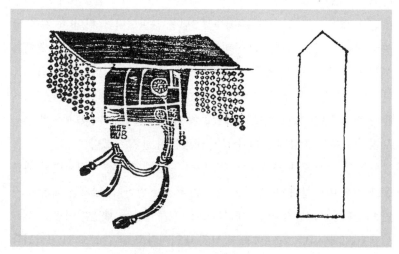

| 임금의 모자[관]와 홀[조선시대] |

위[220~265]부터 서·동진[265~420]까지 주종을 이루었다. 그러다가 유송[420~479]에 이르러 왕회[심약(441~513) 『송서』에는 왕준으로 기록되어 있다]의 상소로 정씨설인 27개월로 바뀌었다.

아들은 부모를 위하여 남편은 아내를 위하여 부모는 장자를 위하여 모두 담제를 지낸다. 이 4자 외에는 아내가 남편을 위하여 담제하고 자식이 어머니의 상에 아버지가 살아계시지 않으면 역시 담제를 지내는 법이다.

위의 글은 '상복소기'의 일부이다.

그러나 유송의 27개월 학설은 이전의 모습과는 다른 상례였다. 원래 27개월설은 담제를 말하지만, 대상 뒤에 한 달 사이에 두는데 확정적인 것은 아니었다. 한 달 전 하순에 날[하루]을 잡는데 십간 '정'자나 '해'의 날로 정하기 때문이다. 이 경우는 윤달도 계산한다[이제, 1992, 『국역 사례편람』, 176쪽]. 이러한 담제가 대상과 담제를 같이 하는 공월제에 된 것이다. 공월제의 특징은 강일 즉 강한 날이라는 뜻인데 갑·병·무·경·임 등으로 양＋날을 잡는다는 점이다. 참고로 유일 즉 부드러운 날이라는 뜻인데 을·정·기·신·계 등으로 음－날이다.

무령임금 부부를 모두 '갑일'에 묻었다는 것은 단순한 담제인 27개월 상례가 아님을 말한다. 임금이 갑신일이고 그 아내가 갑오일이기 때문이다.

『예기』곡례에 의하면, 집안의 바깥과 관련된 일은 강일을 고르고 안과 관련된 일은 유일을 고른다. 강일과 유일은 점을 쳐서 정하게 된다. 대체로 10 이상은 먼 어느 날이라고 하고 그 이내는 가까운 날이라고 한다. 상사에는 먼 날을 먼저 점치고 길사에는 가까운 날을 먼저 점친다.

점을 치는 방법은 태귀 즉 거북이 등껍질로 하는 것과 태서 즉 산대를 잡아서 하는 것을 같이 한다. 3회로 끝마치는 것이지 계속해서는 아니된다.

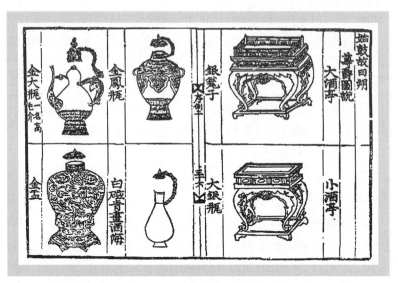

| 의례문화의 제의 그릇[조선시대] |

복서는 선대의 성왕이 백성으로 하여금 시일을 믿게 하고 귀신을 공경
하며 법령을 두려워하게 만들려는 것이다. 또 백성으로 하여금 의심나는
것을 결정하고 유여하는 것을 결정하게 하려는 것이다. 그런 때문에 말하
기를 "의심날 때 점을 치면 아니라고 하지 않고 날을 가려서 일을 하면 반
드시 그것을 실천하게 된다"라고 하였다.

이것은 『예기』 곡례 상에서 뽑아온 것이다. 우리가 무슨 일을 결정할
때 자신이 서지 않을 때 절이나 성당 그리고 교회에 가서 절대자의 뜻을
묻게 된다. 함부로 결정을 할 수 없고, 만약 결정했다면 확신을 가지고
하여야 하기 때문이다. 옛날이나 지금이나 형태 내지는 형식만 바뀌었
을 뿐 민족이나 종교 할 것 없이 공유하는 문화라 할 것이다.

이러한 '선택' 은 『상서』에서 보다 구체적으로 나타난다. 편의상 A =
내 마음, B = 거북[스님 · 신부 · 목사 · 보살 등]점[5가지], C = 산대[스

님 · 신부 · 목사 · 보살 등][점][2가지], D = 부모나 스승 등의 의견, E = 친
구나 후배 등의 의견 등으로 기호화하여 설명해 보도록 한다.

- A=B=C=D=E[모두 일치할 때]
  [판단] 최고의 좋은 대동의 상태로 몸이 편안하고 자손이 길하다.
- A=B=C×D×E[A · B · C가 같고 D · E가 다를 때]
  [판단] 좋다
- D=A=B×A×E[D · A · B가 같고 A · E가 다를 때]
  [판단] 좋다
- E=B=C×A×D[E · B · C가 같고 A · D가 다를 때]
  [판단] 좋다
- A=B×C×D×E[A · B가 같고 C · D · E가 다를 때]
  [판단] 속으로 움직이면 좋지만 밖으로 행동하면 좋지 않다.
- A×B[A · B가 모두 다를 때]
  [판단] 조용히 있으면 좋으나 행위를 하면 좋지 못하다.

이러한 의사 결정이 전통 사회의 방법이었다. '마음속으로 움직이는
것'과 '행동으로 실행하는 것'의 '구별'이야말로 육체와 정신의 건강상
꼭 필요한 것이라고 생각된다. 마음이 상한다면 몸도 상하기 때문이다
이와 같이 신중하게 결정이 내려졌으면, 설령 실패를 한다고 하더라
고 후회가 없을 것이다.
무슨 '선택'을 할 때, 문득 시행하는 것이 아니라 '날짜'까지 잡아서
한다는 것은 여전히 유효한 생각이라 여겨진다. 당연히 그래야만 한다
는 당위성과 필요충분 조건이기 때문이다.
하여튼 유송의 27개월 '상 · 담 공월제'는 양나라[502~557] 심약[441~
513]이 지은 『송서』에서 확인된다.

그런데 『주례』, 즉 주나라 의례를 적은 책에서 정사농은 '28개월 학설'을 제시했다. 27개월까지가 우제로 상제라면 28개월은 졸곡으로 길제라는 것이다.

> 상제는 신에게 시호를 고하는 의례다. '생호자호' 즉 희생과 음식을 올리는 의례이다. 그윽하게 알리는 제사에 속하며 마땅히 우제가 된다. 우제가 상제라면 졸곡은 길제가 된다. 28개월이 길제가 되면 대상과 담제는 그 이전에 있었으므로 상제가 된다. 우제만이 상제란 뜻은 아니다. 상중의 의례는 상제이기 때문이다. 시호는 임금이 신하에게 명을 내리듯 신이 죽은 이에게 내리는 것을 의례로 올리게 된다.

정사농은 길제의 모습을 이와 같이 적고 있다.

참고로 이제[1680~1746]의 『사례편람』에 나타난 길제를 보이면 다음과 같다.

담제의 다음 날에 날짜를 점치는 것으로 되어 있다. 다음 달 3순[열흘]에서 각기 하루를 택하되 '정'과 '해'의 간지 날을 잡았다. 만약 담제가 음력 2·5·8·11월에 있다면, 그 달 안에 날짜를 점친다. 절차는 3일전의 재계, 사당으로 옮길 것 알림, 신위 자리 설정, 기구 진설·짐승 잡음·제기 씻기, 순서 결정하고 길복[3년상 뒤의 옷], 새벽에 채소와 과일 진설, 날이 밝자 신주 자리 옮김, 참신·강신·음식 드림, 초헌·아헌·권해 드림·문닫음과 열음·음복·사신, 신주 봉납, 철상과 남은 음식 분배, 옮긴 신주 무덤 옆에 묻음, 귀가 등으로 진행된다.

이와 같이 긴 절차를 보인 것은 담제나 길제에 대하여 알려진 것이 적기 때문이다.

하여튼 정사농은 이 날에 시호를 주었다는 데까지 나아갔다. 그 전거로 『주서』 시법편을 들었는데, 이본이 있는지 모르겠으나, 현재 유통되는 본에서 확인아 어렵다. 따라서 이 부분은 믿기가 어렵다.

'27개월 상·담 공월제'가 '28개월 길제'로 치러진 것이 무령임금 부부의 상례였다고 생각된다.

백제시대의 이러한 상례는 3대 의례서인 『예기』, 『의례』, 『주례』 등의 영향권임은 의심의 여지가 없다. 지금까지 본격적인 연구는 없지만, 일반적으로 우리나라 의례 문화는 고려에 성립된 것으로 이해되고 있다. 고려 예종 때 오례[가·길·흉·군·빈례]의 체계가 수용되었다고 보기 때문이다. 대표적인 사례가 최윤의[1102~1162]의 『고금상정례』이다. 이 책은 『고려사』예지 편찬의 기초 자료가 된 것으로 알려지고 있다.

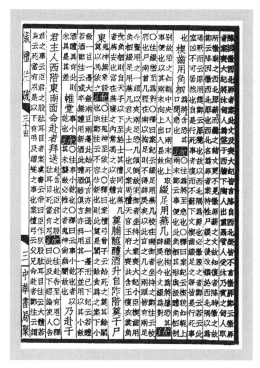
| 『주례』의 반함의례 부분 |

그동안 추측 단계로 제사에 관한 내용이 『신당서』 길례와도 유사해 신라시대에도 오례 문화가 있었다고 보기도 하였다.

그러나 무령임금 무덤에서 반함의례[무령임금 무덤의 비밀-1 온라인 매체인 『특급뉴스』 2011.7.8자 기사가 있었다는 것을 제시한 바 있다.

『주례』의 기록은 『삼국사기』 잡지의 직관[제도와 색깔 관련]과 땅이름[요령 지방 '무려' 땅 이름 관련]과 『삼국유사』 기이['동이' 관련] 등이 있다. 특히 '사상조'에 관련 기록이 눈에 띈다.

> 『주례』 사상조의 9기에 그린 이물[여러 가지 물상]은 휘직으로서 서로
> 분별하기 위한 것이다. 나라에 있어서는 조정의 지위를 나타내고, 군대
> 에 있어서는 그 제도를 상징해서 만들어 놓아 사사[국사]에 대비하는 것
> 이었다.

이것은 신라의 휘직 즉 청ㆍ적 등 색깔로 설명하는 과정에서 제기된
것이다.

『예기』의 유입 과정은 훨씬 구체적이다. '책 이름[예기]' 대신에 '편
이름[왕제]'이 등장했던 것이다. 『삼국사기』 잡지의 기록이 그것이다.

> '왕제'에 "천자는 7묘요 제후는 5묘니, 2소ㆍ2목과 태조의 묘[종묘]를
> 합하여 5가 된다."
> 또 '왕제'에 "천자는 하늘[신]ㆍ땅[기]과 천하의 명산대천을 제사하되,
> 제후는 사직과 자기 영지에 있는 명산대천만을 제사한다."

이러한 『예기』의 기록은 백제의 임금 위치가 '천자'와 '제후'가 통합
된 성격이라고 할 수 있다. 따라서 '붕'이 황제의 죽음과 '훙'이 제후의
죽음이라는 의미를 되새겨 보아야 할 것이다.

『삼국사기』 잡지에는 교수 과목으로 『주역』, 『상서』, 『모시』, 『예기』,
『춘추좌씨전』, 『문선』, 『논어』, 『효경』 등이 보인다. 신라 원성 임금 4년
[788]에 세운 독서삼품과에서도 같은 과목이 설정되어 있다.

무령임금 후대의 기록이지만, 『삼국사기』 신문임금이 당에 사신을 보
내어 『예기』를 청하여 당나라 고종임금[649~684]의 아내이자 실질적인
통치자인 천측무후[690~705]가 『길흉요례』를 보냈다고 했다.

『의례』에 직접적인 언급은 없다. 다만 고이임금[234~286]이 반포한
직제 가운데 '우두로 의례를 관장하는 내법좌평'을 임명했다는 기록이

있을 뿐이다. 그러나 이 책은 『예기』나 『주례』와 중복되는 것이 많으므로 같은 부류로 보아도 지나치지 않을 것이다.

지금까지 논의한 바를 정리할 때, 어느 형태든 백제에도 오례문화가 성립되었다는 추정이 가능하다. 특히 교류가 많았던 양의 오례문화가 이 시기에 수립되었기 때문이다. 『양서』즉 양나라의 역사책에 의하면, 524년[성임금 2]에 『오례의주』를 완성하여 반포했다고 되어 있다. 이 『오례의주』는 서한의 『석거』, 동한의 『백호』에 의하여 결단을 내렸다고 하였다. 전체 책임자는 『송서』의 지은이 심약[441~513]이라 할 수 있고, 부서는 상서성이 맡았다.

『가례의주』507년[무령 기 5월 7일 합12질 116권 536조
『빈례의주』507년[무령 기 5월 20일 합17일 133권 545조
『군례의주』510년[무령 10] 10월 29일 합18질 189권 240조
『길례의주』512년[무령 12] 11월 17일 합26질 224권 1,005조

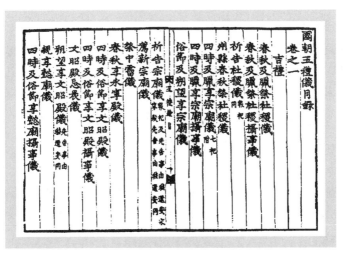

| 오례의례 길례[조선시대] |

『흉례의주』512[무령 12] 11월 17일 합47질 514권 5,693조

　총 5례로 120질 1,176권 8,019조다. 여기서 '의주' 란 '해설서' 라는 말로 번역하면 적절할 듯하다.

　무령임금 무덤이 남조 그 가운데서도 양의 영향을 많이 받았다면, 백제에서 5례 문화를 연구할 당위성과 필요성이 제기될 수밖에 없다고 여겨진다.

　여기서 한 가지 짚고 넘어가야 것은 중국 최고의 법전으로 평가되는 『당육전』이 당나라 때 완성되었다는 점이다. 이러한 과정은 소숭[당] 등의 『대당개원례』와 『신당서』에서 확인할 수 있다.

　다시 말하자면, 당시 중국에서조차 의례문화가 형성되는 과정이기 때문에 백제도 비슷한 수준이었을 것이다. 무령임금의 무덤은 이러한 의례문화가 확인되는 곳이라는 것이다.

　상례는 흉례에 해당된다. 물론 앞에서 이야기한 것처럼 졸곡 이후는 길례가 되기도 한다. 『당육전』에 나오는 흉례는 18항목인데 다음과 같다.

① 흉년진무	② 노문 질환	③ 중궁노문
④ 황태자노문	⑤ 5복제도	⑥ 황제위소공 이상거애
⑦ 칙사조제	⑧ 회상	⑨ 책증
⑩ 회장	⑪ 치전	⑫ 황제거애조제
⑬ 황태자거애조제	⑭ 황태자비거애조제	⑮ 3품이상상
⑯ 4품이하상	⑰ 6품이하상	⑱ 왕공이하상

　이상 18항목 가운데 ① 흉년의 진무를 제외하고 모두 상례에 속하는 것들이다. 무령임금 시대에도 이러한 유의 의례가 시행되었을 것으로 생각된다.

무령임금 무덤 28개월 상례는 백제에서 시행했던 독특한 의례문화라고 할 수 있다. 당대 백제가 가진 높은 수준의 문화에 국제적[한·중·일]으로 유통되던 여러 요소들을 수용하여 배합하는 형식을 취하였기 때문이다.

[보태는 글]

무령임금 무덤 발굴 40주년 기념전이 국립공주박물관에서 열렸는데, 빈상이 전시되었다. 『예기』 방식의 상례[장례 포함]가 시행되었다는 것이 증명된 셈이다. 그러면 상복[참최, 제최, 대공, 소공, 삼마] 제도가 확인되어야 완전해진다. 그러나 아직 확실한 물증이 나오지 않아서 뒤로 미룰 수밖에 없다.

또 하나의 생각은 당시가 불·도·유 3교의 통합시대이므로 백제식의 상례가 이루어진 것이 아닌가 하는 점이다. 머리받침[두침]은 서역[인도]에서 유입된 것이기도 하므로 이런 짐작이 가능해진다는 사실이다. 내세에 있어서도 서왕모라는 도교적 체계가 도입된 때이기도 했기 때문이다.

4. 귀걸이[이식, 이환]의 자손 번성과 안산

무령임금[502~523] 내외의 무덤에서 총 5쌍[임금 것 1쌍과 비(아내)의 것 4쌍]의 귀걸이가 발견되었다. 이 글은 소위 임금의 '하트' 형 귀걸이와 그 비(아내)의 '탄환' 형 귀걸이에 대한 비밀을 풀어내는 데 있다. 결론부터 말하자면 임금의 '하트' 형의 실체는 여성의 그것[생식기]을, 그 비[아내]의 '포환' 형의 실체는 남성의 그것[생식기]을 상징하고 있다는 사실이다. 음란하다고 할 정도의 성 상징으로 전체가 구성되어 있고 결국 다산과 안산을 지향하는 것이라는 것이다.

귀걸이는 그 이전의 표기로 '귀거리[석주선, 1971, 『한국복식사』, 328~343쪽]' 와 '귀고리[김영숙, 1998, 『한국복식문화사전』, 80쪽]' 가 있다. 1999년 국립국어원 『표준국어대사전』에는 '귀걸이' 와 '귀고리' 가 모두 표준어로 인정되었다.

고고학에서 귀걸이도 다른 유물과 마찬가지로 형태를 기준으로 나눈다. 보통 귀에 직접 달 수 있는, 맨 위의 부분[주환, 유환], 중간을 꾸민 부분[중간식], 가장 아래에 매달리는 드리개[수식] 등으로 나눈다. 맨 위 부분을 중심 고리[주환]와 노는 고리[유환]로 나누기도 하고 굵은 것을 태환식, 가는 것을 소환식이라고도 한다. 중간 꾸민 부분은 투각구체[투각한 구슬 형태], 반구체[반원 형태], 입방체, 구체[공 형태] 등으로, 맨 아래 드리개의 부분은 심엽형['하트' 형의 잎 모양], 추형[종 모양], 산치자형, 구체형[공 몸의 모양] 등으로 나눈다[『고고학사전』, 2001, 132~133쪽]. 드리개의 경우 입체형, 평면형, 이 두 가지의 혼합형 등으로 구분하기도 한다. 평면형은 귀걸이 끝에 달린 장식의 모양에 따라 심엽형[하트모양의 잎 모양], 검릉형[얇은 곡선 모양], 유엽형[버들가지 잎 모양] 등으로 나뉘고, 입체형은 구형[구슬 모양], 포탄형, 치자 열매형 등으로 나뉘기도 한다. 또 복엽[나뭇잎 여러 개의 나뭇잎 모양]이 있는데 천마총이 그 사례의 하나다.

돈황벽화에 나타난 귀걸이는 북량[421~439] 석굴 272번 서쪽 벽감 공양보살 그림에 보인다. 이 때 귀걸이는 원형으로 단순한 형태다. 무령임금 내외의 귀걸이처럼 화려한 것은 북주[557~581] 시대에 나타난다.

이런 도상을 믿는다면, 무령임금 내외의 귀걸이와 같은 화려한 목걸이의 등장은 5세기 후반에서 6세기 전반에 출현한 것이라고 할 수 있다.

| 북량[421~439] 석굴 272번 서쪽 벽감 공양보살 |

직어도 돈황석굴 벽화문화로 볼 때, 이러한 추측이 가능한 것이다. 따라서 무령임금 무덤은 금속 연구사에도 기여하는 바가 될 것이다.

1973년 『무령왕릉발굴조사보고서』에는 임금의 귀걸이는 '금모곡옥 및 심엽형수식 부이식'라는 긴 이름을 갖고 있었다. '금으로 만든 모자를 쓴 굽은 옥[곡옥] 및 심엽형의 꾸미개를 부친 귀걸이'라는 뜻이었다. 귀걸이라는 의미보다는 오히려 재료나 형태 등을 소개하다보니 주종이 바뀐 인상을 준다. 임금의 비[아내]의 귀걸이는 '금제이식', 즉 금으로 만든 귀걸이로 비교적 간편한 용어를 사용하였다. 그러나 '이식[귀 꾸미개]'도 역시 일반 사람들은 공감이 쉽지 않다. 2008년에 출간된 『무령왕릉 기초자료집』에도 여전히 '금제심엽형이식[임금]'과 '금제수식부이식[비]'이란 용어를 이어나가고 있다. 그러다가 2006년경에야 '귀걸이'로 정리되었다. 전문가용에서 일반인용으로 바뀐 것이다.

귀걸이는 귀에 거는 꾸미개로 귀를 뚫어 꿰는 문화와 귓바퀴에 거는 문화를 생각할 수 있다. 귀걸이는 인류의 역사와 함께 하였다고 생각된다. 지금까지 귀걸이는 복식학, 고고학, 그리고 화장문화학 등에서 다루어왔다. 복식학은 꾸미개의 일부로, 고고학은 유물로, 그리고 화장문화학은 미용학으로 취급한 것이다. 그런데 '인류의 역사와 함께'라고 한다면, 귀걸이는 고대 종교 문화와 관련이 있음직하다. 다시 말하자면 종교학에서 보아야 한다는 것이다.

조선시대 상여[유거]에 관한 제도를 논의하면서 귀걸이가 등장한다. 이 제도는 『세종실록』 2년 9월 16일(신사)에 설명되어 있다. 그 가운데 방상씨와 관련된 부분에서 귀걸이가 등장했던 것이다.

> 방상씨 수레가 4인데, 그 제도는 보통 수레와 같으나, 조금 작다. 수레 위에는 조그만 걸상을 놓고, 방상씨 4사람이 황금빛 4눈에 귀걸이[이환]를 걸고, 곰의 가죽을 뒤집어쓰고, 검은 옷과 붉은 치마에 창을 잡고, 방패를 들고 그 위에 선다.

| 상여의 맨 앞에 위치한 방상 |

방상씨는 발인[죽은이가 무덤을 향하여 가는 절차]에서 맨 먼저 앞장서서 가는 신앙문화의 하나다. 고대부터 역신[질병과 불행을 일으키는 신]을 쫓기 위해 4눈[서민은 2눈] 가진 가면을 쓰고 검은 옷과 붉은 치마를 입고 창과 방패를 들고 있다. 방상씨는 귀신을 쫓아내고 신성한 장소로 만드는 역할을 하는 존재다. 오늘날 말로 하면, '예방 의학'으로 정신적 방역 행위가 될 것이다. 방상씨의 4눈에 귀걸이가 걸었다는 것은 역신을 쫓아내는 예방 치료적 기능을 담당한다고 할 수 있다.

귀걸이가 역사에 등장한 것은 몸 자체를 아름답게 꾸미는 기능보다는 신앙적인 요소가 있었던 것이다[귀걸이는 기능적인 면에서 ① 몸 자체를 아름답게 꾸미는 기능, ② 몸을 정신적 혹은 육체적으로 보호하는 기능, ③ 신분을 드러내는 기능 등으로 나눌 수도 있다].

조선시대[1392~1910] 귀걸이는 보통 은[독을 검출하는 수단으로 은수저를 사용한다]으로 고리를 만든 후, 금과·파란 등으로 장식한 천도[하늘복숭아]를 단 것도 같은 이유이다. 참고로 조선시대 귀걸이 유형을 보면, 크고 둥근 고리 끝에 천도를 매단 형태, C형의 고리에 천도와 막대기[봉술]을 함께 단 형태, 술실을 머리 딴 것 같이 엮어 귀에 걸 만큼 길이를 고정시키고 밑은 그대로 탐스럽게 풀어놓은 형태 등이 있다. 귀걸이 술은 대개 정장을 했을 때 어깨 위로 댕기같이 늘어뜨려서 화려한 꾸미개 역할을 했다. 구한말[대한제국 1897~1909년]까지 혼례식 때에 신부가 화려한 머리장식을 하고 혼례복 위로 귀걸이 술을 내려뜨렸다고 한다.

이러한 귀걸이의 기능에 대한 믿음은 오늘날에도 여전히 유효한 듯하다. 최근에 60살도 넘는 여자 노인이 귀를 뚫으면 몸이 낫는다고 하여 실행에 옮기는 것을 보았기 때문이다.

그러므로 조선시대 귀걸이 문화는 점점 화려해지고 활발해질 수밖에 없었다. 특히 평균수명이 짧았던 전통적인 사회에서 남녀 어린이들이 착용하는 것은 자연스러운 일이라 생각된다. 이러한 저간의 이야기가 이규경[1788~?]의 『오주연문장전산고』에 소개되어 있다. 세종 연간[재위 1418~1450]에 오면 사대부 어린이들이 금·은으로 만든 귀걸이를 하므로 국가에서 금지령을 내리고 있다[세종실록 원년(1419) 정월 6일(신해)조, 11년(1429) 2월 조].

그러다가 선조 5년[1572.9.28]에 결국 국가에서 젊은 사내들이 귀를 뚫고 귀걸이하는 풍조를 금지하게 된다. 선조[재위 1567~1608]는 비망기로 전교하여 몸과 머리카락을 부모에게 물려받았으므로 손상해서는 아니 된다는 효론을 제기한 것이다.

> 우리나라의 크고 작은 사내아이들이 귀를 뚫고 귀걸이를 달아 중국 사람에게 비웃음을 받으니 부끄러운 일이다. 이후로는 오랑캐의 풍속을 일절 고치도록 온 나라에 알려라. 서울은 이 달을 기한으로 하되 혹 꺼리어 따르지 않는 자는 헌부가 엄하게 벌을 주도록 승전을 받들라.

이후 남자 아이가 귀걸이 하는 풍속은 없어졌다. 여기서 흥미로운 점은 귀걸이가 '오랑캐 풍속'이라는 인식이다. 중국 사람들이 남자 아이의 귀걸이를 비웃으니 달지 말라는 것이다.

하여튼 선사시대 귀걸이가 짐승의 이빨이나 뿔 또는 기괴한 돌 등으로 만든 것은 이러한 정신적 예방을 바탕에 둔 문화라고 할 것이다. 참고로 귀걸이는 1쌍으로 양 쪽에 착용하지만 르네상스Renaissance[13세기 말엽~15세기 말엽]와 바로크Baroque[16~18세기] 유럽Europe의 경우에는 한 쪽인 경우도 있었다. 동양에서는 남녀 공용이었으나 고대 이집트 Egypt, 그리스Greece, 로마Rome 등에서는 여자들만 착용하는 것으로 생각되기도 하였다.

임금의 귀걸이[국보 제156호]는 머리 부분[동쪽]에서 1쌍이 출토되었다. 귀에 거는 중심 고리[주환]에서 두 갈래 장식이 늘어진 형태다. 한 갈래는 금판을 접은 빈 원통형 대롱이 3장의 '하트형' 드리개[수하식]에 박혀 있는 모양이다. 다른 갈래는 씨 없는 산치자 열매와 같은 모습을 하고 끝 부분은 모자 쓴 푸른 굽은 옥[곡옥]이 달려 있다.

임금의 비[아내] 귀걸이[국보 제157호]는 4쌍이 발견되었다. 머리 부근에서 발견된 것이 2쌍이고 발받침 부근에서 팔찌와 함께 2쌍이 발견되었다. 머리 부근에서 발견된 귀걸이도 역시 두 갈래로 구성되었다. 한 갈래는 '하트' 형이 꾸미개로 마디 모양을 이루다가 맨 끝에는 '탄환' 형으로 마무리하였다. 다른 갈래는 씨 없는 산치자 열매 마디로 모양을 이루다가 맨 끝에 씨가 박힌 산치자 열매로 마무리하였다.

발치 쪽의 귀걸이는 가는 중심 고리에 금실로 감아 고정시키고 다시 금실로 작은 원형의 달개로 드리개를 한 소박한 형태다. 지금까지 학계에서는 크기가 작기 때문에 임금의 비[아내]가 어릴 때 것이라고 보고 있다. 그러나 이와는 달리 생각해 볼 수도 있다. 끝부분에서 이를 짚어 보기로 한다.

| 귀걸이 : 왼편은 임금의 비[아내], 오른쪽은 임금 |

임금과 그 비[아내]의 머리맡에서 발견된 하트형과 탄환형의 귀걸이이다.

그런데 이들 귀걸이의 원리는 철저하게 음양의 구조로 이루어져 있다는 사실이다. '임금'의 귀걸이는 하트형으로 표현된 '여성 성기'를 달고, 임금 비[아내]의 귀걸이는 탄환형으로 표현된 '남성 성기'를 달고 있다. 뿐만 아니라 임금 귀걸이의 '남성[아직 빈 금막대 형상]'은 '여성'에 삽입한 장면을 연상시킨다. 특히 '여성'의 모습이 작은 이파리를 좌우로 덮어서 여성의 외음부를 형상화했다고 생각된다. 형상화된 모습이 너무 사실적이어서 말로 하기가 쑥스러울 정도다.

이러한 백제 사람들의 다산 풍속은 목간에서도 확인된다[윤선태, 2007, 『목간이 들려주는 백제 이야기』].

임금 비[아내]의 귀걸이는 맨 끝에 형상화한 '남성'이 많은 숫자의 여성 외음부[좌우를 덮은 하트형]에 싸여 있다. 마치 부부간에 수많은 '사랑[성교]'을 나눔으로써 자손을 둔다는 '애정 행위'에 대한 형상화로 이해된다. 중간 꾸밈[중간식]이 모두 작은 '하트형'으로 덮여 있기 때문이다.

| 하트형은 여성의 성기와 탄환형은 남자의 성기 |

부부간 많은 횟수[작은 하트 숫자만큼]의 '사랑'은 거기서 끝나는 것이 아니다. 사랑의 결실이 이루어져야 하기 때문이다. '산치자 열매'로 표현된 것이 바로 그것이다.

임금 부부의 귀걸이는 중간 꾸밈새 부분을 모두 씨 없는 산치자 열매로 맨 끝 부분을 씨가 맺힌, 완결된 열매로 마무리하고 있다. 임금의 것은 5매 듭으로 씨 없는, 미숙한 열매를 표현한 뒤 맨 끝을 굽은 구슬[옥]로 마무리하고 있다. 임금 비[아내]의 것은 왼쪽과 오른쪽이 다르다. 귀걸이는 첫 매듭에 씨 없는 열매로 구슬[옥]을 감싼 것과 옥이 없는 것이 있다. 여기서 감

| 많은 숫자의 하트에 싸인 '남성' |

추어진 구슬[옥]은 임금 귀걸이의 굽은 옥[곡옥]과 관련되었음을 알아야 한다. 목관 배치가 임금이 동쪽이고 그 비[아내]가 서쪽인 점을 감안한다

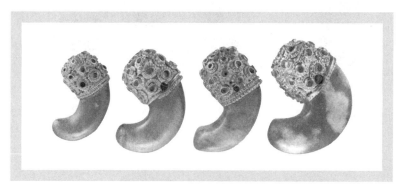

| 무령임금 무덤에서 출토된 굽은 옥 |

면, 구슬[옥]이 감추어진 귀걸이는 임금 비[아내]의 것이어야 한다.

굽은 곡[곡옥]은 구부러진 옥으로 큰 머리에 가는 꼬리가 달려 있고 머리에 구멍이 뚫려 끈을 매달 수 있는 꾸밈새의 하나이다. 대부분 푸른 구슬[옥]제품이고 때로는 금제 또는 석재도 있다. 신라 왕족의 금관, 목걸이, 허리띠에 여러 개 달려 있기도 하다.

굽은 곡은 흑해 북쪽, 신라, 가야, 일본[왜]에서만 발견되다가 멀리 샤르마트Sarmat에서 발견된 금관에도 달려 있어서 스키타이 - 알타이 지역에 살던 유목민의 꾸밈과 깊은 관련이 있다는 것이 알려졌다.

신라 왕족들이 왜 굽은 곡 꾸밈장식을 좋아했는지, 왜 굽은 옥이 동물의 태아 때 모습을 하고 있는지는 연구자들마다 각기 의견들이 다르다. 어떤 이는 맹수의 발톱 모양이니까 유능한 사냥꾼의 장식이라고 했고, 또 다른 사람은 초승달 모양이므로 월신 사상에서 유래한 것이라고 했다.

고고학계서는 굽은 옥은 '생명의 상징' 으로 정리하는 듯하다. 신라에

| 왼쪽[비]은 산치자 열매로, 오른쪽[임금]은 굽은옥으로 마무리 |

서는 왕으로 등장한 사람의 친부모의 금관에만 곡옥이 달려 있다는 연구가 있다. 이런 점에서 강인한 생명력 즉 후손의 번성을 기원하는 상징으로 보았다[김병모, 2006, 『고고학 여행 1』, 100~101쪽].

씨 없는 산치자 열매에 둘러싸인 굽은 옥[임금]은 결국 씨 없는 열매를 거쳐서 씨가 맺힌, 완벽한 생산이 이루어진 열매[비]로 가기 위한 하나의 과정이었던 셈이다.

그런데 이러한 과정은 위험이 없이 이루어지는 것이 아니다. '출산'이란 하나의 어려움을 통과하여야 하기 때문이다. 많은 열매 가운데 '산치자'를 선택한 것이 바로 이것을 증명한다.

> 산에 절로 나는 치자나무의 열매. 출혈을 그치고 그 열을 풀며 오줌을 잘 누게 하는 데 씀.

이것은 적지 않은 국어사전들의 '거의 똑같은' 설명이다. 그만큼 이러한 기능이 널리 알려져 있는 뜻이기도 하다.

산치자 열매는 한의학에서 '해열[열을 내림]', '지혈[피를 멈춤]', '이뇨[오줌을 잘 누게 함]' 따위에 약재로 쓴다. 이는 출산의 과정에서 꼭 거쳐 넘어가야 할 통과의례였던 것이다.

무령임금 당대[501~523]에 치자는 아직 널리 알려진 약제가 아닌 특수 처방이었을 것이다. 그러다가 산치자 열매의 의학적 효능이 알려지면서, 후대에는 향약제로 채취하는 월령이 나올 정도가 되었다고 추측된다. 이 시기에는 저절로 자라는 산치자를 채취하는 것이 아니라 길러서 채취하는 일반 약제인 치자가 된 것이다. 유효통[?~?], 노중례[?~1452], 박윤덕 등이 1428년에 지은 『향약채취월령』 음력 9월조가 그 증거다. 여기에 소개된 내용은 대략 다음과 같다.

조선 초의 이두 향명은 '지지'라고 표기되었고, 허준[1546~1615]의 『동의보감』[1613, 25권25책]이나 강명길[?~?]의 『제중신편』[1799]에도

'지지'로 기록되었다. 유희[1773~1837]의 『물명류고』[1820?]에 '지자'로 하다가 황필수[?~?]의 『방약합편』[1권]과 『선한약물학』에서 비로소 '치자'라 불렸다. 『단방신편』에는 '치'라고 하였다. 목단, 선피, 치자, 지자, 월도, 산치자, 지자, 소치자, 황치자 등 다른 이름이 있기도 하다. 이는 그만큼 활용도 널리 알려졌다는 반증이 된다. 치자는 꼭두서니과 Rubiaceae에 속하는 치자나무Gardenia jasminoides Ellis의 열매로서 약으로 사용된다.

약효는 청열이습[열을 깨끗하게 하여 습에 이로움], 사화해독[화기를 내려 독을 풂], 양혈산어[피를 맑게 하여 어혈을 풂] 등[『중국본초도감』꼭두서니과 치자 조]의 작용이 있어서, 소갈[갈증], 소변의 불편, 황달, 열병 등으로 인한 허번불면[헛된 번뇌로 잠을 못 이룸], 열독창양[열이 높은 독과 종기] 등에 효과가 있다. 임상 실험에서는 급성황달형간염, 타박상, 국부출혈 등에 신속한 효능이 인정되었다.

산치자는 말하자면 출산에서 안산을 위한 '일종의 비결 처방'이었던 것이다.

이와 같이 임금 내외의 귀걸이는 그 출산과 안산을 기원하는 과정을 형상화하였다는 결론이 된다. '의자손수대경'이나 남녀 '동자상'에서 보듯이 임금 내외의 자녀 출산과 건강에 대한 염원이 얼마나 치열하였는지를 보여주는 '증거'일 것이다. 참고로 경상대학교 박물관에 소장된 합천 옥전 M11호분 출토품 귀걸이[길이 7.7cm]는 중간 꾸미개 부분이 어린이 얼굴과 같은 모양을 하고 있다. 이러한 구조도 출산과 안산과 관련이 있지 않을까 생각된다.

발치 쪽의 귀걸이는 머리맡에서 발견된 것과 비교할 때 소박함을 면하지 못한다. 일반적으로 크기가 작아 성인이 쓸 수가 없기 때문에 임금의 비[아내]가 어릴 때 사용하던 것이라고 보았다. 조선 선조[재위 1567~1608] 때까지 남녀 어린이들이 즐겨 귀걸이를 하였다는 것을 고려하면,

쉽게 생각할 수 있다.

그러나 귀걸이와 팔찌 등은 중국의 문화가 아니라 '오랑캐 문화'에 속한다. 선조가 남자 아이가 귀걸이를 하는 것을 금지시킨 까닭이 바로 이같은 이유에서였다. 달리 말하자면, 서역을 통한 유라시아의 문화라는 뜻이다. 만약 이런 의견을 수용한다면, 귀걸이에 대한 다른 상상도 가능해진다. 고관대작들이 임금 내외의 출산과 안산을 위하여 귀걸이를 바칠 수도 있다는 점이다. 귀걸이의 크기와 규모 등은 아이와 어른의 '실용적 요소'도 있겠으나 신분적 제약에 따른 요소를 감안하여야 할 것이다. 경제력이 있다고 해서 어느 계층이나 막론하고 금·은 등으로 화려한 귀걸이를 만들 수 없기 때문이다. 이러한 문화는 '팔찌'라는 다른 항목을 설정하여 살피도록 할 것이다. 간단하게 설명할 방법이 없기 때문이다.

5. 머리관 꾸밈새[관식]와 바리때[청동제발]는 '재가 승려'라는 징표

무령임금 내외의 머리맡에서 각각 2매의 머리관 꾸밈새[관식]와 그 비[아내]의 머리맡에서 바리때[청동제발]가 껴묻거리[부장품, 장신구]로 출토되었다. 그런데 임금의 머리관 꾸밈새[관식]에는 '영락[범 Keyūra]'이 127개나 달려 있는데 그 비[아내]의 것에는 1개도 없다. 이러한 차이는 무엇을 의미하는가? 또한 왜 비[아내]의 머리맡에만 바리때가 있는가? 이를 주목하지 않으면 안 된다.

결론을 성급하게 말한다면, 영락과 바리때는 '재가 승려'로 수계

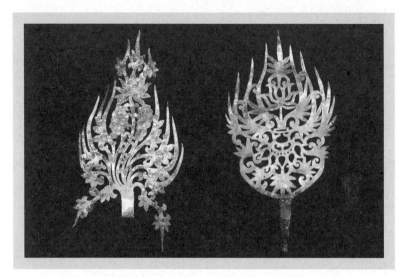

| 임금 내외의 머리관 꾸밈새 왼편[임금] 오른편[비] |

[불문에 들어가 승려가 될 사람이 계율을 받음]를 받아 우바새[임금]과 우바니[비]가 되었다는 것이다. 이런 과정을 밝히는 것이 이 글의 목적이다.

임금 내외의 머리관은 아직 완전한 형태의 모습을 알지 못한다. 다만 머리관 꾸밈새[관식]를 가지고 이렇다 저렇다 이야기하는 중이다. 그래서 채택한 단어가 '관'이 아니고 '관식[관의 꾸밈새]'이다. 최근에 권오영[2005]이 머리관의 꾸밈새를 '솟을장식[입식]'이라는 용어로 쓴 것은 좋은 표현이라고 생각된다.

임금 내외의 머리관을 연구한 논문은 김원룡, 윤세영, 이송란 등이 발표한 바 있다. 그런데 이 논문들은 김원룡이 1971~1973년에 발표한 내용과 크게 벗어나지 않는다.

머리관 전체의 구성은 국내외 서적에 기록된 '오라관[검은 비단 관]'에 근거하고 있다. 이 오라관이 제기된 시기는 고이임금[재위 234~286]

때인 261년이다. 관복의 제도를 설명하는 과정에서 '임금의 머리관은 오라관이다'라고 기록되었기 때문이다. 그런데 이러한 논의는 총론에는 찬성할 수 있으나 각론에 가면 쉽게 받아들이기 어렵다. 오라관이 임금의 '일상적인 의관'이 아니고 '특수한 의관'이라면 사정은 달라지기 때문이다.

윤세영은 임금 내외의 각각 머리관 꾸밈새들이 서로 차이[임금 - 높이 : 1.5cm, 너비 : 0.4cm, 비 - 높이 : 0.2cm, 너비 : 0.2cm]를 드러내 '최고 통치자로서의 실용관식'이라고 볼 수 없다고 했다. '죽은 임금의 장송을 위한 [머리관[윤세영, 1988, 『고분출토부장품 연구』, 183~222쪽 ; 『백

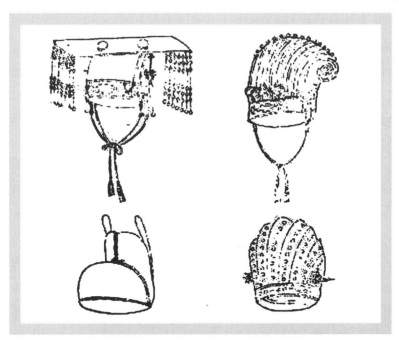

| 이 그림들은 청나라 때 간행된 『삼재도회』에서 가져온 것이다.
위의 왼쪽이 면[면류관], 오른쪽이 관[통천관]이고 아래의 왼쪽이 두건[烏사절상건],
오른편이 고깔[피변]이다. 쓰임이 각각 다르다. |

제무령왕릉』, 1991, 205~215쪽' 이라는 것이다. 윤세영의 이 의견은 김
원룡이 '특수 의식용 아니면 죽은 이를 위한 장관[죽은 이가 쓰는 머리
관' [김원룡, 1991, 『한국고고학개론』, 231쪽]에 대한 반론의 성격이었다.

이 글은 김원룡과 윤세영 두 분의 '특수한 의례용' 론에 동의하면서
그 내용을 밝혀보려고 한다.

임금의 머리관 꾸밈새를 보는 견해는 두 갈래로 나뉘는 것 같다. 식물
성의 연꽃 모양이라는 설[김원룡 보고서, 1973, 18~20쪽]과 광물성의 불
꽃[화염]이라는 설[윤세영, 1991, 『백제무령왕릉』, 205~215쪽]이 그것이
다. 그런데 임금과 그 비[아내]의 머리관[관식]의 구성은 서로 다르다. 임
금의 머리관은 좌우 대칭을 이루지 못하지만 그 비[아내]의 그것은 좌우
가 서로 대칭을 이룬다.

윤세영은 불꽃 무늬[화염문]가 불상 배광[등 뒤에 나타나는, 신체 모양
의 빛의 주연[주위의 선]이라는 생각이다. 고구려 불상의 배광과 연계하
여 형태상[영강 7년(418) 명문 금동미륵불, 계미명 금동3존불, 경4년명
문 금동3존불, 갑오년 명문 금동석가여래3존불]과 조형기법상[진파리
제7호분 금동용봉문 관형식 불꽃 무늬, 평양 청암동 금동투각 불꽃 무
늬]의 유사성이 있다는 것이다.

김원룡의 생각을 따라가면, 임금 머리관의 새김무늬는 그리스 미술에
나오는 팔메트palmette[야자과의 일종으로 북아메리카 남부 원산에서
출발한 인동당초문이며 중앙에 꽃송이와 꽃봉오리 같은 부분을 두고 그
좌우에 각각 잎줄기를 배치하였다. 꽃이라고 생각되는 중앙부는 3가지
가운데 중앙 가지는 가지 양측에 갈구리가 몇 개씩 달려 있고 위 부분에
는 꽃잎이 8개인 꽃 모양을 하고 그 위에 다시 3개의 꽃술 같은 것이 올
라간다. 이러한 도상은 연꽃[연화]이라는 것이다. 이러한 연꽃의 도상은
머리받침[두침]의 작은 그림으로 확인된다.

이러한 형식은 무령임금의 머리관이 재래형식에 인동과 연화라는 불교색채의 무늬를 넣은 '새로운 형식[신식]' 이라는 결론이다. 그런데 김원룡은 7~8년이 지난 1980년에 이를 구체화하고 있다. 다시 말하면 임금 머리관에 나타나는 인동문은 중국 6조 때 처음 등장하고 임금 비[아내]의 머리관도 역시 6조의 '연화좌 위의 화병' 에 나타난 도상이라는 것이다. 다시 말하자면, 중국 남조의 영향을 받아 이를 바탕으로 착안한 '신안 제품' 이라는 것이다[개정판『한국 고미술의 이해』, 1999, 199~200쪽].

김원룡의 이러한 견해는 아직까지도 유효하다. 그러나 '영락' 이 중국 북조의 하나이며 선비족의 정권인 북위[386~534]와 북제[550~577]를 통하여 우리나라에 들어왔다면, 결코 그리 녹녹한 문제가 아니다.

그동안 고고학의 성과로 영락은 삼국시대에 유입된 것으로 보아왔기 때문이다. 특히 신라에서 다양하게 나타나는데 심엽형, 원형, X자형 등

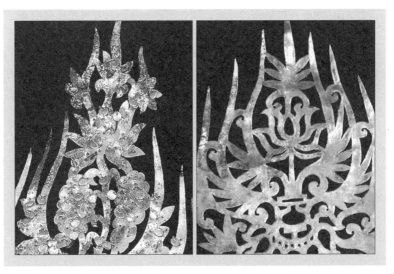

| 글쓴이는 임금 것[왼편]은 '화3렬' , 비 것[오른편]은 '불3렬' 로 보고자 한다. |

의 장식이 유행했다는 것이다. 이는 중국 남조의 영향이라기보다 북조의 그것이고 그 성격이 선비족 불교와 닿아 있다는 의미가 된다.

그뿐이 아니다. 글쓴이는 이미 '무령임금 무덤의 비밀-1[『특급뉴스』 2011.7.8 기사]'에서 유교와 도교가 관련된 영향을 지적한 바 있다. 즉 수저[동제시], 큰 못 박힌 신발[식이], 머리받침[두침], 머리받침[족좌, 연궤] 등이 반함의례의 흔적이기 때문이다. 이렇게 주장하는 전거는 『예기』, 『의례』, 『주례』 등에 나타나는 상례에 보이는 것들이다.

무령임금과 그 비[아내] 머리관 도상도 마찬가지로 이들 유교와 도교가 서로 관련된 곳에 확인된다. 소위 '화삼렬'과 '불삼렬'이라는 것이 그것이다. '불삼렬'이란 불꽃 무늬가 세 줄로 그려진 것을, '불삼렬'이란 두 몸이 서로 등지고 있는 그림 석 줄로 그려진 것을 말한다[이것은 시체를 넣는 목관을 설명하는 부분에 나오는 당대의 상례 문화이다]. '화삼렬'은 무령임금 머리관 꾸밈새와 '불삼렬'은 임금 비[아내]의 그것과 서로 대응될 수도 있다는 것이다.

관[시체를 넣는 관]을 장식하는 것은 임금은 용유[흰 천에 용을 그린 휘장], 삼지['지'는 대나무를 엮어서 용을 만들고 푸른 천으로 옷을 입혀서 유거 위 황의 끝에 걸어 놓음], 진용[길이 1장이 넘는 청색·황색 비단에다 꿩을 그려서 지 밑에 깃발처럼 걸어 놓음], 보황['황'은 유거의 위를 덮는 것. 그 가장자리에 백색과 흑색의 도끼 무늬가 있으므로 보황이라고 함이 있다. 보황에는 화삼렬, 불삼렬이 있다. 흰 비단 지붕[이것은 궁실을 상징]에 위황['위'는 휘장이고 '황'은 유거의 위를 덮는 상개을 덮으며 비단 끈이 여섯이다. 제[배꼽의 의미. 황의 한복판에 원형으로 장식된 부분]에는 오채[5색 비단], 오패[5무늬]를 장식한다. 보삽['삽'은 나무로 부채 모양를 만든 것으로 '삽'은 도끼를 그린 것이 2, 불삽['불' 즉 己이 서로 등을 대고 있는 것이 2, 화삽[구름 무늬를 그린 것이 2인데 모두 구슬을 단다.

이것은 『예기』 권22 상대기에서 뽑아온 것[이민수 미상, 511쪽]이다. 여기서 중요한 것은 목관[시체를 넣은 관]을 '궁실' 로 상징하는 문화다. 무령임금 내외의 머리관[관식] 도상은 단순한 형상의 문제가 아니라 하나의 사상 내지는 철학['궁궐' , '임금의 보살화' 등]을 내포하는 상징으로 보아야 한다는 것이다.

지금까지 논의한 바를 정리하면, 무령임금 내외의 머리관 도상은 중국 남조의 종교문화와 영향뿐만 아니라 북조와 물론 멀리 한나라의 문화까지 수용한 결과인 것이다. 말하자면 무령임금 당대의 문화는 우리나라 자연적 인문적 환경에서 자라난 문화가 불교와 유교와 도교 등 외래문화로 더욱 풍부해지고 융성해졌다는 의미이다.

영락에 대한 논의에 앞서서 진흥임금[재위 540~576]의 사례를 짚고 넘어갈 필요가 있다.

> 임금이 어려서 즉위하여 일심으로 불교를 받들어, 말년에 이르러는 머리를 깎고 승복을 입고 스스로 법운이라 부르며 생애를 마쳤다. 그 비도 그를 본받아 여승이 되어 영흥사에 머물다가, 돌아가니 나라 사람들이 예장으로 모셨다.

이것은 『삼국사기』 신라본기 진흥임금 37년조 기록의 마지막 부분이다. 이 기록은 『삼국사절요』에도 잘 정리되어 있다. 특히 주목되는 점은 임금을 따라 그 비가 비구니가 되었다는 점과 그 왕자 이름을 '금륜' 이라 지었다는 점이다. 이것은 임금의 '보살화' 를 지향한다는 뜻이 된다.

이러한 과정은 불교의 커다란 의례인 수계회를 통하여 이루어졌을 것이다.

무령임금 머리관의 영락은 이미 이야기한 대로 '영락경[보살영락본업경, 보살영락경 등]' 의 '소의경전' 을 통하여 그 내용을 살필 수 있다.

| 임금 머리관 영락[왼편]과 영락을 묶은 자리[오른편 점]을 알 수 있다.
영락이 127개이니 따라서 묶은 구멍은 154개가 된다. |

임금의 머리관은 127개의 영락이 붙어 있기 때문이다. 뿐만 아니라 영
락을 주는 '영락갈마[이는 사미계와 구족계를 관련된 수계회가 있음을
의미한다]' 가 있을 정도인 것이다. 임금 머리관의 영락은 금과 관련된
품목이다. 오늘날 돈으로 환산해도 결코 만만한 가격이 아닌데 127개나
된다. 쉽게 얻을 수 있는 것이 아니고 인과와 공덕이 필요한 대목이라
할 것이다.

영락은 범어로 Keyūra인데 지유나옥을 꿰어서 몸에 다는 것이다[『한
국불교대사전』四, 1982, 636쪽]. 인도의 풍속에 귀족의 남녀들이 모두
이것을 만들어 입으며 보살도 이를 단장하는 것으로 되어 있다. 왜냐하
면 보살의 수행에 따라 금·은·동·유리·수정 등으로 된 영락을 얻을
수 있고, 이들은 각기 다른 기능과 위력을 지니며 중생을 위해 널리 쓰인
다고 보기 때문이다.

'영락갈마'란 영락과 관련하여 계를 주는 작법[재를 올릴 때 추는 불교의식 춤으로 나비춤·바라춤·법고춤 등이 있다]을 말한다. 수계 즉 계를 준다는 것은 출가 혹은 재가의 수행자에게 부처가 정한 계법을 주는 의식을 말한다. 그런 모임을 수계회라고 한다.

수계회는 가장 큰 불교의식 가운데 하나로, 계에는 소승과 대승의 구별이 있다. 소승의 계율에는 5계, 8계, 10계, 250계 등의 구별이 있고, 대승의 계율에는 10중금계, 48경계, 3취정계 등이 있다.

소승불교에서는 사미계를 일러주는 계사[계율을 이끄는 스승], 계단[수계하거나 설계를 할 때 고대 인도에서 노천에서 하였으므로 따로 단을 세우지 아니한다]에서 계를 받는 이에게 앞으로의 방향을 이끌어줄 갈마사[갈마의 스승], 계를 받는 이를 인도하면서 여러 가지 작법과 규모를 가르쳐주는 교수사 등의 3명의 스승과 구족계를 받을 때 증명하는 7명의 증명사 등 10여 명의 승려[백제 침류임금 때(385) 호승 마라난타가 한산주에 절을 세우고 10명의 승려를 깨닫게 하였다는 기록은 시사하는 바가 크다. 수계를 하기 위한 절대적인 승려의 숫자이기 때문이다] 앞에서 계를 받는다. 이를 정리하면, 사미계와 구족계는 3사7증[3사는 계율을 직접 설하는 수계아사리, 계율의 의미를 설명해주는 교수아사리 그리고 갈마아사리이며, 7증은 수계의식이 원만히 이루어졌는가에 대하여 증명해주는 법사 7명]을 모시고 위의를 갖추어 설하는 의례인 것이다.

대승불교에서는 스승이 계를 주는 방식보다는 자기 스스로 부처 앞에 서원Vow[기독교, 힌두교 등 모든 종교에 적용된다. 불교에서는 '4홍서원'이 대표적인 것이다. 즉 ① 중생 제도하기, ② 미혹 끊기, ③ 경법 배우기, ④ 완벽한 깨달음 얻기 등]을 세우고 계를 받는 것이 원칙이나 우리나라에서는 보통 소승불교의 수계 의식을 많이 채택하고 있다.

여기서 주목하여야 할 부분이 갈마사의 역할이다. 계를 받는 이에게 앞으로의 방향을 이끌어 주는 사람이 바로 갈마사이기 때문이다. 앞에서 지적한 대로 영락은 아무나 얻을 수 있는 것이 아니다. 수행에 따라 금·은·동·유리·수정 등으로 얻을 수 있는 것이다. 이 때 수행이란 수미계의 경우 5계, 8계, 10계, 250계 등이 있으나 10가지가 가장 많이 적용된다. 사미[남성]와 사미니[여성]가 같은데 그 단계를 '근책[사미의 다른 이름. 비구가 될 희망을 가지고 부지런히 책려한다는 의미]'이라 하는데 이를 '근책율의[사미계]'라고 한다.

10가지 계율은 ① 살생을 하지 말라, ② 훔치지 말라, ③ 음행하지 말라, ④ 거짓말을 하지 말라, ⑤ 술을 마시지 말라, ⑥ 향수나 꽃다발로 바르거나 치장하지 말라, ⑦ 노래와 춤을 듣지도 말고 보지도 말라, ⑧ 사치스럽고 화려한 자리에 앉거나 눕지 말라, ⑨ 때 아닌 식사를 하지 말라, ⑩ 금이나 은 등의 보물을 받거나 비축하지 말라 등이다.

이와 같이 영락은 사미계의 단계에서 얻을 수 있는 인과율이라고 할 수 있다. '근책' 하여 영락을 얻을 수 있고, 이 영락들은 각기 다른 기능과 위력을 지니며 중생을 위해 널리 쓰이기 때문이다. 그러므로 다음 단계인 구족계를 7명의 증명사의 증명을 거쳐 들어갈 수 있는 것이다.

참고로 구족계를 살펴보면 다음과 같다.

구족계란 범어로 Upasaṃpadā이다. 새로 출가한 사람이 최고 단계의 승려 위계인 비구[팔리어로는 Bhikkhu이고, 산스크리트어로는 Bhikṣu] 또는 비구니[팔리어로 Bhikkunīs]가 되고자 할 때 반드시 받아 지녀야 하는 계율이다.

이 단계는 7중, 곧 7종의 구성원 가운데에서 우바새·우바이[재가자]와 비구·비구니·식차마나·사미·사미니[출가자] 등과 관련이 있다. 남자 출가자는 사미로 시작하여 비구에 이르고 여자 출가자는 사미니로 시작하여 식차마나를 거쳐 비구니에 이른다. 사미 또는 사미니가 되기 위해서는 일정한 의식을 거쳐야 하는데 그 의식 자체도 출가라고 불린다. 이러한 출가 의식은 지역마다 세부사항에 있어서 다소 다르다.

이와 같이 구족계는 사미[남자]와 사미니[여자]가 받는 10계와 비교하여 계품이 완전하게 갖추어져 있다는 뜻이다. 수계법에 의하면, 구족계를 수지한 자는 곧바로 비구·비구니의 자격을 가지게 된다.

승려들이 구족계를 받으려면 일정한 자격을 갖추어야 한다. 즉 나이는 20세가 넘어야 하고, 부모의 허락이 있어야 하며, 병역에서 면제되어야 하고, 부채가 없고 전염병에 걸리지 않아야 하며, 불교에 대해 적어도 몇 가지 기본적인 교육을 받아야 한다는 것 등이다.

새로 출가한 자에게 수여하는 사미계 수계식은 수계자가 이전에 이미 수계한 바가 있었다고 하더라도 다시 할 수 있다. 수계자는 승려의 법복을 입고, "삼보Triratna, 즉 부처Buddha, 법Dharma, 승가Sangha 등에 귀의할 것과 10계[승려가 지켜야 하는 기본적이고 윤리적인 행동규범]를 지킨다"는 말을 따라한다. 그리고 수계자는 스승과 함께 수계사 앞에 서서 해당 계율을 받을 것인가 아닌가에 대하여 질문을 받는다. 이때 수계자는 3번 질문을 받는데, 만일 계율을 받아 승려가 되는 데에 반대 의견이 없으면 이 출가자는 승려로서 받아들여지게 된다. 여성 출가자도 이와 유사한 의식을 통하여 비구니가 된다.

이상과 같이 영락은 사미계를 받는 과정에서 얻어지는 것이다. 그러나 무령임금 내외가 받은 수계는 이러한 출가승과 달리 재가승의 단계라고 할 수 있다. 우바새[임금]와 우바니[비]일 것이기 때문이다. 앞에서 설명한 대로 7중을 고려할 때 한 단계로 이해하면 될 것이다. 다만 살아서 수계를 받았는지 죽음 직전에 받았는지는 알 길이 없다.

영락경은 요진[384~417]의 축불념[~384~]이 376년에 인도의 경전을 번역한 것으로 알려졌다. 축불념은 강족 사람으로 범어와 한문에 정통하여 승가발진·담마난타 등과 함께 역경 사업에 종사했던 스님이다. 건원 20년[384]에 『증일아함경』과 『중아함경』을 번역하였다. 혼자 번역한 것으로『보살영락경』,『십주단결경』,『보살처태경』등 12부 74권이 있다. 그러나 근래 연구에 의하면, 5~6세기경 중국에서 지은 경전이라는 견해가 발표되기도 했다[온라인 브리테니커 2011.8.14].

이제 임금 비[아내]의 머리 부분 서쪽에서 출토된 청동으로 만든 바리때[청동발, 스님의 밥그릇]에 대한 이야기를 할 순서가 되었다. 출토 당시 이 바리때에는 안에 작은 장도와 은제 숟가락이 각각 하나씩 놓여 있었다. 이 바리때는 주둥이 선 부분이 안으로 들어가고 몸체가 약간 좁아진 형태이며 띠 부분은 평평한 바닥으로 되어 있다. 이런 형태로 인하여 '전형적인 바리때'로 판정되었다.

바리때는 범어로 Pātra인데, '발다라', '파다라', '파달라', '발달라', '발달란', '다라한'등으로 번역되었고 흔히 '발'이라고 줄여서 쓴다. 중국에서는 한나라의 주발[완]을 모방하여 바리때가 만들어졌다는 설명 [『중국고대기물대사전 : 기명』, 2001, 3쪽]이 있다. 만약 이 설명에 동의한다면, 같이 출토된 '청동제완' 3점도 같이 참고하여야 할 것이다. 경우에 따라서는 옹기, 옹량기라고 옮겨지기도 하였다. 돌아다니면서 이 것으로 음식을 구걸하되, 비구가 먹는 분량에 한하기 때문이다.

승려가 마을마다 다니며 음식을 구걸하는 수행을 탁발Pindapāta이라고 한다. '걸식', '지발', '봉발'이라고도 한다. 탁발로 쓰이기 시작한

| 바리때[발]의 그림 왼편은 임금 비, 오른편은 중국의 것[『삼재도회』 1607년] |

것은 송나라 때부터다. 인도에서는 수행자의 일반화된 풍습이 불교에 도입된 것인데, 중국과 우리나라 불교에서, 특히 선종에서는 수행의 일환으로도 간주되었다. 본래의 취지는 수행자의 간소한 생활을 표방하는 동시에 아집과 아만을 버리게 하며, 속인에게는 보시하는 공덕을 쌓게 하는 데 있다.

그러면 임금 비[아내]와 바리때도 같은 맥락에서 이해해야 할 것이다. 1991년 이호관은 『백제무령왕릉』 '청동제 생활 용구'를 취급하면서 '용도미상의 단순한 청동제품'이라는 결론을 내리고 있다. 이러한 결론은 껴묻거리[부장품, 장신구] 하나하나를 독립된 유물로만 인식하고 전체 유물과 연계시키지 못한 데에 기인한다. 이러한 품목 단위로 유물을 보는 고고학적 시선은 전체의 품목을 넣어서 보는 문화풍속학적 시선의 필요성을 보여주는 대목이다. 그러므로 영락과 함께 생각할 때, 임금의 비[아내]가 수계를 받은, 재가의 '우바니'라는 사실을 안다면 이해가 빠를 것이다. 수저는 앞에서 설명한 대로 반함의례에서 쓰인 것이고 장도는 탁발을 하면서 호신용으로 가지고 다니던 것이라 여겨진다.

임금은 우바새로 수계를 받은 직후이므로 '영락'을 직접 표현했을 것이다. 그러나 임금의 비[아내]는 임금과 함께 우바니로 수계를 받았으므로 실천적 도구인 '바리때'가 더 적절했을 것이다.

참고로 백제에서 불교가 얼마나 생활화되어 있는지를 알 수 있는 지표가 있다. '계수'라는 단어라는 그것이다. 땅에 머리를 대고 절한다는 뜻이다. 『수서』에서 백제 풍속으로 '계수'를 기록한 것이 바로 이를 증명한다.

여기서 계수는 원래 범어로 Vandana 혹은 Vandi이고 반담·반제라 음역되었다. 계수례라고도 한다. 계수란 인도에서는 최상의 경례 방법으로 양 무릎을 꿇고 얼굴을 땅에 대고 양 손바닥을 위로 올리며 상대방의 발을 갖다 댄다고 사전은 설명하고 있다[『밀교사전』, 1998, 37쪽]. 9

가지 경례 가운데 가장 정중한 것으로 다른 말로는 '정례', '접족작례', '두면예족', '오체투지'라고도 한다. 이러한 설명은 『주례』 춘관 대축에는 "9가지 절 가운데 첫 번째가 계수다"라고 하였다. 가공언[?~?]의 소에서는 '계수는 땅에 머리가 닿는 것이요, 돈수는 땅에 머리를 조아리는 것이다. 계수와 돈수는 모두 머리를 땅에 닿도록 하는 경례법이지만, 계수는 머리가 오래도록 땅에 닿아 있는 것이고 돈수는 머리가 땅에 닿는 즉시 드는 것이다'라고 하였다.

계수를 하던 시기가 언제인지는 적혀 있지 않다. 널리 알려진 것처럼 백제에 불교가 들어온 것은 침류 임금 원년[384]에 마라난타에 의해서다. 하여튼 얼마나 불교식 절하는 방식이 일상화되었기에 이런 기록이 있을까 한다. 따라서 무령임금 내외의 재가승 즉 '우바새[영락]'과 '우바이[바리때]'로 이해하는 것은 자연스러운 것으로 생각된다.

6. 신이한 짐승들과 좋은 징조
- '1각수[진묘수]'와 '가화[벼]', 푸른 구리 그릇[청동잔]의 상서론 -

무령임금 무덤에는 결코 적다고 할 수 없는, 신이한 짐승[신수]과 새[신조], 그리고 나무[신수]의 도상들이 등장한다. 그동안 이들은 도교적인 것이라고 독립해서 이해하려고 노력한 것이 사실이다. 그러나 불·도·유 3교의 통합으로 분리될 수 없고 또한 서로 호환되는 이미지라는 것을 알게 되었다. 예를 들면 "예천에서 물이 솟아나오면 가화[좋은 징조를 상징하는 벼]가 나타난다"는 도교적인 표현이다. 이는 곧 '인덕[어짙과 덕망이 만물을 기른다'는 유교적 표현의 다른 방식이다. 통치자가 정치를 잘 하여 태평성대를 이루니, 하늘과 땅에서 이를 증명할 만한 신이한 모습을 보여준다는 유·도의 결합된 문화인 것이다. 다른 결합도 마찬가지다.

그동안 이러한 결합적인 도상을 부정적으로 해석하여 '도참'이라 불러왔다. 그런데 이러한 문화는 한대에 유행하였고 위진남북조에는 일상화된 체계의 하나였다. 무덤 안에 있는 모든 도상을 추적하여야 그 진목면이 드러날 터인데, 여기서는 문제 제기로 만족하고자 한다. 다만 핵심적인 것이라고 생각되는 3가지만 다루고자 한다. 무덤 맨 앞에 놓였던 '외뿔 돌짐승[석수, 진묘수, 일각수]'과 남해 마을에서 동성임금 때 바쳐진 '가화'를 통하여 상서로운 징조[상서]가 어떻게 이루어졌는가를, 푸른 구리 그릇[청동잔]에 나타난 쌍어 무늬를 통하여 어떻게 다산의 징조를 읽으려고 하는가를 살펴보고자 한다.

실은 이들 3가지 이외에도 '신수경'이란 이름이 붙어 있는 푸른구리 거울[동경]에 보이는 신선과 4신·3서수 등과 이를 둘러싼 신이한 나무[인동당초문], 검[용봉환두대도] 자루에 새겨진 봉황과 이름을 알 수 없는 새, 임금 비[아내] 머리받침[두침]의 나무새[목조]와 촘촘히 그려진 특이한 동·식물의 그림들, 은 잔[은제연화문탁잔, 동탁은잔] 뚜껑의 사슴·용·새들, 허리띠[과대] 드리개[수식]의 주작과 백호 두꺼비와 도깨비 등 적지 않은 도상들Icons이 있다.

보통 상상의 동·식물이라는 보는 것들이다. 과연 신이한 존재들의 정체는 무엇일까? 이들의 정체를 풀어내지 못하면, 무령임금 내외와 당대 백제 사람들의 생각과 세계를 밝혀내기는 어려울 것이다.

가령 방격규구신수경에 등장하는 신이한 짐승[신수]은 어떤 도상인가? 거울의 한가운데 인꼭지를 묶는 주변의 12지와 관련시킬 때 28수와 관련된, 동방의 청룡 7별, 남방의 주작 7별, 서방의 백호 7별, 북방의 현

| 일각수의 뿔과 전체 모습 |

무 7별이 된다고 할 수 있다. 그러나 이 주제는 별도로 취급할 계획이 있으므로 여기서는 줄이고 '일각수'를 사례로 논의하기로 한다.

지금까지 '외뿔 돌짐승'의 연구 결과는 ① 묘 지킴이와 ② 저승 안내자로 요약된다. 2006년에 권오영[무령왕릉 출토 진묘수의 계보와 사상적 배경]과 구중회[무령왕릉의 외뿔 달린 돌짐승]이 그것이다. 권오영은 중국의 '진묘수'의 계보를 차근차근 살펴보았고 구중회는 '일각수'가 서역[인도India와 메소포타미아Mesopotamia]에서 중국을 거쳐 온 도상[부록 1 외뿔 돌짐승 연구를 참조할 것]으로 보았다.

그런데 본고에서는 이 '외뿔 돌짐승'이 '묘 지킴이'나 '저승의 안내자'의 의미는 물론이고 근원적 바탕에는 상서로운 징조[상서]를 표상하는 도상이라는 것을 제시하고자 한다. 어느 나라든지 마찬가지이지만, 중국문화는 발상지와 동시에 전파지의 요소가 합쳐져서 이루어져 있다[중국의 한 학자는 무령임금 관련 학술대회에 와서 '중국의 진묘수와 무령임금 무덤 진묘수'가 '합동[?]'이라며 은근히 문화의 예속성을 발표한 바 있다].

알려진 대로 소위 '1각수'는 초나라 문화로 알려져 있다.

초나라는 주나라 제후국의 하나다. 전설에 의하면, 전욱[고대 전설상의 임금, 황제의 손자로 하나라를 세운 우임금의 할아버지라고 전한다]이 시조이며 그의 후손인 웅역이 주나라 성임금에 분봉되어 단양에 도읍하였다. 춘추시대의 무임금 때[B.C.741~690] 임금 호를 스스로 말하였고 문임금 때[B.C.690~677] 영으로 서울을 옮겼다. 장임금 때[B.C. 614~591]에 중원의 패자가 되어 '전국 7웅' 으로 위세를 떨쳤다. 그러다가 결국 진시황[B.C.247~210]의 침략으로 멸망[B.C.223]하게 된다. 굴원[B.C.약 343~약 277]과 송옥[B.C.약 340~278] 등의 문인을 배출하여 '초사[사부 계열의 시의 형식으로 지방 가요를 표현. 대표적인 것은 굴원의 '이소', '9가', '천문' 등과 송옥의 '9변', '초혼' 등이 있다] 로 발전하였다.

아는 것처럼 초사[자수와 형식의 제한이 없다는 북방문화를 대표하는 시경[중국 최초의 시가집. 총 305편으로 4언이 위주이다]과 쌍벽을 이룬다는 것은 문학사의 통설이다.

그런데 여기서 흥미로운 일은 변방의 초나라 문화인 '1각수' 가 어떻게 중국 왕실 문화의 핵심과 연결이 되느냐이다. '1각수' 의 도상은 중국 궁중 문화의 의장과 노부[임금이 거둥할 때 위엄을 보이기 위해 격식을 갖추어 세우는 무기나 물건]에 들어가 있기 때문이다. '왜 무덤 지킴이와 저승 안내자가 궁중 문화의 중심부에 들어와 임금을 수행하고 있는지' 궁금한 일이 아닐 수 없다.

역사적으로 중국 최초이자 최고의 법전으로 평가를 받는, 당나라 법전인 『당육전』에 당시의 궁중 문화의 하나인 좋은 징조[상서가 소개되어 있다. 상서는 네 단계 즉 가장 높은 대서, 상위인 상서, 중위인 중서, 하위인 하서 등이 그것이다. 그런데 '1각수' 는 가장 높은 단위인 대서에 포함되어 있다.

가장 큰 단계의 징조[대서]는 경성[밝은 별], 경운[경사스러운 구름, 822

년(헌덕왕 14)에 웅천주도독 김헌창이 반란을 일으켰을 때, 연호로 사용한 적이 있었다], 황성진인[누런 별 진인], 하정[강의 정], 기린, 봉황, 난새, 비익조, 동심조[마음이 하나인 새], 영락조[즐거움이 영원한 새], 부귀[가멸과 귀함], 길리[좋음과 이로움], 신귀[신이로운 거북], 용, 추우[옳음을 아는 짐승으로 생김새는 호랑이와 같은데 검은 무늬가 있고, 생물을 먹지 않음], 백택[흰 못 및 구름을 표현], 신마[신비스런 말], 용마[뛰어난 말], 택마[못 말], 백마적모[붉은 다발머리 흰 말], 백마주종[붉은 갈기 흰말] 등과 같은 것이다. 또 주잡[한 바퀴 돎], 각서[뿔 달린 상서], 해치[해태], 비견수[어깨가 있는 짐승], 6족수[6다리 짐승], 자백[신선], 등황[등은 전국시대의 뛰어난 임금], 도도[좋은 말], 백상[흰 코끼리], 1각수[외뿔 짐승], 천록[하늘 사슴], 별봉[자라 관리], 추이[귀 달린 묵은 술 단지], 표견[표범 개], 노견[바깥 개], 현규[검은 홀], 명주[밝은 구슬], 옥영[구슬 뿌리], 산칭만세[만세를 부른 산], 경산[경사로운 산], 산거[산 수레], 상거[상아 수레], 조거[새 수레], 근거[뿌리 수레], 금거[금 수레], 주초[붉은 풀], 굴질[굽은 수레], 명협[달력 풀], 평로[곧은 이슬], 삽보[부들, 요임금 때 부엌에 난 서초], 호주[쑥 기둥], 금우[금 소], 옥마[구슬 말], 옥맹수[구슬 맹수], 옥옹[구슬 항아리], 신정[신이한 솥], 은옹[은 항아리], 단중[붉은 시루], 예천[단술 천], 낭정[물결 우물], 하수청[맑은 강과 물], 강하수5색[5색 강물], 해수불양파[파도가 없는 바다 물] 같은 것 등이다.

이상과 같이 '1각수'는 대서인 63가지 가운데 하나다. 이들은 나라의 상서로운 일이므로 임금이 거둥할 때 쓰이는 의장과 노부의 깃발로 표현된다.

외뿔인 짐승은 1각수기만 있는 것이 아니다. 해치기, 천록기 등도 있다. 1각수는 기린[원래 서역에서는 말이나 염소 모양이었으나 중국에 들어오면서 바뀐 것이다]의 일종으로 태평세월에 나타난다는 상상의 신수이다. 해치기는 해태를 그린 깃발인데 사람들의 옳고 그름을 안다고 한다. 천록기는 범과 같이 생겼는데 누런빛 바탕에 그려져 있다.

여기서 중요한 것은 뿔의 의미다. 무령임금 무덤의 짐승 외뿔이 쇠로 만들어진 것도 이를 의미일지로 모른다. 교수이며 소설가인 조동길은 초상이 죽음과 관련된 '喪'인데, 소상[2년상]과 대상[3년상]에서 왜 '祥'으로 쓰이는지 의문을 품어왔다고 했다. 상례란 다른 말로 하면, 죽은 이가 조상에 편입[시 → 구 → 우 → 신의 단계]되는 과정이므로 결국 살아있는 이의 입장에서는 상서로운 일일 수밖에 없다. 무령임금 무덤의 1각수는 백제의 상서로운 징조[상서]를 표현하는 것이 된다. 이것이 백제시대의 상서에 대한 문화적 코드인 것이다 정호섭[2009]은 박사논문[고구려 고분의 조영과 제의,

| 『당육전』의 상서 부분 |

고려대학교 대학원]에서 고구려 임금들이 죽어서도 현실생활을 이으려는 믿음[계세신앙]뿐만 아니라 내세에 대한 기원까지를 포함한다고 제안한 바 있다.

참고로 뿔이 2개인 깃발은 벽사도기[천록과 같은 모양새가 있고, 3개인 깃발은 3각수기[머리가 백택과 같으나 녹색의 털과 푸른 바탕으로 뿔이 3개이며, 흰 배에 녹색의 꼬리다. 이 3각수기는 조선시대에서도 여전히 건재하였다가 있다. 각단기도 모양새가 돼지와 같으나 코 위에 뿔이 있고 사람의 말을 알아듣고 하루에 18,000리를 간다고 한다.

서양에서 뿔 달린 짐승의 도상은 유니콘[라틴어 Unicornus, 영어

| 구리 거울[동경]의 인물과 상서로운 짐승[서수]들 |

Unicorn, 인도어 브리샤쉬바파티]이다. 온라인 브리테니커[http://premium.britannica.co.kr, 2011.8.27]의 설명을 따라가 본다.

유니콘은 이마에 뿔이 하나 달린 말이나 새끼 염소와 비슷하게 생겼다. 가장 오래된 메소포타미아 회화예술에 처음으로 나타났고, 인도의 고대신화에도 등장하여, 점차 동남 아시아와 중국에까지 퍼져나갔다. 중국에서는 B.C.27세기경에 온화한 기린의 모습으로 나타났다.

유니콘이 초나라를 거쳐 중국에 들어오면서 기린의 모습으로 변화한 것을 알 수 있다. 중국 문화는 '원생산지[소위 세계문화 발상지라는 의미]'이면서 동시에 외부[서역 즉 인도와 메소포타미아]의 문화 등을 받아들인 '재생산지'였던 것이다.

그리스 문학에서 외뿔 돌짐승(그리스 Monokerōs)에 대한 최초의 기록은 크테시아스Ctesias[B.C.400년경]에 의해 이루어졌다. 여기서 "유니콘은 몸이 희고 머리가 자줏빛이며 푸른 눈이다. 이마에는 50cm 정도의 끝은 붉고 중간이 검고 밑 부분이 흰 뿔이 달려 있다. 크기가 말만한 인도 야생 당나귀처럼 생긴 동물이다"고 기록하고 있다.

그 뿔에서 나오는 피를 마시는 사람은 위통과 간질을 치료하고 독에서 해독될 수 있다고 믿었다. 이 동물은 발이 무척 빨라 잡기가 매우 어려웠다고 한다. 크테시아스가 말한 동물은 실제로는 인도의 코뿔소였을 것으로 추측되고 있다.

| 유니콘[자료 : 온라인 브리테니커] |

외뿔 돌짐승은 『구약성서』와도 관련이 있다. 성서의 시구에는 강하고 아름다운 뿔을 가진 레엠이라는 동물이 나오기 때문이다. 레엠은 '유니콘'이나 '코뿔소'로 번역되는데 근대 번역에서는 대부분 히브리어 레엠의 정확한 의미인 '들소(오로크)'로 옮겨진다. 성서에 나오는 유니콘은 그리스도 교회에서 비유적으로 해석되었으며, 인간을 위하여 구원의 뿔을 들어 올리고 동정녀 마리아의 태중에서 자란 그리스도와 자주 관련되었다. 전설에 따르면 처녀만이 유니콘을 길들일 수 있다고 한다.

구중회는 「무령왕릉의 외뿔 달린 돌짐승 연구」[2006]에서 그 도상을 인도의 브리샤쉬바파티와 Unicorn, Apis, Anu 등과 연결시켜 제시한 바 있다[이 논문은 부록으로 수록되었다].

이상에서 논의한 대로 무령임금 무덤에서 출토된 유물 가운데 소위 '상상'이 붙은 도상들도 대부분 상스러운 징조[상서]로 이해하자는 것이다. 이런 의미에서 『당육전』의 상위 단계, 중위 단계, 하위 단계 상스러운 징조들을 소개해두기로 한다.

> 상위 단계의 징조[상서]는 3각수[3뿔 짐승], 백랑[흰 이리], 적비[붉은 큰 곰], 적웅[붉은 곰], 적교[붉은 하룻강아지], 적토[붉은 토끼], 9미호[9꼬리 여우], 백호[흰 여우], 현호[검은 여우], 백록[흰 사슴], 백장[흰 노루], 백시[흰 외뿔 들소], 현학[검은 학], 적오[붉은 까마귀], 청오[푸른 까마귀], 3족오[3발 까마귀], 적연[붉은 제비], 적작[붉은 참새], 비목어[비목 고기], 감로

[단 이슬], 묘생상목[사당에 생긴 상서로운 나무], 복초[복풀], 예초[예절풀], 평실[부평초 열매], 대패[큰 조개, 화폐임], 백옥적문[붉은 글씨가 쓰인 흰 옥], 자옥[자주빛 옥], 옥양[옥 염소], 옥귀[옥 거북], 옥모[소 울음소리를 내는 옥], 옥영[옥 꽃부리], 옥황[서옥], 황은[누런 은], 금등[금 등나무], 산호구[산호 낫], 해계서[뛰는 닭물소 새긴 옥], 대통벽[머리가 뚫린 벽옥], 옥유리[옥 유리], 계취벽[닭모양 벽옥] 등과 같은 것을 말한다.

중간 단계의 징조[중서]는 백구[흰 비들기], 백오[흰 까마귀], 창오[푸른 까마귀], 백택[흰 못], 백치[흰 꿩], 치백수[흰 머리 꿩], 취조[물총새], 황곡[누런 고니], 소조생대조[큰 새를 낳은 작은 새], 주안[붉은 기러기], 5색안[5색깔 기러기], 백작[흰 참새], 적호[붉은 여우], 황비[누런 큰 곰], 청연[푸른 제비], 현맥[검은 담비], 적표[붉은 표범], 백토[흰 토끼], 9진기수[9가지 기이한 짐승], 충황출곡[계곡에서 나온 충황], 택곡생백옥[백옥을 낳은 태곡], 낭간경, 벽석윤색[윤색된 푸른 돌], 지출주[땅속에 나온 구슬], 능출흑단[무덤에서 나온 검혼 단사], 위수[위엄 있는 수레 손잡이 줄], 연희[기쁨을 끌어들임], 복정[복 우물], 자탈상생[탄생이 벗어난 신선], 빈연활달[활달한 손님], 선모[좋은 띳집], 초목장생[오래 사는 풀과 나무] 등과 같은 것을 말한다.

하위 단계의 징조[하서]는 거비[찰기장과 검은 기장], 가화[형태가 특이한 벼], 지초[지초 풀], 화평[꽃핀 개구리밥], 인삼생[천연 인삼], 죽실만대[대나무 열매], 초계합생[서로 붙은 산초와 계수나무], 목련리[서로 붙은 나무], 가목[아름다운 나무], 대각우록[큰뿔 암사슴], 박록[말과 비슷하며 범을 잡아먹는 맹수 사슴], 신작[신이한 참새], 관작[볏 달린 참새], 흑치[검은 꿩] 등과 같은 것이다.

지금까지 소개한 당나라의 상서문화를 정리하면, 흰 색[白]이 가장 상위에 있고 다음이 붉은 색[赤]이고 검은 색[玄]과 푸른 색[蒼] 등이라는 것을 알 수 있다. 하늘의 구름부터 진인[신선], 새, 말, 거북, 사슴, 수레[車], 식물 등인데 식물이 가장 하위 단계의 상스러운 존재가 된다.

상서로운 징조는 그냥 나타나는 것이 아니다. 하늘이 통치자[성인]나 백성들의 마음과 행위[공덕]에 대하여 하늘과 땅이 '감응'한 결과인 것

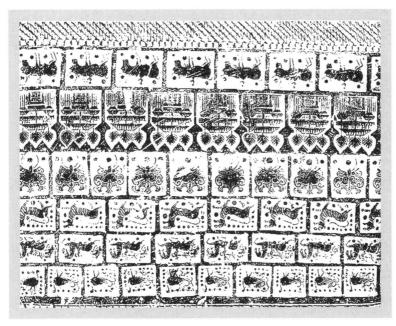

| 후한[동한] 시대의 벽돌 무덤의 상서 그림 |

이다. 나라가 '태평성대하다' 는 다른 표상이다.

따라서 상서로운 좋은 징조[상서]가 나타나면, 그 종류와 등급을 구별하는 것은 중요한 과제라고 할 수 있다. '감응' 의 정도 내지는 규모 등을 살펴야 하기 때문이다. 『당육전』의 경우, 총 148가지이다. 가장 높은 단계의 좋은 징조[대서]가 63가지, 상위 단계의 징조[상서]가 39가지, 중간 단계의 징조[중서]가 32가지, 하위 단계의 징조[하서]가 14 가지이다. 가장 높은 단계의 징조[대서]가 가장 많고 가장 낮은 단계의 징조[하서]가 가장 적다는 것을 알 수 있다. 이와 같이 가장 높은 단계의 징조가 이하 단계와 비교할 때 거의 절반이 되는 것은 좋은 징조를 기다리는 사람들의 기원이자 염원이라고 할 것이다.

가장 높은 단계의 징조[대서]가 출현하면 즉각 표[마음에 품은 생각을 임금에게 올리는 글]를 올려 아뢰고 문·무 관리들은 대궐에 나아가 임금에게 축하의 의례를 올린다. 그러나 나머지 세 단계의 징조는 모두 연말에 원외랑이 표를 갖추어 아뢰면 담당 관리가 종묘[임금 선조들을 모신 곳]에 알리고 관리들도 대궐에 나가 축하를 올린다.

왕충[27~?]의 『논형』 '선한편' 에 의하면 상서에 감사하는 의미로 제사를 지냈다는 기록도 있다. 감로 원년[53]에 황룡이 신풍에 나타나 예천이 흘렀다. 거기에는 봉황이 5~6마리 나타난다든지 새들이 일시에 혹은 이상한 새들이 모인다는 것이다. 기린, 신작[신이한 참새], 황룡, 난조[난새, 황제 수레를 끄는 말의 방울], 감로, 예천 등이 나타나 후토와 천지에 제사를 지냈다는 것이다.

상서로 바친 새와 짐승들은 산 채로 잡은 것은 각각 그 습성에 따라 산과 들에 놓아준다. 잡을 수 없는 것이 있거나 또는 서로 합쳐진 나무[목연리] 같은 것은 해당 지역에서 조사하여 허위가 아니라면 그림을 첨부하여 올린다. 반대로 좋지 못한 징조[재이, 대표적인 것이 일식]가 나타나면 5가지 북과 5가지의 군사를 준비하고 임금은 나랏일을 보지 않으며 모든 관리들은 소복[흰 옷] 차림으로 일상 업무를 보지 않고 기다렸다가 그것이 사라지면 북을 쳐서 알리게 된다.

상서로운 징조는 경우에 따라 나라의 운명을 좌우하는 계기가 된다. 그것이 소위 '연호' 라는 것이다. 연호는 많은 숫자가 '상서' 와 관련되어 있다. 연호는 임금이 자신의 치세에 붙이는 명칭이다. 대년호 또는 원호라고도 한다. 처음 사용된 시기는 서한[B.C.206~A.D.5, 전한] 나라 무제 때[B.C.141~87]인 기원전 140년이고 이름은 '건원' 으로 알려지고 있다. 그 이전에는 정식 명칭을 사용하지 않고 원년을 고쳐 '중원년', '후원년' 등으로 사용했다. 연호가 정식으로 사용되면서 상서의 출현, 정치적 이상, 종교적 바람 등 여러 이유로 새 연호를 제정하였다. 이렇게 연호를 고치는 것을 개원이라 한다. 예를 들면 한 무제는 원수 6년

[B.C.116] 여름에 분수 곁에서 보정[보배로운 3발이 달린 솥]을 얻었는데 이를 기념하여 '원정' 으로 바꿨다. 옛날 솥[정]은 흔히 세 발이 달린 것인데, 우 임금이 천하를 9주로 나누고 그 주를 상징하는 징표로 솥을 아홉 개를 만들었다는 전설이 있다. 그 뒤부터 나라의 권위를 상징하는 보물로 간주되고 있다.

원래 연호는 한임금 대에 여러 연호가 사용했으나, 명나라[1368~1644] 이후에는 1연호[1세1호]를 사용하는 것이 관례화되었다.

현재 우리나라는 5·16군사정변 후인 1961년부터 '서력기원' 을 연호로 사용[법률 제775호]하고 있다. 1948년 대한민국정부가 수립되면서 '단군기원' 을 서력기원과 같이 사용[법률 제4호]한 바 있다. 이 1948년은 '단기' 로 4281년이었는데, 이는 『삼국유사』 단군신화에 따라 고조선의 건국을 B.C.2333년이라는 데에 근거한 것이었다.

이와 같이 상서 문화는 나라의 근간을 이루는 요소의 하나이다. 백제에서도 이와 비슷하였으리라 생각된다.

이런 의미에서 '가화' 를 사례로 이야기해 본다.

『삼국사기』에 백제 24대 동성임금[재위 479~500] 시대 '가화[형태가 특이한 벼]' 에 대한 기록이 나타난다. '가화' 는 상서로운 징조의 가장 낮은 단계에 속한다. 풍년이 들고 남쪽 바다 마을에서 이삭이 합쳐진 벼를 바쳤다는 것이다.

> 11년[489]에 크게 풍년이 들었다. 가을에 나라 남쪽의 바다마을 사람들이 이삭이 합쳐진 벼를 바치었다.

우리나라는 농업국가다. 벼에 대한 인식도는 다른 곡식과 비교하여 관심도가 높을 수밖에 없다. 조선 후기에서 구한말까지 여러 차례 수정하고 보완된 『증보문헌비고』[권11 상위고 11, 물이 3, 곡이]에는 우리나라 역대의 '가화' 와 관련하여 것들을 정리한 기록이 있다.

| 충남 공주시 정안면 허수아비 마을의 들녘 |

◆ 신라

○ 파사임금 5년[84] 5월에 남신현에 보리가 두 갈래가 하나로 붙었다.

○ 벌휴임금 3년[186] 7월에 남신현에서 가화를 바치었다.

○ 조분임금 13년[242] 가을에 고타군에서 가화를 바치었다.

○ 유례임금 11년[294] 7월에 다사군에서 가화를 바치었다.

○ 눌지임금 36년[452] 7월에 대산군에서 가화를 바치었다.

○ 효소임금 6년[697] 7월에 완산주에서 가화를 바쳤는데, 이랑은 다른 데 이삭을 함께 한 것이었다.

○ 혜공임금 3년[767] 9월에 김포에서는 볍씨가 모두 쌀로 되었다.

○ 헌강임금 6년[880] 8월에 웅천주에서 가화를 바치었다.

◆ 고구려

○ 양원임금 4년[548] 9월에 환도에서 가화를 바치었다.

◆ 백제

○ 동성임금 11년[489] 가을에 나라 남쪽의 바닷 마을 사람들이 이삭이 합쳐진 벼를 바치었다.

이상이 백제, 고구려, 신라의 '가화'에 대한 기록이다. 시기로는 5월[음력]부터 9월[음력]까지 농사철과 관련이 있고 지역적으로는 전 국토가 그 범주가 되는 것을 알 수 있다. 임금과 백성이 서로 상서로운 징조에 대한 믿음이 있었던 것이다.

그러나 고려에 접어들면서 임금의 '가화'에 대한 믿음이 다소 약화되는 경향을 보이고 있다.

○ 성종 11년[992] 9월에 등주에서 벼 이삭의 길이가 7치 되는 것과 기장 이삭의 길이가 1자 4치 되는 것을 바치었다[여러 신하들이 하례하기를 청하였으나, 허락하지 않았다].
○ 숙종 3년[1098] 10월에 영광군 및 관내의 군현에서 벼가 한 종자로서 두 번 결실하였다.
○ 예종 11년[1116] 6월 병자에 상주에서 상서로운 보리[서맥]를 바쳤는데, 줄기 하나에 이삭이 넷이었다. 12년[1117] 6월 병인에 상주에서 또 상서로운 보리를 바쳤는데, 갈래가 둘이고 이삭이 셋이었다.
○ 공민왕 15년[1366] 10월 임자에 전라도 순문사 김유가 벼의 마디가 10이 되는 것을 바치었다.
○ 우왕 9년[1383] 5월 갑자에 진주에서 보리가 줄기 하나에 이삭 하나로 갈래가 셋, 넷이었다.

그런데 조선에 들어서면서 나라에서 이러한 가화나 서맥을 바치지 않도록 지시하고 있다. 그만큼 인지와 사고의 발달이 된 수준에서 '상서'

가 역동성을 잃은 것이라고 여겨진다. 그러나 숫자가 줄어들었지만 상서문화는 여전히 조선이 망할 때가지 그대로 유지된다.

- ○ 세종 19년[1437] 여름에 경기 관찰사 김맹성[1437~1487]이 보리 이삭이 4갈래로 된 것을 바치었는데, 임금이 이것을 물리쳤다[이내 여러 도에 두루 유시하여 하례하지 말게 하였다].
- ○ 세조 2년[1456] 9월에 경상도 관찰사 이극배[1422~1495]가 가화를 바치니, 세 이삭, 두 이삭이었는데 이것을 물리쳤다.
- ○ 선조 31년[1598] 4월에 제천현에서 상서로운 보리가 났는데, 5갈래인 것이 3포기이고, 4갈래인 것이 5포기이고, 3갈래인 것이 6포기이며, 2갈래인 것은 매우 많았다.
- ○ 인조 2년[1624]에 여주에서 보리 이삭이 2갈래인 것이 있었다. 9년[1631] 6월에 하동현에서는 올벼[조도]의 묵은 뿌리에서 줄기와 잎이 다시 나와서 이삭이 팼다.
- ○ 숙종 17년[1691] 여름에 경상도 관찰사 이담명[1646~1701]이 보리 이삭이 4, 5갈래인 것을 바치었는데, 이를 물리쳤다.
- ○ 영조 25년[1749] 5월에 청주에서 보리가 두 이삭, 혹은 세 이삭 된 것이 있었으므로 관찰사 이일제[?~?]가 상자[궤]에 담아서 진상하였는데, 이를 물리쳤다.
- ○ 정조 14년[1790] 12월에 임금이 경모궁에 거둥하였다가 돌아오는데, 한 백성이 조 한 줄기에 이삭이 36이 되는 것을 가지고 어가 앞에 바치니, 백성의 버릇이 해괴하므로 병조에 명하여 엄하게 다스리게 하였다.
- ○ 고종 2년[1865] 11월에 전라도[호좌]에서 가화를 바쳤는데, 한 줄기에 이삭이 16이었다.

조선에 들어서는 벼보다는 보리나 조[수수]에 대한 이상한 것을 보고한 것을 알 수 있다. 오늘날 입장에서 볼 때 돌연변이라고도 할 것이다.

가화에 대한 내용은 땅이름[지명]에도 등장한다. 황해도 지역인데 원래 고구려의 웅한이 → 고려 영녕

| 은잔의 받침 도상들 |

현 → 조선태조 5년[1396] 가화현으로 변화하고 있다. 기록에는 나타나지 않지만, '가화' 가 있었기 때문에 지어진 땅이름이라 여겨진다. 태종시기에는 이미 상서 개념이 약화되면서 8년[1408]에 현을 폐지하게 된다. '가화' 라는 땅이름은 많았을 것이다. 나라에 가화를 바칠 정도이므로 그 지역 주민들은 '상서로운 땅' 이라는 표현하고 싶었을 것이기 때문이다. 그 흔적의 하나가 평안남도 평원군 영유면 지역의 영유현이 가화현이었다는 점에서도 확인된다. 상서문화가 쇠미해지면서 차차 땅이름에서 사라진 것이라고 여겨진다.

'가화' 에 대한 기록은 적어도 왕충[27~?]의 『논형』 '선한편' 에 나타난다. 효명 시기에 봉황은 나타나지 않았지만 기린, 감로, 예천, 신작[신이한 참새], 백치[흰 꿩], 자지[자주빛 상스러운 풀] 등과 함께 가화가 있었다는 것이다. 『고문진보』 '희우정기' 에도 당숙의 땅에서 진기한 곡물이나와 이를 성임금에게 바쳤는데 주공이 이를 '가화편' 으로 지었다는 것이다. 성임금은 그 곡물의 이삭 끝에 열매가 더부룩하게 나 한곳에 모여

있는 것을 보고, 천하가 화동할 조짐이라며 크게 기뻐하여 주공에게 글을 지으라고 했기 때문이다[이 글은 본래 『서경』에 들어 있었는데, 오늘날에는 전하지 않는다].

마지막으로 푸른 구리 그릇[청동잔]에 새겨진 쌍어무늬에 대하여 이야기할 차례다. 두 가지 관점에서 논의를 하려고 한다. 첫째는 고사[옛날의 사례라는 말인데 불교에서는 경전에 의하는 경우가 많아 '소의경전'이라고 한다]에 의하여 문화적 의미가 주어진다는 것이고 둘째는 소위 '남조 영향'이란 말의 해석이다.

널길[연도]과 목관 받침대 주위에서 5개의 구리잔이 출토되었다. 발굴 당시에는 푸른 녹이 슬어 있어서 겨우 음각의 가는 선[1선]이 파악되었다. 그런데 후에 과학적으로 보존처리하는 과정에서 잔의 밖과 안[바닥]에 무늬가 있다는 것을 알게 되었다. 쌍어를 중심으로 약 30개의 활짝 핀 연꽃, 연 열매, 연꽃봉오리, 연 줄기 등이 화려하게 새겨져 있었다.

이 쌍어무늬는 남조의 영향으로 보는 것이 보통이다. 금속 용기의 안쪽에 쌍어를 표현한 것은 남조에서 자주 등장하기 때문에 이 그릇 역시 양나라에서 수입하였다는 것이다. 이 쌍어무늬가 중국 구리거울[동경]에서 흔히 볼 수 있어서 양나라의 영향으로 보기도 하였다[이호관, 1991,

| 푸른구리 그릇과 안 바닥의 도상 |

『백제무령왕릉』, 283쪽]. 그런데 쌍어무늬가 남조만의 영향일까?

> 중국 동북 지방의 선비족이나, 남쪽의 남조 지역에서 모두 청동 대야의
> 안쪽 바닥을 장식한 무늬로 즐겨 사용된다. 무령왕릉의 것은 중국 남조와
> 관련이 있을 것으로 판단된다[권오영, 2005, 189쪽].

이 인용문에서 주목되는 것이 '중국 동북 지방의 선비족'이다. 이들이 바로 북위의 건립자 선비족 탁발씨이기 때문이다. 북위는 탁발규[재위 386~409, 도무제, 태조]가 386년에 대국을 다시 세운 나라다. 조위[220~265]에 대하여 북위 또는 후위라고 한 것이다. 398년 평성에 도읍을 옮기고 칭제하고 439년 북방을 통일하였다. 493년 효문제 임금이 낙양으로 천도한 뒤 534년 동·서위로 나뉠 때까지 149년간 누렸다. 말하자면 쌍어 무늬는 중국 남북조에 걸친 문화인 셈이다.

쌍어에 대한 사전을 찾아보면 다음과 같은 뜻이 있다.

① 한 쌍의 물고기
② 한 쌍의 물고기 무늬를 넣은 중국 청자의 한 가지
③ 먼 곳에서 보내온 두 마리 잉어의 뱃속에서 편지가 나왔다는 옛 고
　사에서 '편지'를 이르는 말

여기서 주목되는 것이 ②와 ③의 풀이이다.

이러한 역사적인 배경문화가 바로 한나라가 제공하고 있다는 사실이다. 쌍어무늬는 원래 한나라 시대에 유행한 세수 그릇에 애용되는 도상이라는 것이다. 그 대표적인 것의 하나가 '초평쌍어세'였다. 초평은 후한의 헌제 임금 때의 연호로 190년[경오]부터 193년[계유]까지 사용했다. 이 세수 그릇에는 다음과 같은 명문이 새겨져 있었다.

| '초평쌍어세'의 명문과 조선의 쌍어무늬 |

태세가 갑술인데 초평 5년 오사가 '의자손[세수 그릇]'을 만들었다.

그런데 이 초평 5년은 존재하지 않았다. 먼 지방에서 연호가 바뀐 줄을 모르고 옛날 연호를 사용하였다. 전한 시절 오봉이 4년[B.C.54]에 끝났는데 5년이라고 쓴 것과 같다. 뒤에 이러한 발문을 붙이고 있다[『중국고대기물대사전 : 기명』, 2000, 59쪽].

쌍어무늬는 남북조의 직접적인 영향이지만 근원이 한나라에 있고 그 기능이 많은 자손[의자손]에 있었던 것이다. 이와 같이 도상을 이해하기 위하여는 원천이 되는 역사적 배경을 살펴야 한다는 것이다. 불화[탱화]에서 '소의경전[그림이 경전의 의거한다는 뜻]'이라는 것과 같다.

우리나라가 처한 자연과 역사에서 자연발생한 도상 즉 해와 달, 동심원, 별자리, 넝쿨무늬 등과 불교[정토신앙]적 도상 즉 연화문, 연화화생, 불·보살상과 비천[하늘을 날아다님] 등, 그리고 도교적 도상 즉 신선, 상서금수, 등을 제대로 이해하고 감상하려면 그 배경 문화를 먼저 살펴야 한다는 것이다. 이것이 상서문화를 이해하고 감상하는 기본 요건이라 할 것이다.

결론을 내리면, 무령임금 무덤의 유물들은 발원지이자 전파지인 중국을 통하여 수혈하면서 스스로 발명한 당대 최고 수준의 문화의 모듬체라는 것이다. 이러한 모듬체는 불·도·유 3교 문화로 나라마다 지역마다 자연스러운 삶의 틀을 마련한 것이라 하겠다.

7. 무령돌문서[간지도]와
구리거울[방격규구신수문경]의 기물 배치론

무덤의 맨 앞[입구]에는 풍수지리 그림['간지도', '방위표', '능역도', '위치도']이 놓여 있었고, 맨 끝[임금의 발 밑]에는 우주 그림[방격규구신수문경]이 놓여 있다. 이러한 배치가 의미하는 것은 무엇인지 궁금한 일이 아닐 수 없다. 임금 무덤은 당대 백제문화의 총체적인 지식과 국력이 만들어낸 결과이기 때문이다.

이러한 무덤의 배치는 한나라 때에 덧널 형식에서 방 형식으로 바뀌면서 제기된 과제였다. 황효분[2003]은 『한묘적 고고학 연구』[우리나라에는 2006년 『한대의 무덤과 그 제사의 기원』이란 이름으로 번역 출간됨]에서 방 형식으로 바뀐 것은 제사와 관련되어 있다고 보았다. 이전의 닫힌 형식과 달리 열린 형식을 취한 것이 바로 제사 공간을 확보하기 위한 수단으로 보았다. 껴묻거리[부장품]로도 그것을 알 수 있다고 했다. 예악기, 생활필수품, 위신의장용구 등이 은주 시대에 유행했으나 진묘벽사품, 공헌제사품, 명기 등이 전국시대에 출현하기 시작하여 한대에는 완전히 자리를 잡았다는 것이다. 특히 일상생활에 소요되는 그릇, 도구, 건축시설 등을 모방한 장례 때 일시적으로 만든 모형유물[명기]이 이러한 제사공간을 가장 잘 드러낸다고 보았다.

지하 무덤방 내에서 정문, 지게문 및 부뚜막, 우물, 화장실의 설비, 혹은 일정한 방위에 따라 특정한 장소에 도[목]제 창고·부뚜막·우물·화장실을 배치하였다는 것이다. 이는 단순한 사람의 사후생활을 위하여 제공하려고 준비한 것이 아니라, 한인들의 천지사상과 음양풍수신앙의 관념에 의거하였다는 견해이다. 도제 창고는 종묘 제사와 관련되고, 부뚜막은 조왕[부엌]신앙과 관련된다는 것이다. 우물은 하늘과 통한다[통천관지]는 믿음에서, 화장실은 독으로써 독을 막아낸다는 벽사진흉이라고 보았다 이들 네 가지는 당대 5제사와 대응된다고 보았던 것이다[『한대의 무덤과 그 제사의 기원』, 2006, 346쪽]. 말하자면 아무렇게나 명기를 배치하는 것이 아니라 제사와 관련된 공간에 놓아야 한다는 생각이다.

무령임금 무덤의 풍수지리 그림[간지도]과 우주 그림[방격규구신수문경]의 배치도 이러한 차원에서 읽어야 한다는 생각된다. 이를 증명해보려는 것이 이 글의 목표이다.

풍수지리 그림은 본래 보고서[1973]에서 '방위표'로 되어 있다. 이후 '능역도[이병도]', '위치도[성주탁]', '간지도[성주탁과 정구복]'로 불렸다. 이 그림의 비밀은 ① 왜 '서쪽의 간지가 빠져 있느냐?[이 부분은 무덤 입구로 향하여 놓여 있었다]', ② '유지[정서쪽으로 '거상(정지산 대벽 건물)'한 곳]'와 '신지[서남쪽으로 임금 무덤이 있는 곳]'의 의미가 무엇인가?로 요약된다.

지도는 유지[정위치 서]와 신지[사이 서]가 30도로 도표화하면 백제 왕궁의 추정지가 된다. 그런데 월일을 고려하지 않으면, 다음과 같이 강 건너에 왕궁 추정지가 된다. 무령임금이 장사지낼 때 525년 음력 8월이므로 이 글에서는 7월로 측정하였다.

| 7월 유지[정위치 세]와 신지[사이 세]와 왕궁 추정지 |

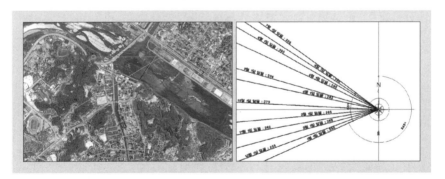

| 이러한 측정 그림은 조권식[충남 공주시 도로시설 담당 주무관]과
김태동[충남 공주시 봉황동 364번지 가람엔지니어링 이사]이 작성하여 주었다. |

'유지'는 '왕궁으로부터 정방위인 서쪽 땅'으로 설명되고 있다. 장례를 치르기 전까지 시신을 모시던 곳인데, 가매장의 장소[정지산]라는 것이다. 그러므로 '신지'도 역시 왕궁으로부터 사이 방위인 서남쪽 땅이

되는 셈이다.

당시 풍수지리상의 방위는 24방향이었다. 24방위란 8천간[갑을병정무기경신임계에서 '무기'를 제외]과 12지[자축인묘진사오미신유술해], 그리고 사이 방위인 4유[손곤건간]를 합하여 만든 것이다. 4유는 8괘 가운데 정방위인 진[동], 이[남], 태[서], 감[북]을 제외

| 전통적인 풍수지리 지남철[윤도장 김종대 조각] |

한 방위로 동남[손], 서남[곤], 서북[건], 동북[간] 등을 말한다. 그런데 이 24방위에는 아직 4유의 용어가 사용되지 않았다. 보고서에도 이 점에 대하여 '소위 후천팔괘도 사용의 하한선'이라고 주목한 바 있다.

이 글에서 풍수지리 그림[간지도]이라는 단정적인 표현을 사용한 것은 '유지'와 '신지'라는 방위가 풍수 사상의 소산이라고 판단되기 때문이다. 성급하게 결론을 내리면, '유지'는 '이로운 방향'이고 '신지'는 '그 길로 들어가는 문'이라는 것이다.

중국 감숙성 고대에서 위진[220~420] 때 풍수지리 그림[경소평·손아소의 합장 무덤에서 발굴]이 나왔는데, 무령임금 무덤의 '간지도'와 거의 일치한다[위정, 2011, 『육조묘장적 고고학연구』, 358~359쪽].

이 풍수지리 그림은 나무에 검은 색깔로 그린 모습이었다. 중앙에 '기무'의 간지가 있고 동남서북으로 돌아가면서 간단한 글귀가 있다. 동쪽에는 '묘이도/진묘문'이, 남쪽에는 '오편시/미징이'가, 서쪽에는 '유이도'가, 북쪽에는 '자편시/축징이'가 각각 한자로 쓰여 있다. 서북

쪽[간방위]에 '묘문'이 있다.

이런 구조를 어떻게 풀이해야 좋을지 모르지만, 나름대로 설명해 보고자 한다. '유이도'는 '유[서쪽]가 이로운 길'로 '오편시/미징이'는 '오[정오]의 시간을 이용할 때, 미[남쪽이되 서쪽과 닿아 있는 사이 방위]에 이로운 징조가 있다'로 풀이해 본다. 같은 방식으로 '묘이도/진묘문'도 '묘[동쪽]가 이로운 길'인데 진[동쪽이되 남쪽에 닿아 있는 사이 방위]에 문을 내라는 것이다. "동쪽과 닿아 있는 사이 방위에 이로운 징조가 있다"는 의미가 될 것이다.

| 무령돌문서의 방위[간지] 그림 |

한나라 때의 풍수지리 도구인 사남은 네모꼴의 소반 모습임을 상기할

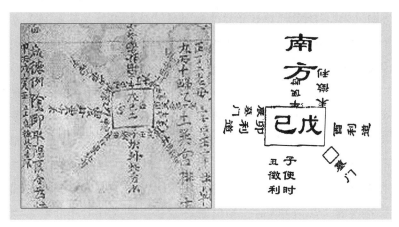

| 중국의 풍수문화 그림[출처 : 왼쪽은 『돈황학대사전』, 오른쪽은 북경대학교 위정교수, 『육조 묘장적 고고학 연구』] |

| '사남[방격]' 과 '수라반[규구]' |

필요가 있다. 오늘날처럼 둥근 모습을 지니게 된 것은 북송[960~1127] 때부터로 알려진다. 대표적인 것의 하나가 수라반으로 물 위에 바늘을 띄워놓고 보는 방식이었다.

　이와 같은 감숙성 고대의 부부 합장 무덤의 풍수지리 그림의 설명은 무령임금 무덤의 그것과 직접적인 연결이 된다. '유지' 라는 서쪽이 '이로운 방향' 이므로 정지산에 모실 수밖에 없다는 것이다. 정지산 유적은 소위 '대벽건물[평면 방형의 도랑을 파서 기초로 하고 기둥을 세운 후 그 사이에 흙을 발라서 벽으로 만든 건물 형식] 인 빈궁 터로 보는 것이 보통이다. 임금과 그 비[아내]가 28개월 동안 시신으로 모셨던 곳이다.

　문제는 '신지[서남쪽] 이다. 중국의 경우 '술지[서북쪽] 에 무덤의 문이 있는데, 무령임금 무덤은 반대편인 '신지' 에 있기 때문이다. 바로 주목해야 부분이라 생각된다. 중국의 경우 중앙이 '무기' 인데 백제의 경우 반대로 '기무' 로 되어 있다는 점이다. 그러므로 무덤의 문의 입구는 결국 같은 셈이다. 둘다 '무' 쪽에 무덤 문이 있기 때문이다. 이런 배치를 하지 않으면, 무령임금 무덤의 문은 금강이 될 것이다. 활용을 한 것으로 생각된다.

풍수지리 그림 선상에 빠져 있는, 신·경·유·신·술 등은 서쪽 방위다. 그 가운데 대표적인 것이 정방위인 유지인 것이다. 궁전에 있는 곳에서 유지와 신지를 잡은 것이 아니라 유지와 신지를 맞춘 것이다. 사실 정지산 빈전 유적지에서 정방위인 묘지로 연결하면 금강이 될 수밖에 없다. 그림에 빠져 있는 부분이 서쪽 계열인데, 무령임금 무덤의 입구[남쪽]를 향하여 있는 이유이기도 하다. 풍수지리 그림상의 방위와 실제 무덤 상의 방위가 같지 않은 것은 이 때문인 것이다.

참고로 궁중의 위치는 정지산 유적지인 서쪽[유지]에서 동쪽[묘지]으로 일직선을 그은 뒤 유지에서 30도 각도인 신지와 그 일직선과 맞는 곳이 될 것이다.

이러한 점을 감안할 때 유지와 신지는 궁중의 서쪽이라는 상징적인 방위라는 것을 알 수 있다. 당시 사용하던 지남침이 오늘날 봉침, 즉 해 그림자로 자오선[얼영자오]을 재는 방식이었으므로, 오늘날과 같은 정확도는 떨어진다고 생각된다.

구리거울[동경]에 대한 이야기를 하기 전에 그 구성 요소부터 알아두기로 한다. 우선 원래 기능인 앞의 면[경면]이 있다. 그러나 구리거울의 문화적 중요성은 앞면보다 뒷면의 꾸밈새에 있다. 뒷면 한가운데에 인꼭지[뉴]가 있고 인꼭지를 중심으로 하는 자리[뉴좌]가 만들어진다. 그 다음 구역이 생기는데 안 구역[내구], 가운데 구역[중구], 바깥 구역[외구]이라고 한다. 가장 바깥 끝부분인 가장자리[변연]라고 한다. 이를 다시 정리하면, 가운데의 인꼭지 부분, 내외의 구역 부분, 가장자리 부분 등 3요소로 구성된다. 이들 부분에 글자[명문]나 그림[신수 등]이 들어가는 띠[대]가 들어가는 것이 보통이다.

'방격규구신수문경'은 네모진 격식[방격]과 원형[규구]에다 신이한 짐승[신수]의 무늬[문]를 새긴 거울[경]이다. 임금의 발치에서 나무상자 안에 넣어 두었다. 역시 거울 뒷면을 위로 하여 출토되었다. 중국에서는

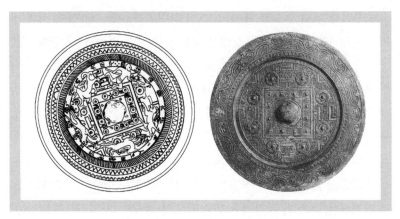

| 백제[왼편]와 중국[오른쪽]의 구리거울 |

'방격규구경' 대신에 '박국경' 이라고도 한다.

　보고서[1973]에는 방격과 무늬[1인물과 4신수 등] 그리고 글씨가 새겨진 띠[명문대] 부분을 내구로, 톱날 무늬[거치문]과 물결 무늬[복선파문]의 띠[대] 부분을 외구로, 무늬가 없는 바깥 부분[소문]을 '외주' 즉 가장자리로 보았다. 소위 내구의 TLV형, 네모안의 12간지와 그 사이의 12개 젖[유], 그리고 네모 밖 1신인 - 4신 - 조수와 그 사이의 8개 젖[원좌유] 등이 구성되어 있다.

　보고서에는 후한대 유행한 구리거울의 유형으로 보았다. 그러나 최근 중국의 연구 성과에 의하면, 구리거울에 인물 도상이 등장한 것은 춘추 전국시대로 알려졌다[정군 편, 2001, 『중국장식예술』, 86~96쪽]. 인물과 함께 짐승이 등장한 구리거울 가운데 가장 이른 시기의 것으로 하남 낙양 금촌에서 출토되었던 것이다. 이 거울의 도상은 말 탄 사람이 한 손에 말고삐를 한 손에 검을 들고 정면으로 사나운 호랑이를 찌르는 모습이다. 또 다른 보기는 1975년에 호북성 운몽수호지 9호분 진秦나라 무덤에서 발견되었다. 역시 한 손에 방패와 한 손에 검을 들고 표범과 겨루는 그림이다.

방격규구신수문경은 거의 옷을 벗고 삼각형의 아래옷만 입은 사냥꾼이 2갈래창을 들고 달려드는 3 짐승을 사냥하는 도상이다. 따라서 이 도상은 '후한대'라기보다는 '춘추전국대'의 유형이라고 보아야 할 것이다.

그런데 새겨진 글자[명문]는 한나라에서 유행하던 '상방경[국가 기관에서 만든 거울]'으로 신선 사상을 담은 것['상방작경진대호 상유선인부지노 갈음옥천기식자 수○금석혜']이다. 가장 널리 알려진 명문은 '수○[여]금석혜' 대신에 '부유천하유4해'이다. 방격규구신수문경의 명문은 7언 - 7언 - 7언 - 5언의 형식인데, 맨 끝의 5언 처리는 다소 균형이 맞지 않는다. 무령임금이 활동하던 중국의 남북조에 유행하던 거울의 명문은 "하늘이 해와 달에 맡기어 4바다를 비추니 곧바로 빛이 밝다"와 같은 것이었다.

보고서에서 방격규구신수문경은 후한대의 무늬를 본떴지만, 전한 무늬와 백제 형식의 개별적인 새로운 무늬를 넣었다고 생각된다.

> 한당[한과 당나라]의 기물은 형식이 자연스러웠다. 대개 그 법이 먼 옛날부터 있었기 때문이다.
> 둥근 것[환]은 하늘을 모델로 삼고, 네모진 것[방]은 땅의 모델로 삼은 것이다. 6[동남서북과 위아래]이란 여러 물건의 형태를 낳는 이유이고 8방위란 그 자리를 정하는 이유이다. 좌우상하에는 4령[청룡, 주작, 백호, 현무]이 있고 경도와 위도에는 5성[수성, 금성, 화성, 목성, 토성]이 있어서 하루를 갖추고 12 지지로 일 년을 갖춘다. 12개월로 하늘을 한 바퀴 도는 것은 28수[별]가 있고 서로 위치를 정하여 돌아가는 것은 3신8위가 있기 때문이다.

이것은 『삼재도회』 거울에 관한 총론에서 일부를 옮긴 것이다[『삼재도회』 권3 기용 권1, 1,090~1,091쪽].

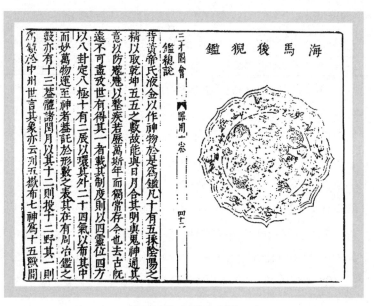

| 『삼재도회』'감총설' 부분 |

　거울을 만드는 방법은 옛날부터 있어서 자연스러운 일이라는 것이다. '천원지방'이란 말이 있다. 하늘은 둥글고 땅은 네모져 있다는 동양의 우주관을 이른 말이다. 따라서 '방격'이 땅을, '규구'가 하늘을 말하는 것은 이 때문이다. 이러한 원리와 방법으로 생각하면 구리거울의 세계를 짐작할 수 있다.

　우주의 처음 형성 모습을 신화로 설명하고 있는 것이다. 앞과 뒤, 왼쪽과 오른쪽, 그리고 위와 아래 등의 6가지 요소는 우주의 전체적인 공간이다. 거기에 물건의 모습이 놓이는데 이들은 결국 8방위에 자리를 잡게 된다. 하도의 4 정방위[정동, 정남, 정서, 정북]와 낙서의 4 간방위[동남, 남서, 서북, 북동]를 합한 것이다. 이를 기호화한 것이 8괘인데 두 부류가 있다. 소위 선천 8괘와 후천 8괘가 그것인데 주로 후자를 말하게 된다. 진[정동, 3, ☳], 손[동남, 4, ☴], 이[정남, 9, ☲], 곤[남서, 2, ☷], 태

[정서, 7, ☰], 건[서북, 6, ☰], 감[정북, 1, ☵], 간[북서, 8, ☶] 등으로 태양이 움직이는 방향과 일치한다.

그러면 정방위인 4령은 정동이 청룡, 정남이 주작, 정서가 백호, 정북이 현무로 자리를 잡게 된다. 이들 4령과 함께 5 별들 즉 목성[세성, 동방], 화성[형혹성, 남방], 금성[태백성, 서방], 수성과 토성[진성] 등이 운행하게 된다. 방위로 볼 때 목·화·금성은 동·남·서방으로 배치되고 수성과 토성은 북방에 배치된다. 즉 낮과 밤의 모습인 것이다.

이들이 서로 조합하여 1년 12달을 만들어낸다. 12지지 사이에 각각 젖꼭지 모습이 하나씩 끼어 있다. 젖은 어머니의 표상이다.

> 낱개의 젖꼭지는 사람들을 키우는 길목이다. 기른다는 것은 새와 짐승, 풀과 나무들까지 다하지 않는 것이 없다는 뜻이다. 의례로 친다면 상서로운 징조인 것이다.

이 글은 『중수선화박고도』[송나라의 왕보가 지은 것으로 알려져 있다]와 『삼재도회』[이상 두 글은 내용이 같다]에 거울 총론의 일부이다. 12개의 젖꼭지는 12달 동안 사람은 물론이고 세상 만물을 모두 키운다는 의미인 것이다.

'젖은 종과 같다[유여종]'는 의미는 불교에서 종소리로 세상 만물을 구제한다는 뜻과 같을 것이다. 종에도 예외 없이 젖꼭지가 꾸밈새로 들어가 있다. 불교적 이미지를 빌려온 것이라고 생각할 수도 있다.

이런 이치로 따라가면 네모 밖에 있는 큰 8개의 젖꼭지는 하늘에서 사람을 포함하여 세상 만물을 키운다는 의미가 된다. 이 도상에서 1인물과 4령[청룡, 주작, 백호, 현무]은 28수[별]와 대응시키고 있다. 청룡은 동방의 7수[각·항·저·방·심·미·기]를, 주작은 남방의 7수[정·귀·유·성·장·익·진]를, 백호는 서방의 7수[규·누·위·묘·필·자·삼]를, 현무는 북방의 7수[두·우·여·허·위·실·벽]를 각각 관장하는 까닭이다.

이러한 도상은 도교의 신선 사상과 유교의 통치자 이념이 서로 연결되어 있다고 생각된다. 임금은 '수렵'이라는 통치행위를 한다. 고대 임금의 수렵행위는 수렵된 짐승을 '희생[제사와 관련된 의례]'으로 사용될 뿐만 아니라 지역 순방을 통하여 지방관들과의 관리를 의미한다. 따라서 반나체에다가 맨발이기도 한 인물은 통치자의 예술적 표현인 것이다 [보고서에서는 이 인물상을 실제로 사실로 상정하여 상투까지를 넣어 남만족과 동이족이라고 정리한 바 있다]. 앞에서 예시한 대로 4 신이한 짐승[신수]도 역시 예술적인 표현으로 이해해야 할 것이다.

임금의 통치는 곧 백성들과 만물들을 '젖[유]'으로 기르는 행위인데, 4령과 28수가 함께 운행하는 그 자체인 것이다.

지금까지 논의한 바를 정리하면, '간지도'가 풍수지리에 대한 길흉을 적은 것이라면, '방격규구신수문경'은 임금의 통치 행위를 우주의 운행과 결부시켜 도상화한 것이라 할 수 있다. 말하자면, 무령임금 무덤의 맨 처음과 마지막은 모두 백제 사람과 나라의 길한 모습을 미리 제시하여 하늘과 사람이 서로 일치하려는 사상을 담은 것이라고 생각된다. 한나라 무덤의 배치를 수용하였지만 백제에 알맞은 세계를 지향한 것이라는 결론이 된다.

8. '남조묘'와 '기와박사'에 대한 오해

무령임금 무덤을 연구함에 있어서, 몇 가지 오해가 있다. 그 대표적인 것이 ① 무령임금 무덤이 '남조묘'의 영향을 받았다는 점이고 ② '기와[와]박사'를 '기와쟁이'라고 풀이하는 점이다. 이를 제대로 이해하지 않으면, 무령임금 무덤을 접근하기가 어렵다고 본다.

'남조묘'라고 하면 가장 떠오르는 것이 '혀를 내밀고 있는 커다란 기린'의 존재이다. 왜 무령임금 무덤에는 "이들이 세워지지 않았을까"를 설명하지 않고는 '남조묘'의 영향이라고 하기 어렵기 때문이다. 십분 양보하여, "황제의 나라가 아니니 별수 없는 것이 아니냐?"고 반문할지도 모른다. 그러면 이러한 질문이 가능하다. 당시는 '박장[간소하게 장례를 치르는 것]' 제도의 하나로 '단상[장례가 끝나는 대로 상복을 벗는 것. 반위빈, 2004, 『위진남북조수릉』, 9쪽]'이었는데 무령임금 내외분 상례[관혼상제의 '상'으로 장례까지를 포함는 28개월이란 빈례로 모셨다. 이를 설명할 방법이 없다.

'기와[와]박사'는 글자 그대로 해석하면, '기와와 관련된 기술자'라로 풀이할 수 있다. 그러나 이것은 오해이다. 『당육전』에 의하면, 견와서라는 행정부서에 한 직책이다. 오늘날로 치면 토목과 공사를 담당하는 부서이기 때문이다.

"숲을 보지 못하고 나무만 본다"는 격언이 있다. "무령임금 무덤이 남조묘의 영향을 받았다"는 말은 옳다. 그러나 이는 '나무만 본 결과'다. 성급하게 이야기를 하자면, 북조는 선비족으로 '한족문화라는 정통성'

| 양나라 숙순 무덤의 석각 배치도 |

| 왼쪽과 오른쪽 |

으로 볼 때 중국 민족이 아니다. 남조 국가의 출발인 송나라가 한족 유씨 성으로 시작하는 데에서 이를 짐작할 수 있다. 다시 말하자면 남조는 '몰락한 한족 문화'의 잔존 세력들이 세운 정권들로, 정교한 한족 문화를 소유하지 못하고 거친 문화를 가질 수밖에 없었다는 것이다. 유송과 양나라가 각각 50여 년, 북제와 진나라가 각각 30년이라는 단명한 정권들에게 수준 높은 문화를 요구하겠는가? 제 발등에 불끄기도 힘들었던, 허장성세의 국가로 '존망'이 늘 위태로웠기 때문이다. 이에 비교하여 백제는 600여 년의 안정적인 나라로 '상승'을 꿈꾸고 있을 때였다. 중국의 나라들이 길어야 200~300년 동안 유지한다면, 한반도의 나라들은 짧아야 500~600년 지탱하는 특성이 있다. 강온을 섞어가면서 살아가는 문화의 지혜를 흔히 '약자의 논리'로 '오인하는 시각'은 조정되어야 한다.

• '남조묘' 영향이라는 설에 대하여 •

이 논리는 1980년 일본 학자 강내삼진에 의하여 이루어졌다. 「백제 ·

| 2005년 남경 무덤 답사를 갔을 때[오른쪽은 서정석 교수가 설명하는 광경] |

무령왕릉과 남조묘의 비교연구[『백제연구』 11, 충남대학교 백제연구소]에서 구조와 규모, 벽돌 쌓는 수법[전적법], 벽돌, 유물 배치와 제사, 중국제 자기 등이 영향을 받았다고 보았다. 이 논문은 1991년에 「이후의 무령왕릉과 남조묘」[『백제문화』 21, 공주대학교 백제문화연구소]로 다시 발표된다. 유물 배치와 제사, 중국제 자기 등 2항이 빠지고 묘의 구조, 벽돌의 무늬, 벽돌 쌓는 방법 등으로 정리되었다.

'남조묘'의 무령임금 무덤 영향론은 2001년 중국학자 제동방에 의하여 다시 제기된다[『무령왕릉과 동아세아문화』, 공주박물관·부여문화재연구소]. 강내삼진이 남조를 대상으로 하였다면, 제동방은 양나라만을 대상으로 삼되 '왕묘'로 규정하고 무령임금 무덤의 껴묻거리[부장품]를 비교한 것이었다. 그리하여 '남조 벽돌무덤의 등급서열 중 B급에 속하는 것'이라는 결론을 내리고 있다. 무령임금 무덤은 건강 지구 남조고분의 등급 제도를 참고하여 축조하였고, 이는 황제릉의 다음 단계인 B형의 등급이라는 것이다.

B형의 등급은 긴 연도[한 개 나무문 혹은 석문 설치]가 달린 '凸' 자형 단실의 아치형 무덤이다. 시간적 차이에 따라 3단계의 변화가 생긴다. 연도에 설치된 문이 나무문인가 석문인가, 그리고 관상의 시설형태, 석관좌의 존재, 벽체의 구축방식, 그리고 등감이나 가창 및 사용된 벽돌의

| 주요 육조 관련 책자 표지들 |

형태 등이 그것이다. 이들 B형 등급은 종실의 왕후들이나 성씨가 서로
다른 고급[3품 이상의 대족] 훈신 귀족이 여기에 속한다고 보았다. 무덤
의 규모가 다소 다르고 신도 바닥에 대부분 뿔이 없는 석수 벽사가 배치
된다는 것이다.

그러나 무덤의 규모나 유사한 껴묻거리[부장품] 몇 종으로 양나라 B
형으로 보기에는 어딘지 어색해 보인다. 그 외의 많은 수량의 껴묻거리
[구리거울, '환두대도', 팔찌 등]에 대하여 설명할 방법이 없기 때문이
다. 금년에 『육조묘장적 고고학 연구』를 출간한 북경대학교 교수 위정
[1968~]에 의하면 이 시기의 껴묻거리는 도기, 자기, 용[허수아비], 칠기,
금속기 등이다. 이 가운데 무령임금 무덤의 것들과 관련을 지을 수 있는
것은 자기 정도에 불과하다. 칠기는 확인이 어려우므로 그렇다고 하더
라도 금속기의 경우 해당 사항이 거의 존재하지 않는다. 쇠로 만든 기구
[철기], 구리로 만든 기구[동기], 금으로 만든 기구[금기] 등으로 나누어
설명하고 있는데, 철기의 검이나 거울 정도가 존재한다. 그러나 구리나
금으로 만든 제품은 거의 무관한 것처럼 보인다.

이를 정리하면, 제동방이 제시한 '양나라 B형 무덤' 론은 특수한 보기이거나 다른 해석이 필요하다. 앞에서 이야기한 대로 소위 남조 국가들은 문화적 성취도가 지극히 낮은 수준이다. 다만 한나라의 유민들이므로 옛날 방식에 따라 무덤을 축조한 것뿐이라는 사실이다. 다시 말하자면 낙양에 가면 이러한 유형의 무덤이 숫자를 헤아릴 수 없을 정도로 많다는 것이다.

예를 들면 2007년에 낙양사범학원[우리나라 대학원] 하락문화국제연구소에서 출판된 『낙양고고집성 : 진한위진남북조』 권상' 을 들 수 있다. 여기에 수록된 글 가운데 「낙양서교 한묘 발굴보고」를 주목할 필요가 있다. 중국과학원 고고연구소 하락발굴대가 제출한 것인데 1963년[제2기] 『고고학보』에 수록되었다.

반위빈은 『위진남북조수릉』[2004]에서 '남조제릉적 특점과 제도'를 다음의 몇 가지를 들고 있다.

① 산을 의지하여 무덤을 만들되, 고를 때는 산과 조화를 맞춘다.
② 무덤을 만들 때는 단실이고 석문은 쌍문을 한다.
③ 앞 시대와 달리 무덤 위를 언덕으로 만든다.
④ 벽에는 가득 그림을 그리는데, 즐거운 삶을 추구한다.
⑤ 무덤으로 가는 길은 조각한 돌짐승이 있고 원을 만들고 제사한다.
⑥ 가족 무덤을 만들어 서로 조화를 이룬다.

이러한 사항을 고려하여 무령임금 무덤과 비교하면 어느 것이 '남조묘'의 영향이고 아닌지 짐작할 것이다. 남조가 한나라의 지배층이 남으로 쫓겨나 세운 나라라는 것도 고려할 대상이다.

2008년 출판된 『무령왕릉 기초자료집』[공주박물관]에 의하면, 출토 유물이 108종이다. 이들 전 품목이 '낙양서교 한묘 발굴보고' 에는 거의 수용되어 있다. 그렇다고 하여 어느 한 무덤을 전체를 모델로 삼은 것도 아니다. 무령임금 무덤의 필요에 따라 조영된 것이라는 결론이다. 무덤의 형식에 있어서 직접적으로 양나라의 영향을 받았다고 하더라도, 상례는 송나라의 원가력에 맞추어져 있는 것이다. 그뿐이 아니다. 임금의 머리관 꾸밈새의 영락이 북위의 영향이었다. 따라서 소위 '영향'이란 바탕문화, 즉 상수항 Y에다가 변수항 X가 결합하여 새로이 만들어내는 백제 전체적인 문화 Z가 성립된다는, 지극히 상식적인 이야기인 셈이다.

참고로 육조시대의 중요 무덤 관련 서적을 보이면 다음과 같다.

2000년 이전

장황 · 이탁택, 1930, 『양대능묘고』, 상해 : 상해토산만서국.

주희조 · 등고, 1935, 『육조능묘조사보고』, 중앙고물보관위원회.

요천 · 고병, 1981, 『남조능묘석각』, 문물출판사.

나철문 · 나양, 1984, 『중국역대제왕능침』, 상해문화출판사.

임수중 편, 1984, 『남조능묘조각』, 인민미술출판사.

양관, 1985, 『중국고대능침제도사연구』[장인성 · 임대희 옮김, 2005, 『중국역대능침제도』], 상해문화출판사.

손중가 · 임여명, 1987, 『중국제왕능침』, 흑룡강 인민출판사.

유경주 · 이류방, 1987, 『서한십일릉』, 합서 인민출판사.

유경주 · 이류방 지음, 내촌다가사 옮김, 1991, 『전한황제릉의 연구』, 동경 : 학생사.

황렴, 1997, 『중국제왕능침』, 대련출판사.

2000년 이후

합서성고고연구소, 2000, 『진시황제릉원』, 과학출판사.

혜환장 편, 2000, 『합서제왕릉』, 합서여유출판사.

정군 편, 2001, 『중국 장식예술』, 북경 : 고등교육출판사.

황효분, 2003, 『한묘적 고고학 연구』[김용성 옮김, 2006, 『한대의 무덤과 그 제사의 기원』], 악록서사.

반위빈, 2004, 『위진남북조수릉』, 북경 : 중국청년출판사.

정주시문물고고연구소, 2004, 『중국고대 진묘신물』, 북경 : 문물출판사.

증포천관 지음, 부강 옮김, 2004, 『육조제릉』, 남경출판사.

남경박물관 편, 2006, 『남조능묘조각예술』, 북경 : 문물출판사.

낙양사범학원 편, 『낙양고고집성 : 진한위진남북조 권상』, 북경도서관출판사.

위정, 2011, 『육조묘장적 고고학 연구』, 북경대학출판부.

* 중국청년출판사 편집부 역대제후능침연구서계 8책.

• '기와박사' 에 대하여 •

722년에 착수하여 738년에 완성한 중국 최고 법전으로 평가되는 『당육전』에 관련 부서가 나온다. 권23의 장작감이 그것이다. 장작의 우두머리인 장인[대장]은 4개의 서[좌교서, 우교서, 중교서, 견관서] 및 3개의 감[작전감 예하의 부서에는 6개감 백공, 취곡, 고곡, 사곡, 태음, 이양] 및 온갖 장인['백공' 을 옮긴 말로 권7 상서공부에는 15,000명의 장인이다. 이들은 "신체가 건장하며 기능이 정교하다"고 되어 있다. 『신당서』 권48 백관 3, 천보 11년(752) '단번장 12,744명, 명자장 260명' 으로 구성되었다고 적고 있다]의 관속들을 총괄 · 명령하여 해당 직무를 수행하도록 인력과 자재를 제공한다.

'대장' 이 큰 장인이라면 '소장' 은 작은 장인으로 그 다음 직책이 된다. 그 일 가운데 산릉 및 서경 · 동도의 태묘 · 교사의 여러 제단과 사당 등을 관장하는 임무를 맡는다. 산릉은 제왕의 능을, 태묘는 당나라 시조의 종묘를, 교사는 '교' 가 하늘에 제사를 지내는 원구와 땅에 제사를 지내는 방구를, '사' 가 태사와 태직을 지내는 사직을 말한다. 이러한 공사는 태상시에서 먼저 날짜를 잡아서 알려주면 시작하게 된다.

소장 아래 직책은 승이다. 이들의 작업량의 계산은 장공[4~7월로 노동 시간이 긴 경우], 중공[2·3·8·9월], 단공[10~다음해 1월]으로 나누어 진행된다. 이러한 노동 시간은 금기가 있는데 예를 들면, 단공에는 야철 작업을 시작할 수 없고 동지부터 이듬해 9월까지 토목 공사를 할 수 없고 봄과 여름은 나무를 벨 수 없다는 식이다.

상례에 사용되는 의례 용품인 속널[시신을 넣는 널]과 겉널이나 껴묻거리[부장품]는 좌교령이 취급하였다. 담쌓기, 흙일, 칠하기 등의 일은 우교령이 관장하였고 아래에 승이 있었다. 기도를 하거나 제사를 지낼 때 벽사를 위한 가시나무·칡덩굴과 그리고 대나무·굽지 않은 흙벽돌을 담당하는 것은 중교령이 맡았고 역시 아래 직책으로 승이 있었다. 가시나무·칡덩굴·살충체·흙벽돌·석물 등은 장작시의 백공서가 담당하였다. 727년[개원 15]에는 백공서가 감으로 바뀌고 그 직무가 여러 관서로 나뉘었다. 살충제는 좌교서에서, 석물은 견관서에서, 가시나무·칡덩굴과 흙벽돌 등은 중교서에서 제작을 맡았다. 그만큼 전문화되고 구체화되었다고 할 수 있다.

무령임금의 무덤과 관련하여 '梁官瓦爲師矣', '~士壬辰年作'이 음각된 글씨가 적힌 벽돌이 나왔다. 물론 이 명문은 학자에 따라 다소 차이가 있다. 그러나 양나라와 '기와박사'를 연결하는 것은 이의가 없는 듯하다.

이런 의미에서 견관서에 관해서는 좀더 상세하게 밝혀둘 필요가 있다. 이야기의 핵심적인 부분이기 때문이다.

견관서의 영은 1명[종8품하]이었다. 『주례』에는 찰흙을 빚는 장인[어기물을 만드는 기술자]이 두부류로 되어 있다. 시루 등의 생활 기물을 만드는 도인과 궤와 같은 작은 제기들을 만드는 장인이 그것이다.

후한시대에는 장작대장의 속관으로 전견관, 후견관, 중견관의 영과

승을 두었다. 晉에서는 소부가 거느리는 견관서가 벽돌과 도자기 만드는 일을 관장하였다. 송과 제에는 동도관와서와 서도관와서에 독과 영, 각 1명이 있었다. 북제는 태부시가 견관서를 총괄하였으며 견관[서]은 석굴승을 따로 거느렸다. 북주[후주]에는 도공 중사 1명이 있어서 준이[제사에 쓰는 술그릇], 보궤[제사에 쓰는 제기] 등의 기물을 만드는 일을 관장하였다. 수에서는 태부시가 견관서의 영·승 2명을 총괄하였는데, 당에서는 고쳐서 장작감에 배속시켰다.

승은 2명으로 정9품하였고 후한에는 전·후·중 3견관에 각각 승이 1명이었고 晉의 견관승이 있었으며

| 견관서[『당육전』] 부분 |

북주에는 도공 하사 1명이 있었다. 수에서는 견관승 2명이었고 당에서는 이를 따랐다.

감작은 4명으로 종9품하이었다.

견관령은 돌을 깎아 만들거나 흙을 빚어 굽는 일의 제공을 관장하는데 승은 그 차관이 된다. 무릇 돌로 만드는 종류는 석경[돌경쇠], 석인[돌사람], 석수[돌짐승], 석주[돌기둥], 비갈[비석의 종류], 맷돌[연애] 등이 있었다. 이러한 돌은 생산지마다 그 특징이 있고 쓸 곳도 물건마다 적절한 데가 있다.

벽돌이나 도자기, 병이나 장군 등은 크기나 높이에서 각각 정해진 기

준이 있었다. 상사나 장사에는 그 부장품 따위를 제공하는데 별도의 조칙을 내릴 경우 별도로 제공하고 그 밖에는 개인적으로 준비하였다.

3품 이상은 90개, 5품 이상은 60개, 9품 이상은 40개이다. 당광, 당야, 조명, 지축[4신의 형상], 마용, 인형 등은 그 높이가 각 1자이고 그 밖의 소리꾼 무리와 동복 따위는 외양과 의복, 장신구를 각각 죽은이 생전의 품계로 가졌던 바를 준하여 도자기나 나무로 만드는데 그 길이는 대개 7치이다[『당육전』하권, 2008, 148~151쪽].

이와 같이 『당육전』[『삼국사기』에는 이 책을 참고하지 않았는데, 그 이유는 알 수 없다]에는 한나라 이후 당나라까지의 토목 일을 관장하는 장작감의 역사와 하는 일들을 적고 있다. 백제 시대에도 이와 유사한 나라 기구가 있어서 무령임금 무덤을 만들지 않았을까 추측해본다.

참고로 조선시대 임금 무덤을 만드는 과정을 적어 보기로 한다. 이 부분은 구중회의 『능묘와 풍수문화』「각종 흉례의 의궤들」[2008]에서 '각종 도감의 의궤 간행'을 옮겨온 것이다.

| 구중회[2008] 『능묘와 풍수문화』 표지 |

임금[비]이 죽으면 임시 도감이 설치된다. 빈전도감과 혼전도감, 국장도감, 산릉도감 따위가 그것이다. 빈전도감은 빈전의 일을, 국장도감은 시호, 묘호 따위의 국장의 일을, 산릉도감은 능 조영의 일을 각각 담당한다. 혼전도감은 우주[땅에 묻힌 뒤 종묘로 가기 전 단계]로 모시는 과정 즉 빈전도감의 일이 끝나고 부묘[종묘에 모시는 과정.

이후는 우주에서 신주로 바뀐다]되기 전까지의 일을 말한다.

　이러한 제반 설명은 명성왕후[조선시대 고종임금의 아내] 의궤를 보기로 삼아 그 내용을 살펴보면 다음과 같다.

　『명성황후 빈전혼전도감의궤』(5책)을 들어 보기로 한다.

　제1책은 시일, 좌목, 사목, 조칙, 조회, 내조, 예원래조, 의주[의례 해설], 품목, 감결, 재용실입[실제의 투입], 잡물실입, 상전[포상], 의궤 따위를 적고 있다.

　제2책은 1방의궤 : 좌목, 도설, 감선식, 사목, 진칠배일[옻칠하는 일정], 관의화보식[관에 그림을 그림], 서화자식, 재궁결과식[관을 묶음], 개명정식[명정을 바꿈, '시[신]' 에서 '[영]구'가 되기 때문임], 식재궁식, 각차비, 금화식[불을 금지하는 의식], 소금저조성식, 진칠식, 산릉가가조성식, 소화식, 품목, 조회, 내조, 감결, 수본, 실입, 축문진향문 따위를 기술하고 있다.

　제3책은 2방의궤 : 좌목, 사목, 성복제구[품목, 감결, 실입, 공장], 조성소[조회, 품목, 감결, 실입, 공장], 수리소[조회, 수본, 감결, 실입, 공장[기술자]] 따위로 구성되어 있다.

　제4책은 3방위궤 : 좌목, 사목, 초종제구, 품목, 조회, 감결, 실입 따위를, 제5책은 별공작의궤 : 좌목 따위를 기록하고 있다.

　본래 빈전의궤는 아직 능에 모시기 이전의 의례를, 혼전의궤는 능에 모신 이후의 의례를 말한다. 그러나 명성황후의 경우 시해되어 이런 과정이 없었으므로 상징적이며 제의적인 절차로 보아야 할 것이다.

　이번에는 국장도감의 차례이다.

　『명성황후 국장도감의궤』도 역시 5책으로 구성되어 있다.

　제1책은 도청 의궤 : 시일, 좌목, 조칙, 장계, 조회, 내조, 의주, 훈령, 보고, 통첩, 감결, 재용, 상전, 의궤, 품목, 조회 따위를 적고 있다.

　제2책은 1방 의궤 : 품목, 조회, 내조, 감결, 조성, 실입, 공장, 명성황후

발인 반차도[행렬 그림], 빈전 이운 경운궁시 반차도 따위를 기록했다.

　제3책은 2방 의궤 : 품목, 조회, 조작, 실입, 공장 따위를 기록하였다.

　제4책은 3방 의궤 : 품목, 조회, 통첩, 조작, 실입, 공장[기술자], 시책문, 애책문, 대행황후행록, 예제행록, 홍릉 침전 상량문, 명성황후 만장 따위로 구성되어 있다.

　제5책은 다시 다음과 같이 6의궤로 구성되어 있다.

　우주소 의궤 : 우주, 수본[그림], 보고, 실입

　표석소 의궤 : 수본, 감결, 실입질, 공장질[기술자의 명단]

　지석소 의궤 : 어제, 예제행록, 수본, 감결, 실입

　별공작 의궤 : 수본, 조작질, 실입

　포진소 의궤 : 수본, 조회, 실입, 공장

　배설소 의궤 : 수본, 실입, 공장

　여기서 '우주' 란 빈전에서 현궁에 모시고 돌아와 부묘하기 전 혼전에 있을 때의 '임시적인 신주' 에 해당한다.

　다음은 산릉도감[산릉도감은 조선시대의 용어다. 고려 말부터 조선 초기는 조묘도감이라 불렀으나, 1419년[세종 1] 정종의 국상 때부터 산릉도감으로 호칭하였던 것이다] 의궤의 내용을 살펴볼 차례다.

　『홍릉 산릉도감 의궤』은 산릉 과정의 기록이다.

　시일~산릉 산릉공역의 주요 일정, 좌목~산릉도감의 임원, 조칙(주본, 장계, 부록)~고종의 명령, 상전, 조회(통첩), 훈령, 내조, 재용과 식례~장례의 비용, 의궤 제작, 3물소[모래, 회 등을 섞어 만든 흙] 의궤, 조성소 의궤, 대부석소[큰 돌] 의궤, 노야소[쇠] 의궤, 소부석소[작은 돌] 의궤, 보토소[흙의 보강] 의궤, 수석소[돌의 운반] 의궤, 별공작[그 외의 물건 제작] 의궤, 식물소[나무심기] 의궤, 벌목소[나무 베기] 의궤, 접견소 의궤 따위가 그 내용이다.

　백제의 기록이 없어서 조선시대의 의궤를 통하여 임금 무덤이 만들어지는 과정을 살펴본 셈이다. 이러한 기구는 고려시대 공민임금[현릉]과 비[정릉][구중회, 2008, 504~508쪽]의 무덤을 통하여 완성된 것으로 알려지고 있다. 그러나 이러한 완성은 백제 이후부터 형성된 것이라고 보아 무리가 없을 것이다.

9. 벽돌무덤방[전축분, 전실분]의 구조와 공헌 의례

무령임금 무덤의 내부 구조는 단칸 벽돌무덤방 형식이다. 이 구조는 덧널[곽] 형식 다음에 나타난 모습이다. 방[실] 형식이 처음 나타난 것은 초나라 무덤으로 알려져 있다. 이 형식은 후장과 관련하여 외부 세계와 통하는 장치를 의미한다. 바깥 세계와 단절된 세계에서 소통하는 세계로 이행하는 데는 제사와 매장 공간의 확보라고 할 수 있다.

무령임금 내외의 벽돌무덤방은 크게 연도[널길과 무덤문(현문)]와 무덤방[현실]으로 구성되어 있다. 다른 시설로는 무덤길[묘도]와 배수구가 있다. 땅 위의 건축 형식을 모방한 것이라 하겠다.

• 무덤문[현문]의 존재 •

그런데 무덤 입구[남쪽]에서 연도[길이 2.9m, 너비 1.04m, 높이 1.45m]의 1/3 부근의 천정에 3개의 벽돌이 삐어져 나와 있다. 이 장치가 무덤문[현문]의 흔적이고 이는 공양을 올리는 의례 공간의 경계선임을 알려주는 표시라고 보았다. 무령임금 무덤의 연도 널길상의 문은 5호무덤[분]이

| 5호무덤[왼쪽]은 대체로 무령임금 무덤방 연도와 같이 처음과 마지막이 같지만
6호무덤[분]은 연도의 중간 부분이 한 칸 내어 쌓아 곡선이다. |

나 6호무덤[분]과 구분되는 장치다. 특히 6호무덤[분]은 무덤문[현문]이
설치될 부분이 한 칸 넓게 벽돌을 쌓아서 처리하고 있다는 것이다. 이와
비교하여 5호무덤[분]은 같은 비율의 지점에 구별만 되어 있다.

| 무령임금 무덤은 연도가 일직선이다. |

무령임금 무덤과 6호무덤[분]은 연도상에 있어서 구별되는 것을 알 수 있다. 6호무덤의 연도가 외형상 한 칸 내어 쌓기를 하는 대신, 무령임금 무덤의 그것은 천정에 그러한 장치를 한 것이다. 그 장치가 바로 천정의 벽돌이 3장 삐져 내려와 있다.

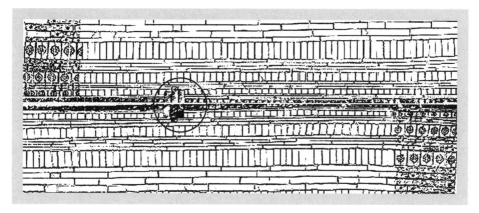

| 위의 도면은 서쪽 벽과 천정을 아래 도면은 동쪽 벽과 천정을 맞춘 것이다. ○ 부분 |

이 그림은 안승주가 도안한 것인데, 동쪽 벽과 서쪽 벽을 서로 연결한 것이다. 원래는 천정이 표현되지 않고 동ㆍ서벽만으로 도안된 것이었다.

이 지점은 김원룡이 1973년 보고서를 제출하면서 '목문[나무문]'이 있을 것이라고 추정한 위치이다.

석수[일각수]의 뒤 현실[무덤방] 쪽으로는 목판 조각들이 떨어져 있는데 서벽에 가까운 목판은 흑칠을 했고 표면에 백색으로 둥근 테같은 것이 그려 있고 그 목판 동쪽에는 끝에 동[구리]테가 끼워진 깃대 같은 것의 잔결[부스러기]이 떨어져 있다. 그리고 석수[일각수]의 좌우쪽 벽 가까이 못들이 있고 목판 위에, 또 서벽 가까이에 각각 동환[구리 고리] 잔결[부스러기]이 남아 있다. 이 목판들은 무엇인지 알 수 없으나 목판 방향들이 제멋대로여서 처음부터 그 자리에 그렇게 놓여 있었다고 생각되지 않고 넘어지거나 떨어져서 그리 흩어진 것이라고 믿어진다.

이 경우 연도[터널 현관]와 현실[무덤방] 사이, 즉 연도의 북단, 현실의 입구에 간단한 목문[나무문]을 만들어 끼워 두었던 것이 썩어서 넘어진 것이 아닌가도 생각되나 확실치 않다. 현실 입구에 간단한 목문[나무문]을

해달았던 흔적은 고구려의 무용총, 각저총에서도 볼 수 있었고 신라의 노
서리의 소위 마총[말무덤]에서도 볼 수 있었다[『보고서』, 1973, 13쪽].

김원룡은 1973년 발굴보고서에서부터 1991년 『백제무령왕릉』까지
일관되게 '나무문'에 대한 의문을 제기하고 있다. 1973년의 '목문'에서
1991년은 '목비'로 바뀌었을 뿐이다.

장의관들은 벽감의 등잔에 불을 켜놓고 이제 연도 쪽으로 나가 현실 입
구에는 목비[나무사립문]같은 것을 세워서 막았을 가능성이 있다. 연도의
북단, 현실 입구쪽에 떨어져 있던 목편들이 그 흔적인 듯하다[김원룡,
1991, 「무령왕릉의 발견과 발굴조사」, 『백제무령왕릉』, 107쪽].

목문에서 목비로 바뀐 것은 목문을 '나무 대문'으로 오해할 수도 있
기 때문에 규모가 작은 사립문으로 해두고 싶었던 것이라 생각된다.
김원룡의 나무사립문설은 아직 추론 단계였는데, 특이한 형식의 벽돌
[전돌]에 착안하여 나무문을 복원해 본 것이 윤태영의 논문이다.
벽돌[전돌] 3장은 너비가 대략 13cm 안팎으로 대문 양쪽을 가로지
른 '문액[편액, 현판]의 두공'이라는 견해다. 이 튀어나온 벽돌[전돌]에 관한 것은 그동안 ① 주술적이다, ② 잘못된 것이다, ③ 고의적인 것이다 등의 의견이 제시된 바 있

| 발굴 40주년 특별전시전[국립공주박물관]에 나무문의 실물이 전시되었다. 나무문의 실제가 확인된 것이다. |

다. 주술적이라는 견해는 김원룡[1973]이, 벽돌[전돌]을 쌓는 과정에서 잘못된 것이라는 견해는 안승주[1975]가, 고의적인 것이라는 견해는 윤무병[1991]이 각각 제시한 것이다.

천정부 입구 가까이 전을 2매 천정에서 남북 방향[작은모]으로 꽂아내려 잘못하면 이마를 받치게 되어 있다. 이것은 무슨 까닭인지 모르나 만약 전이 저절로 빠져나온 것이 아니고 고의적인 것이라고 하면 울릉도의 나말여초의 석총의 입구천정부에도 같은 방법으로 돌을 뾰죽하게 내밀게 하는 것이 상기되며 무슨 주술적인 뜻을 가지고 있는 듯하다[보고서, 1973, 9쪽].

남벽 중앙에 부설된 연도는 장 2.9m, 폭 1.04m, 고 1.54m로 구조형태는 현실을 축소한 것과 같다. 축조 방식도 현실과 동일하며 전에 시문된 연화문도 양식별로 구분해 보면 똑 같다. 그리고 연도 천정 중앙 가까이에 단변적[작은 변의 쌓음]으로 쌓은 전 3매가 6~8cm 가량 빠져 있는데 이것을 주술적인 의미로 해석하기도 하지만, 송산리 6호분의 경우 그와 같이 빠져 나온 전이 없는 것을 본다면, 주술적인 것으로 해석하는 것보다 적전[벽돌을 쌓는 것]의 잘못으로 인한 결과로 보는 것이 옳지 않을까 한다[안승주, 1975, 「백제고분연구」, 『백제문화』 제7·8합집, 107쪽].

여기서 한 가지 주목되는 점은 천정부 입구 가까이에 천정에서 남북으로 꽂혀 있는 2매의 전[벽돌]의 존재이다. 이들 2매의 전은 잘못하면, 이마를 받치게끔 되어 있는데 적전[벽돌 쌓기]의 잘못으로 인한 것인지, 어떤 주술적인 의미를 내포하고 있는 것인지는 알 수 없으나 울릉도의 나말 여초의 석총의 입구 천정부와 통하고 있어 고의적인 것이 아닌가 한다[윤무병, 1991, 「무령왕릉의 구조와 묘제」, 『백제무령왕릉』, 125쪽].

이러한 터널 현관[연도] 천장의 튀어나온 벽돌[전돌] 3개[보고서에는 2개]에 대한 의문은 윤태영[2005]에 의하여 어느 정도 해소된 것이었다.

그럼에도 불구하고 김원룡과 윤무병이 제기한 '주술적'이며 '고의적'인 것에 대한 의문은 풀지 못했다.

김원룡이 주술적이라는 근거는 울릉도 북면 현포면 제16호분에 있었다[국립박물관 조사보고, 1963, 제4책 『울릉도』, 24쪽. 북면 현포동 지구 제16호분]. 이 돌덧널무덤[석곽분]은 울릉도 특유의 어형 평면이며 최대폭 2.1m, 천정폭 2.1, 최대고 1.4m, 전형적인 '축약미'를 가지고 있다. 천정석은 전부 16개의 돌인데 맨 처음 돌 다음에 '격석[사잇돌]'이 내려지고 있었던 것이다. 무령임금무덤의 터널 현관[연도]에서 무덤방[현실] 쪽으로 1/3 지점의 나무사립문과 울릉도 북면 현포면 제16호무덤[분] 처음 돌과 다음 돌 사이에 돌이 내려져 진 것은 모두 같은 기능이 있다고 보았기 때문이다.

• 공헌 장치들[악기와 제기] •

아는 것처럼, 무령임금 부부는 모두 28개월 상례[장례 포함]를 지냈다. 졸곡이 끝나고 흉례가 아닌, 길례[5례의 하나로 가례, 흉례, 군례, 빈례 등이 있다. 길례는 규모로 대사 · 중사 · 소사와 관련된 것이나 혼례 등 경사와 관련된다. 그 원형이 중국의 경전인 『주례』에 있으나, 한나라에서 진晉나라를 거쳐 당나라에 이르러 크게 강조되었다. 고려시대와 조선시대 왕조에서는 5례가 국정 운영의 기본 틀이었다고 할 수 있다]로 치러졌다.

3국시대에 5례가 시행되었다는 흔적은 『삼국사기』에서 산천 등에 지내는 제사가 대 · 중 · 소로 나눈 것으로 확인된다. 이런 내용은 당나라 '개원례'에 체계를 갖추어 나온다.

김원룡은 「무령왕릉의 발견과 발굴조사」[『백제무령왕릉』, 1991, 95~110쪽]에서 이러한 길례의 존재를 제시하고 있다. 임금과 비[아내]의 관대[목관이 놓인 대] 앞 일부 낮아진 부분에 '작은 목안[나무 소반]' 과 '제탁[제사상 차림을 놓는 탁자]' 이 있었고 임금의 경우 그 남쪽에 '현금[거문고]' 가 있었다는 보고가 바로 그것이다.

왕관[임금의 목관]이 관대[관을 놓은 대] 위에 안치된 뒤 관대 앞에 일단 낮아진 부분에는 관 쪽에 동잔[구리잔] 2개와 동저[구리 젓가락] 1벌 그리고 청자4이주병[귀가 4개 달린 청자 술병]을 아마 작은 목안[나무 소반] 위에 놓고 그 남쪽에 은제 마구리 장식의 현금[거문고], 그 옆에 철모[쇠로 만든 칼촉끼 2자루를 놓았던 모양이다[김원룡, 1991, 「무령왕릉의 발견과 발굴조사」, 『백제무령왕릉』, 107쪽].

왕비관[임금 비의 목관]이 왕관[임금의 목관] 서측에 역시 남침으로 놓여진 다음 관대[관을 놓는 대] 앞에는 조그만 제탁[제사상 차림을 놓는 탁자]이 놓였을 것으로 생각되나 거기에는 동잔[구리잔]만 2개 놓였던 모양이고 왕[임금]쪽의 주병[술병]은 없었다[김원룡, 1991, 「무령왕릉의 발견과 발굴조사」, 『백제무령왕릉』, 110쪽].

김원룡은 임금과 비[아내]의 목관이 안치된 관대[목관을 놓는 대] 앞에 각각 '작은 목안[나무 소반]' 과 '제탁[제사상 차림을 놓는 탁자]' 이 놓여 있었다고 추측하였다. 임금과 비[아내]의

| 제탁은 유물로 2개의 잔을 올려놓은 '○○' 의 자리가 선명하게 남아 있다. 사진은 발굴 40주년 기념 특별전시관에서 제시하였다. |

'작은 목안'과 '제탁'은 '일단 낮아진 부분'에 각각 놓여 있었다. '작은 목안' 위에는 목관 쪽에 동잔 2개와 동저 1벌 그리고 청자4이주병이 놓여 있었고 '제탁' 위에는 동잔 2개만 있었고 술병은 없었다는 것이다.

이러한 상례는 『예기』에서 두 가지 견해가 있다. 담제와 관련하여 음악을 사용하되 악기를 치지 않는 경우와 치는 경우가 그것이다.

① 맹헌자가 담제에 악기를 걸어만 놓고 쓰지를 않았다. 부인을 가까이 할 때가 되었는데도 들어오지 못하게 하였다. 천자가 말하기를 "헌자는 남보다 한 등이 더하구나" 했다.
공자는 이미 대상을 지내고 5일이 되자 거문고를 타면서 소리를 내지 않았다. 10일이 되자 피리를 불고 노래를 했다. 유자는 대개 이미 상을 지나고는 실로 꾸민 신과 피리를 꾸민 갓끈을 썼다.

② 담제는 상을 벗는 것인데 이를 행하면 음악을 연주할 수 있다. … 중략 … 담제를 지낸 후에는 부인과 동침할 수 있다. 담제를 지낸 뒤 같은 달에 길제의 절기를 만나면 길제를 지낸다. 그 뒤에는 평소의 연침[잠자리]으로 돌아가고 빈소에서 자지 않는다. 만일 4시의 길제에 해당되지 않으면 달을 넘겨 길제를 지내고 기다렸다가 연침에 돌아간다.

이러한 의례상의 음악 관계는 악기를 취급한다는 점에서도 일치한다. 다만 치느냐 치지 않느냐의 구분이 있었던 것이다. 따라서 김원룡이 '은

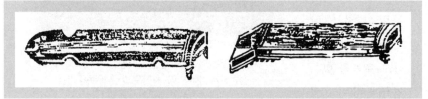

| 왼쪽은 금[거문고]이고 오른쪽은 슬[큰 거문고]이다. |

제 마구리 장식의 현금[거문고]를 제기한 것도 이러한 차원이 아닌가 여겨진다.

　김원룡이 거문고라고 주장하는 데는 은으로 만든 6각형과 장방형 얇은 판 장식[꾸밈]에 근거한다. 이 물건들은 원래 거문고의 장식인데 나무 등은 썩고 남은 형태라는 것이다.

> 　이 두 개의 육각형 은장식은 그 안에 목질이 아직 남아 있고 그 형태가 금[거문고]의 측면과 같고 또 두 개가 동서로 약 1.3m의 거리를 두고 마주 보고 있는 점으로 미루어 이것은 아마 현금이 동서로 놓여 … 중략 … 현 상처럼 된 것이 아닌가 생각된다[김원룡, 1991, 「무령왕릉의 발견과 발굴 조사」, 『백제무령왕릉』, 107쪽].

　널길에서 무덤방으로 들어가서 바로 동쪽 목관[임금]의 받침대 앞 무덤방 문 가까이서 검은 칠을 한 은으로 만든 물건[흑칠은금구]이 발견되었다. 검은 칠을 한 은판은 다음과 같이 세 종류가 있다.

　이 얇은 종이와 같은 은판을 접어서 만들었고 표면에는 전체 면에 흑

| 6각형 : 길이 18.4cm, 높이 10.9cm, 두께 1.8cm, 장방형 : 길이 20.9cm, 너비 5.3cm, 두께 1.8cm
대[띠]형 : 나타난 길이 59cm, 너비 5.8cm, 두께 1.8cm |

칠이 씌워 있다. 또한 모든 등 면에는 터 있고 그 안에 나무를 박았고 나무는 은판 밖으로부터 박은 쇠못[철병]에 의해 연결되어 있다.

쇠못의 숫자는 6각형에서는 2열로 10개, 장방형은 5개[그러나 3개는 쇠못의 머리뿐이고 뿌리가 없는 꾸밈용], 대형의 긴 것은 현존 9개이다. 이 등 면, 나무가 박힌 면은 은판을 3~4mm씩 안으로 접혀 있다. 이 물건들은 모두 완만한 활모양의 면을 가지고 있어서 '거문고의 꾸밈'이라는 것이다. 즉 두 개의 6각형 꾸밈은 목관을 받쳐 놓는 대 앞에서 동서로 1.2m의 간격을 두고 놓여 있으며 그 장식은 바닥에 들린 6각형으로 나무 거문고의 마구리에 꼭 알맞다고 본 것이다.

용기[담는 그릇]의 장식 같지는 않고 모두 경미한 만곡면[활모양의 완만한 면]을 가지고 있고 금[거문고]의 장식이 아닌가 생각된다. 즉 두 개의 6각형 장식은 관대[임금 목관 받침대] 앞에서 동서로 1.2m의 간격을 두고 놓여 있으며 그 장식은 바닥에 들린 6각형으로 목금[나무 거문고]의 마구리에 꼭 알맞다[보고서].

이 거문고의 마구리는 『악학궤범』에 등장하는 것의 길이가 5자 1푼이고 너비가 6치 9푼인데다가 은으로 만든 꾸밈의 크기와도 대강 들어맞는다는 것이다.

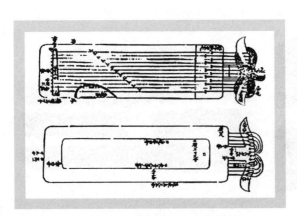

| 『악학궤범』의 거문고. 위[앞면] 아래[뒷면] |

김원룡은 거문고가 하나만 있었던 것이 아니고 더 있었다

고 보았다.

널길[연도]의 북쪽 즉 무덤방[현실]의 가장 가까운 위치에 있던 가운데가 꺾어진 모양의 장방형 꾸밈도 또 하나의 현악기 장식이다. 6각형 꾸밈은 임금 부인의 다리 부분 북부에서도 1개 나오고 긴 대형 장식이 임금 다리 부분 쪽으로 뻗어 있어 또 하나의 6각형 장식이 없기는 하나 이것 역시 결국 현실에는 남북에 각각 1개씩의 거문고가 놓였고 널길[연도]에는 1개의 악기가 있었다는 것이다.

> 소위 현금은 진秦으로 보내진 7현금을 고구려에서 개량한 것인데 현금의 크기는 이조[조선]시대의 『악학궤범』에 의하면 장[길이] 5척 1분에 폭[너비] 6촌 9분이어서 여기 은장식의 크기와 대강 들어맞는다. 그리고 연도의 북단 즉 현실의 가장 가까운 위치에 있던 가운데가 꺾어진 형[모양]의 장방형 장식은 또 하나의 현악기 장식이라고 생각되고 6각형 장식은 왕비의 족부 북부에서도 1개 나오고 긴 대형 장식이 왕족부[임금 다리 부분] 쪽으로 뻗어 있어 또 하나의 6각형 장식이 없기는 하나 이것 역시 결국 현실에는 남북에 각각 1개씩의 현금이 놓였고 연도에는 1개의 악기가 있었던 것으로 생각된다.

김원룡은 도합 4개의 현금을 비롯한 악기가 있었다고 보고 있다.

김원룡의 이러한 현금[거문고] 꾸밈은 차차 목관의 장식으로 보는 경향이 짙어졌다. 졸속으로 무덤을 발굴하여 유물의 정확한 위치와 내용을 확인하기 어렵기 때문에 영원한 숙제로 남을지도 모른다. 다만 당시 풍속을 연구함으로써 어느 정도 추측이 가능하리라 여겨진다.

하여튼 현금은 오래된 악기로 『삼국사기』[권32 잡지 제1악]에도 등장한다. 『예기』에 의하면, 5현의 거문고는 순임금이 만들어 남풍의 시를 노래하였다. 그 전악의 관인 기[사람 이름, 순임금을 섬겨 음악을 다스렸다고 함]는 남풍의 악을 제정하여 이로 제후 중 공덕이 있는 자에게 상을 주었고 이 곡을 연주하여 춤추게 하였다.

악이란 베푸는 것 즉 은혜를 베푸는 것이다. 예란 보답하는 것, 즉 은혜를 보답하는 것이다. 악은 그 노래하는 바 공덕에 의하여 생기는 것을 즐기고 예는 그 생물이 유래하여 시작하는 곳, 곧 조상을 공경하는 것이다. 또 악은 마음의 덕을 나타내며 예는 사람의 정에 보답하고 조상을 공경하는 것이다. 이것이 예기식 음악과 예의 관계이다.

무령임금 내외의 무덤이 벽돌방으로 꾸며진 것은 공양을 올리기 위한 공간 확보를 위하여 불가피한 조치였던 것이라 생각된다. 이러한 문화는 무령임금 시대의 백제 특유의 무덤문화라 할 수 있다. 28개월 상례나 수많은 껴묻거리는 분명하게 '후장' 풍속이다. 그러나 무덤의 존재를 알리지 않은 소위 '불수불봉[무덤에 나무를 심지 않고 봉분을 만들지 않는다]'의 형식은 '박장'의 풍속이다. 이러한 상례 제도는 당시 중국에서는 존재하지 않은 형식이었다.

10. 팔·발목 가락지와 목걸이의 불교적 성격

팔목과 팔뚝 그리고 발목에 가락지를 끼는 것은 서역[인도]에서 유입한 풍속이다. 귀걸이도 역시 마찬가지이다. 이들 세 가지는 종류가 다르지 않고 같은 종류인데 범어로 칸티Kaṇthi라고 한다. 이런 형식Style이 4~6세기 돈황벽화에 나타나는 것으로 보아 불교와 함께 유입되었다고 추측된다. 그런데 이 칸티는 장식용이라기보다 몸을 악한 것으로부터 지켜주는 '부적'과 같은 기능을 담당하였다. 서양에서는 이러한 기능이 세분화되어 있다. 아물렛Amulet은 액운을 막아주고, 탈리스만Talisman은 복을 가져다주며 참Charm은 동시에 액운을 막아주고 복을 가져다준다고 믿는 문화가 있었다. 그 대표적인 것이 칸티였다.

• 팔목과 발목 가락지 •

무령임금 무덤에는 6쌍 12점의 팔찌가 있었는데 임금 비[아내]의 소유물이었다.

2쌍은 왼쪽 팔목[은팔찌, 국보 제160호, 바깥지름 8cm, 안지름 6cm, 동그라미 아래쪽 1cm]과 오른쪽 팔목[금팔찌, 바깥지름 7×6.7cm, 너비 7mm] 각각 1쌍씩 끼웠던 것으로 추측하고 있다.

나머지 4쌍은 금팔찌 1쌍[바깥지름 4.5cm, 너비 3.5mm], 은팔찌 1쌍[바깥지름 4×3.8cm, 너비 5mm], 금·은팔찌 2쌍[바깥지름 5×5.5cm]은 발치의 다리받침[족좌] 북편에서 출토되었다. 형태상으로 어른이 끼우기 어렵기 때문에 어릴 때 유품으로 껴묻거리[부장품]한 것이라고 여긴다.

흥미로운 것은 왼쪽 팔목에는 1쌍 2점 모두 은팔찌[은천]이고 오른쪽 팔목에도 1쌍 2점 역시 모두 금팔찌[금천]이다. 왜 왼쪽이 은제이고 오른쪽이 금제인지 알 수 없다. 다만 추측이 가능한 것은 남자를 동쪽[왼쪽]으로 여자를 서쪽[오른쪽]으로 하는 문화를 감안할 때 은제는 '해'를 금제는 '달'을 상징하여 음양을 고려하지 않았나 하는 점이다. 일반적으로 금은 태양을 은은 달을 상징하는 것인데, 여성이기 때문에 음양이 뒤바뀐 것이라 여겨지기 때문이다. 참고로 목관의 위치가 임금을 동쪽에, 임금 비[아내]를 서쪽에 놓은 것도 같은 원리이다. 이와 같이 음양의 자리를 정하는 일은 의례 부분에서 완벽에 가까울 정도로 지켜졌다.

여기서 이야기를 돌려, 서역에서 팔찌[천]의 의미를 살펴보자는 것이다. 서역문화의 교류 중심지였던 돈황벽화[다만 여기서는 『중국미술전집』 회화편 돈황벽화 상·하만을 대상으로 제한한다]에 이러한 자료들이 있어서 흥미롭다. 원래 팔찌[釧]는 범어 Kaṇthi의 옮긴 말이다. 오늘날의 장식품이 아니라 종교적인 성격을 지니고 있는 것이다. 팔찌[釧]가 장식물의 차림새로만 여기는 것은 서양 문물이 들어오면서부터이다.

한국불교대사전편찬위원회에서 편찬한 『한국불교대사전』6(1982, 424쪽)에는 '범어로 Kaṭṭhi. 목걸이. 보천[팔찌] 명비가 갖은 물건의 하나'로 풀이하고 있다.

명비[1982, 『한국불교대사전』 2, 129쪽]는 2가지 의미가 있다.

① 다라니의 다른 이름으로 능히 번뇌의 닫힌 문을 깨뜨리는 덕을 있으므로 '명'이라 하고 능히 일체의 공덕을 쌓은 것이므로 '비'라 한다. '대일경 소9'에는 '명은 큰 지혜광명의 뜻이요 비는 삼매[경]의 뜻이니, 바로 대비태장삼매를 가리킴이다'라고 풀이하였다. 같은 경 '소12'에는 '비는 세상 여자들이 능히 남자와 여자를 낳아 그 종족을 끊어지지 않게 한다. 이는 여래가 일체의 공덕을 기르는 뜻과 같으므로 비라 한다'고 풀이하였다.

② 만다라에서 각부의 중심 인물에 짝이 되는 '여존[여자를 높이 부르는 말]'이므로 명비라 한다.

이를 정리하면 불교에서 Kaṇthi는 중국에서 '천釧'이란 음가로 옮겨졌고 손목 가락지와 목걸이를 포함하는 용어이다. 다라니에서는 번뇌를 깨뜨리고 일체의 공덕을 쌓는다는 의미이고 만다라에서는 중심 인물과 짝이 되는 여존이라는 의미이다.

결론적으로 팔과 발가락지와 목걸이는 하나의 장식품이 아니라 종교적 의미가 있다는 것이다.

이러한 문화적 배경으로 팔찌를 이해한다면, 은팔찌의 무늬를 접근하기가 어렵지 않다.

두 마리의 용은 각각 머리를 180도로 돌리고 혀를 길게 내민 형태로 힘찬 모습을 보인다. 용의 발톱은 3개이고 비늘이 전면에 표현되어 있는데,

1마리의 꼬리가 다른 용의 목 밑으로 들어가 포개어져 외면을 가득 채우고 있다[박영복, 『백제무령왕릉』, 1991, 223쪽].

용이 머리를 180도로 돌리고 보는 도상은 구리거울[방격규구신수문경]의 신이한 짐승[신수]을 상기시킨다. 혀를 내민 도상은 보검[용봉환두대도]의 고리 부분과 같은데, 살육할 수도 있다는 의미로 풀이한 바 있다.

부처님의 말씀을 수행하는 승려가 금강저[승려들이 수법을 할 때 쓰는 도구의 하나이다. 쇠나 구리로 만드는데, 그 양끝이 다르다. 독고는 그 끝이 1가지이고 3고는 3가지이고 5고는 5가지이다. 저란 원래 인도의 무기이다. 금강저는 보리심의 뜻이 있으므로 이를 갖지 않으면 불도 수행을 완성하기 어렵다고 한다]를 가지는 것과 같은 이치로 풀이된다. 임금의 머리관식의 영락과 임금 비[아내]의 바리때를 상기한다면 이들이 '재가의 승려'일 가능성이 여기서도 제기된다.

돈황벽화에는 가장 이른 시기인 북량[421~439]부터 팔찌[천]가 등장한다. 272호 설법 그림[북벽], 공양보살 그림[서쪽 벽감 남·북측], 천궁 기악 비천[우물 천정 외측] 등이 나타나고, 275호 비릉갈이왕[석가모니 전생] 본생[전생] 이야기[북벽 가운데 층], 시비왕 본생 이야기[북벽 가운데 층], 불전·출유4문 그림[남벽 가운데 층] 등에 나타난다. 이 전집에 소개되는 272호와 275호 모두 등장하는 것으로 보아 당대에 유행했다고 생각된다.

흥미로운 사실은 팔찌가 손목에 끼지 않고 어깨와 팔꿈치 사이에 착용했다는 것이다.

석가모니의 전생인 비릉갈이왕이 불법을 구하기를 좋아하였다. 그 때 자기 스스로 설법에 능하다는 노도차라는 바라문Brāhmaṇa이 있었다. 노도차의 설법을 들으려면, 몸에 큰 못을 박는 고통을 감내하여야 한다는 조건이 있었다. 비릉갈이왕은 이 조건을 수락하여 못 박히는 그림이었다.

| 비릉갈이왕 본생[전생] 이야기로 노도차가 왕에게 못[정]을 박는 모습 |

시비왕 본생 이야기도 비릉갈이왕과 비슷하다. 집비둘기를 매가 잡아 먹으려는 데 시비왕이 대신 살을 떼어준다는 이야기이다. 역시 석가모니의 전생 이야기이다.

하여튼 위의 두 본생 이야기에서 왕이나 노도차 등이 모두 어깨와 팔꿈치 사이에 팔찌를 착용하고 있다. 그 뿐만 아니라 비릉갈이왕이나 시바왕 머리 좌우 위 비천상도 모두 같은 모습이다.

위의 벽화는 275호 굴[북벽 가운데 층]의 비릉갈이왕 본생 이야기다. 비릉갈이왕, 노도차, 좌우의 비천 등 모두 팔꿈치와 어깨 사이에 가락지를 차고 있는 것을 알 수 있다. 물론 양쪽 손목 팔찌와 목걸이도 하고 있으나 귀걸이는 없다. 외팔찌인 듯하다.

이[팔꿈치와 어깨 사이의 팔찌]를 고려한다면, 무령임금 비[아내]의 손목 팔찌 착용 방식은 수나라[581~618]의 형식이다. 4~5세기의 손목과 어깨·팔꿈치 사이의 착용 형식이 손목 형식으로 넘어나는 과정의 좋은 보기로 생각된다. 적어도 5세기 전반 즉 무령임금 시대에는 손목 팔찌에 1쌍 착용하는 방식이 완성되었다고 할 수 있다.

여기서 짚고 넘어가야 할 것은 손목 팔찌를 끼는 형식의 변화다.

북위[439~535] 석굴 254호 중심 기둥 동쪽 감실 남측의 파수선과 같은 곳에서 북측의 녹두범지['범지' 는 Brāhmaṇa의 옮긴 말로 인도의 4성씨의 하나가 양 손에 팔찌를 끼고 있다. 원래 이들은 불교의 신자가 아니었는데, 부처님의 설법에 따라 제자가 되었다. 파수선이나 녹두범지 모두 둥근 원형의 귀걸이를 끼고 있다. 녹두범지와 파수선의 손목 팔찌의 두 가락지 형식이 다르다. 녹두범지가 두 가락지를 나란히 붙인 형식이라면, 파수선은 간격을 두고 떨어져 있는 형식을 취하고 있다.

녹두범지는 손목 외팔찌인 것과 비교하여 파순선은 손목 2가락지를

| 왼쪽은 녹두범지이고 오른쪽은 파순선이다. |

끼었으나 2개가 1쌍으로 붙어 있지 않고 떨어져 있다. 북량의 272호 공양보살 그림[서쪽 벽감 남측] 등에서도 파순선식 손목 가락지를 끼고 있다. 이 2형식이 어떤 차이가 있는 것인지 그냥 기호의 문제인지 알 수 없다.

임금 비[아내]의 왼쪽의 은팔찌와 오른쪽 금팔찌를 낀 형식이 붙은 것인지 간격을 두었는지 알 수 없다. 다만 발굴 당시의 그림을 보면, 손목의 경우 간격을 둔 착용 형식을 취하고 발치의 원형과 고리형 팔찌는 모두 붙어 있는 형식을 취하지 않았나 짐작할 뿐이다.

또 하나 주목해야 할 사항은 손목 팔찌가 고정되어 잘 움직이지 않는다는 것이다. 북위[439~535] 석굴 254호[남벽 가운데] 살타Sattva 본생 이야기[이 소재는 유명하여 북주(557~581)의 428호(동벽 남측)에도 등장한다]에는 석가모니의 전생인 살타 왕자가 손을 뻗어 대나무로 자신을 찌르는 대목이 나온다. 손목 팔찌가 헐렁했다면, 2가락지 사이가 붙어야 하나 간격을 유지한다. 무령임금 무덤의 팔찌와 같아서 한 막대기를 둥그렇게 오그리되 그 양 끝이 틈이 있어서 조절한 결과라고 생각된다.

참고로 살타 본생 이야기를 소개하면 다음과 같다.

어느 임금이 3명의 왕자를 두었다. 하루는 왕자들이 사냥을 나갔다가 굶주림을 참지 못하고 새끼 호랑이를 잡아먹으려는 어미 호랑이를 보았다. 어미 호랑이는 몇 마리의 어린 호랑이를 거느리고 있었다. 그 때 제3왕자 마가살타가 이것을 보고 어린 호랑이 목숨을 구하고자 자신의 몸을 어미 호랑이가 잡아먹도록 호랑이 앞에 섰다. 그런데 어미 호랑이는 너무 기진하여 잡아먹을 힘조차 없었다. 마하살타 왕자는 벼랑에 기어올라가 대나무로 목을 찔러 피를 흘리도록 하며 벼랑을 뛰어 내렸다. 기진한 호랑이는 피를 마신 후 몸을 먹고 마침내 생명을 얻었다.

제2왕자가 비통해하다가 궁에 돌아와 부모에게 이 사실[사신사호사]을 알렸다. 나라의 임금과 비[아내]는 급히 그 골짜기로 달려가 시체를

| 살타 본생 이야기[북주 428호] |

안고 통곡하였다. 유골을 수습하고 와서 탑을 세우고 공양한다는 내용이다.

따라서 이 본생 이야기는 8장면으로 구성되어 있다. ① 세사람이 산에서 호랑이를 보는 광경, ② 목을 찌르는 광경, ③ 벼랑에 뛰어내리는 광경, ④ 호랑이에게 먹히는 광경, ⑤ 궁궐에 와서 알리는 광경, ⑥ 임금 내외가 통곡하는 광경, ⑦ 유골을 수습하는 광경, ⑧ 탑을 세우고 공양하는 광경 등이다. 북위[439~535] 석굴 254호[남벽 가운데]의 그림은 시간의 흐름을 구별하지 않고 한 화면에 처리하고 있으나 북주[557~581]의 428호[동쪽 벽 남측]는 시간의 흐름을 따라 3단으로 처리하여 그리고 있다. 미술 발달사를 이해하는 데 큰 도움이 되는 그림이 아닐 수 없다.

5세기 돈황벽화에 나타난 손목 팔찌는 비천상, 기악상, 보살상 등에 주로 나타난다. 이들은 보살을 중심한 권속인 비천과 기악의 권속을 거느리고 있는 보살 중심의 설법 그림이다. 이들 설법은 석가모니의 본생[전생] 이야기라고 할 수 있다.

• 발목 가락지 •

무령임금 비[아내] 발치 부근에서 4쌍의 가락지가 출토되었다. 그 작은 모양으로 보아 어른이 실제 사용한 가락지는 아니다. 시집오기 전에 사용하던 '어린이용 가락지' 라는 것이 일반적인 견해다. 임금의 비가 되려면, 높은 서열의 집안인 것만은 틀림이 없을 것이다. 그럼에도 불구하고 당시 4쌍 8점의 가락지, 그것도 금·은제를 소유한다는 것은 쉽게 상상이 가지 않는다.

상층부의 귀족 계급이나 왕족의 집안에 어린이가 이와 같이 많은 숫자의 가락지를 가졌다면, 당시 유행했던 문화양식이라고 할 것이다. 그렇다면, 어디에선가 발굴이 되어야 할 것이다. 말하자면, 부여 어디에서 출토가 되어야 한다. 그런데 아직까지도 출토된 유물이 없다. 유행된 문화양식이 아니라는 뜻이다. 특수한 용도의 가락지로 장례와 관련된 의례품일 가능성이 충분하다고 할 것이다.

북량[421~439]의 돈황벽화를 보면, 천궁기악의 비천이나 공양보살 그림에는 끈으로 만든 신발을 신고 있다. 발목은 원이고 발등과 바닥을 두세 번 얽은 신발이다. 발목이 원형으로 되어

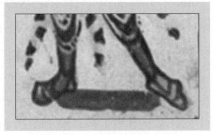

| 발목 가락지를 한 모습 |

있어서 마치 발찌를 한 것처럼 보인다.

북위[439~535]와 서위[535~556]까지의 돈황벽화에서 손목 가락지와 귀걸이는 하얀 색깔로 표현하는 것이 보통이다. 이런 기준에서 볼 때 발목 가락지는 사례가 보이지 않는다.

발목 가락지가 나타난 것은 수[581~618]이다. 석굴 311호 설법 그림

| 수[581~618] 석굴 420호 서쪽 벽감 북측 |

[북벽 가운데], 420호 보살 그림[서쪽 벽감 북측] 등이 그것이다. 보살상에 왼발은 왼쪽으로, 오른발은 오른쪽으로 'ㅅ'형으로 벌리고 서 있는 모습이다. 거기에 맨 발 차림인데 왼쪽과 오른쪽 발에 각각 한 쌍의 발목 가락지를 끼고 있다.

이런 점에서 무령임금 비[아내]의 발목 가락지의 실용성은 상상 자체가 하기 어렵다는 것이다. 적어도 돈황석굴의 변상에 의하면, 수[581~618] 이후에나 발목 가락지가 등장하기 때문이다. 십분 이해하여 무령임금 당시 발목 가락지가 있었다고 하더라도 유행으로까지 볼 수는 없다. 따라서 어린 시절의 실용적인 발목 가락지라는 견해는 조심스럽다고 할 것이다.

• 목걸이에 대하여 •

북위[439~535] 254호 살타 본생 이야기[남벽 가운데]에는 임금과 제3왕자[살타] 그리고 공양자는 가슴까지 내려오는 긴 목걸이도 걸고 있다. 임금과 왕자의 목걸이가 W자 형식으로 되어 있는 것과 대조하여 공양자는 U자 형식을 하고 있다. 신분상의 차이에서 비롯된 제한은 아닐지 모르겠다.

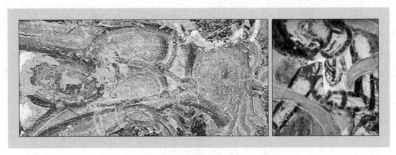

| 그림은 W형 목걸이 모습. 왼편은 살타[전생 석가모니], 오른편은 그 아버지 임금 |

이러한 W형과 U형의 목걸이 유형은 다른 설법 그림[251호 북벽]에서도 역시 그대로 반영된다. 비천은 U형을, 보살은 W형을 취하고 있기 때문이다. 신분상의 이유인지, 아니면 경제상의 부유함 때문인지 아니면 둘을 합한 것인지 알 수는 없다.

앞의 그림은 비천상이고 아래는

| 공양자의 U형 목걸이 |

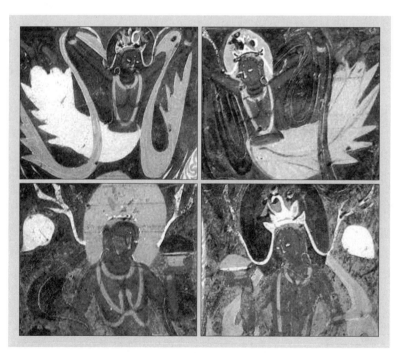

| 위의 그림은 비천상이고 아래 그림은 보살상이다. 목걸이가 보인다. |

보살상이다. 특히 왼쪽 보살상의 W형 목걸이는 변화된 모습이 눈에 띈다. 팔목 가락지 가운데 한 봉[막대기]을 오그려 양 끝을 휘어 올린 처리가 이채롭다. 오른쪽 보살의 목걸이는 길게 늘어뜨린 형태여서 또 다른 모습을 보인다.

목걸이는 수[581~618]에 오면 변화를 겪게 된다. 420호 보살 그림[서쪽 벽감 북측]에서 이를 확인할 수 있다. 특히 가운데의 보살은 화려한 목걸이를 보이고 있다. 뿐만 아니라 귀걸이와 팔목 팔찌도 이전 형태와는 달리 화려하고 규모가 크다.

목걸이에 금을 입힌 것인데 3개를 착용하고 있다. 가장 작은 목 근처의 것은 양 끝을 오그려 위로 올린 모양이고, 중간 것은 가슴까지 내려와 있고 아래 것은 배까지 내려뜨린 모양이다. 맨 아래의 배까지 내려온 것은 다시 또 하나의 독립된 [목]걸이가 연결되어 있다. 머리관[두관], 정수리의 꾸밈[정권], 손방울[수탁], 마니주 등이 금칠로 처리되어 있다.

| 2~3세기[우즈벡키스탄] 보살상과 오늘날[네팔] 스님 |

참고로 2~3세기의 유물로 확인되는 우즈벡키스탄Uzbekistan의 박물관에서도 확인된다. 서역을 통하여 유입되었다는 증거라 할 것이다.

무령임금 무덤에서 발굴 직후 목걸이로 인정된 것은 비[아내]의 것 2점밖에 없었다. 그러나 뒤에 연구 과정에서 임금 비[아내] 머리와 가슴 부근에서 흩어진 구슬[금구슬 174개]로 1점이 되고, 임금의 가슴과 허리 부근에서 흩어진 구슬[금구슬 271개]로 1점이 인정되었다[권오영, 2005, 『고대 동아시아 문명의 교류사의 빛, 무령왕릉』, 164쪽]. 임금과 비[아내]의 '가슴과 허리 부근에서 흩어진 구슬'을 목

| 수[581~618] 석굴 420호
서쪽 벽감 북측 |

걸이를 본다면, 수[581~618]시대에 조성된 420호 보살의 그것과 비교하면 이해가 빠르리라고 생각된다.

이와 같이 팔목과 발목 그리고 목걸이가 풍요하다는 것은 '명비'가 되는 의미인 것이다.

이들 칸티는 일반적인 사람들에게 아물렛과 탈리스만의 역할을 한다고 할 수 있다. 우리나라의 '부적' 보다 훨씬 포괄적인 기능을 담당하고 있는 셈이다. 물건으로 만들어진 부적인 것이다. 원래 조개껍질이나 맹수의 이빨과 같은 형태에서 서역[인도]문화의 유입으로 금·은으로 고급화되어 새로운 문화로 정착한 것이다.

11. 백제 방식의 풍수문화 장치론

무령임금 무덤 제도는 백제 특유의 상례[장례 포함]로 시행되었다. '봉분이 없고 나무도 심지 않았다' 는 박장을 받아들였으나 상례 기간 [28개월]이 길고, 명기가 많은 후장을 받아들임으로써 결국 독특한 무덤 형식이 된 것이다.

임금과 비[아내]의 합장 방위가 '왕동비서' 라는 해의 운행과 관련된 전통적인 제도를 받아들이되 머리의 방향은 새로운 '왕서비동' 이라는 방식을 받아들인다. 말하자면 절충식이라고 할 수 있다.

당시 중국은 한[서한, 후한]이 무너진 뒤, 짧은 시기에 정권이 들어서고 없어지는 혼란기로 흔히 위진남북조라고 이르는 시기였다. 그런 까닭으로 무령임금 무덤은 어느 나라의 영향을 전적으로 받기도 어려운 상황이었다. 지금까지 '남조의 영향' 이라는 것이 일반적인 연구의 결과이다. 그러나 이는 '절반의 진실' 일 뿐이다['남조묘' 와 '기와박사' 에 대한 오해' 참조].

반위빈[2004]은 위진남북조 상례[장례 포함]가 주대 - 한대의 '후장' 과 달리 '박장' 제도였다고 결론을 내렸다. 상례는 한대의 만가[무제 때에 출현. 출전 『진서』 '예지 중' 등]와 송례[출전 『한서』 '소무전' 과 '유협극맹전', 『후한서』 '신도반전' 등]를 하였으므로 길흉의 노부를 세우고 음악을 사용하였으며 다른 상례 도구를 활용하였다. 장례는 손오 [222~280]와 16개국이 '후장' 대신에 '박장' 을 채택하였다. 여기서 박장은 ① 짧은 시기의 상례이며, ② 봉분을 만들지 않고 나무를 심지 않았고, ③ 명기[일상적인 것이 아니라 의례용으로 '신명의 그릇' 이라는 뜻이다. 죽어서 쓰는 기물을 말한다]를 최소화하였다[반위빈, 2004, 『위진남북조수릉』, 9쪽]. 이런 범주에서 볼 때, ①과 ③은 지켜지지 않았고 ②만 수용한 것이 무령임금의 무덤이었다. 그러나 남조에 속하는 유송에 오면 상례 기간이 길어지는데 특히 28개월상이라는 일시적인 제도를 받아들이고 있다['28개월 상례의 의미' 참조]. 결국 '봉분을 만들지 않고 나무를 심지 않는다'는 위 문제[재위 220~226] 이래의 장례만 수용한 셈이 되었다.

• 백제식 무덤 제도의 도입 - 박장도 후장도 아닌 절충식 •

"내 무덤은 봉분을 만들지 말고 나무도 심지 말라"는 말을 남긴 것은 조위[220~265] 문제[재위 220~226]다.

위 문제가 임종하면서 내린 조칙[위 사람이 아래 사람에게 내리는 것]은 당대 상례[장례 포함] 역사상 일대의 혁명이었다.

『삼국지』 '문제기'에 의하면, 문제는 수릉[살아 있을 때인 수양릉을 조영하기 시작하고 조칙을 내려서 스스로 '종제[임종의 제도]'를 작성하였다. 여기서 능침 제도가 폐지되었다.

봉분을 만들지 않는 제도는 후한 시대에도 확인이 된다[『후한서』 '조자전']. 조자[?~?]는 유언을 내려 평지에 봉분을 만들지 말라고 하였다. 당시 봉분을 만들지 않는 원인은 ① 검소함을 지킨다는 점, ② 도굴을 방지한다는 점 등의 의미가 있었다[이여삼, 2003, 『한대상장예속』, 208쪽].

> 산을 이용하여 모양을 만들고 나무를 심지 말며 침전을 세우거나 원읍을 조영하거나 신도를 내는 일이 없도록 하라. … 그러므로 나는 구허를 개간되지 않는 땅에 조영하여 대가 바뀐 뒤에도 그 장소를 알지 못하게 하리라[양관 지음, 장인성 · 임대희 옮김, 2005, 『중국역대능침제도』, 85쪽].

이 글은 『삼국지』 '문제기'의 일부이다. 도굴을 걱정한 것이다. 당시

전쟁을 치르던 적지 않은 정권들은 무덤의 껴묻거리[부장품]로 비용을 마련하였다는 설이 있을 정도였다. 상대 정권에게 '모욕'을 주고 실제적인 이익도 생기는 형식이었던 모양이었다.

이러한 도굴 방지로 봉분을 만들지 않는 상례[장례 포함]는 거의 정형화되다시피 되었다. 정권이 자주 교체되어 관리도 어렵고 미래도 불투명하였기 때문이었다. 동진시대[317~420]에 여러 황제의 능묘는 대부분 산중턱 남쪽에 무덤의 구덩이를 뚫어 만든 것으로 봉분을 조영하지 않았고 무덤방이 감추어져 있었다.

이 도굴 방지 방법은 한 무제[재위 B.C.141~87] 시기 철기 도구가 발달되므로 시작되었다고 할 수 있다. 귀족들이 산중턱을 깎아 무덤의 구덩이를 만드는 방법을 취하였던 것이다. 중산정왕[무제의 이복형 유승] 부부의 무덤 문은 녹인 철을 집어넣어 막았던 것이 그 좋은 보기다.

위진시대[220~420]에 묘를 숨기기 위해 "산을 이용하여 형태를 갖춘다"는 만들기가 더욱 많이 쓰였다. 이러한 무덤 만들기의 묘의 축조 방법은 남북조는 물론이고 수당과 오대까지 계속 유행되었다는 것이 양관[1914~]의 연구 결과였다.

하여튼 남조는 대체로 동진시대의 제도를 계승하여 무덤을 산기슭이나 산중턱에 만들었다. 다음 무덤 앞의 평지에 신도를 만들어 한 쌍의 석수인 기린 혹은 벽사, 그리고 돌기둥인 돌기둥과 돌비석을 나란히 세웠다.

그런데 무령임금 무덤은 신도를 만들지도 않았고 물론 비석과 돌짐승도 세우지 않았다. 그 이유는 분명하지 않지만, 도굴 방지가 중요한 주제였던 것은 틀림이 없다고 생각된다.

후한[25~220] 패릉[한태종의 무덤, 재위 180~175]의 보기다. 이는 도굴 방지의 의미보다는 풍수문화 내지는 다른 요인이 있을 것으로 생각된다. 후한시대의 다른 황제의 무덤들이 모두 봉분이 만들어져 있기 때문이다.

| 패릉 정문인데 오른쪽 산등성이가 패릉이다.
그런데 지금도 명당으로 유명하여 조화들이 보인다. |

　원래 무덤은 봉분이 없었다. 일반적으로 무덤은 봉분이 없었는데, 공자[BC.551~479]가 "동서남북 떠돌아다니는 사람이니, 표지를 만들지 않을 수 없다"고 해서 고안한 것이라고 되어 있다[구중회, 2008, 『능묘와 풍수문화』, 25~26쪽, 우리나라에서 봉분의 규정은 『고려사』 '지'에 보인다].

　무덤의 봉분을 만들고 나무를 심는 규정을 알 수 있는 것은 한나라부터이다. 그 자료가 바로 『백호통의』이다. 이 책은 장제[재위 75~88]가 79년[건초 4]에 박사와 유생들을 백호관에 불러 모아 5경을 논하도록 하고 자신이 직접 결론을 낸다.

　반고[32~92] 등이 찬술한 것인데, 당시 한대의 '국가지식'이다. 후대 "당시 통치계급의 중요법전 역할을 하였다"는 평가를 받은 것은 이 때문이다.

　　봉분과 구목은 무덤을 식별하게 해준다. 그러므로 단궁을 보면 공자가 말하길 "옛날에는 묘지만 했지 봉분을 하지 않았다. 지금 구[공자]는 동서남북으로 떠다니는 사람이다. [뭔가 표시해 두지 않으면] 무덤을 알아볼 수 없다. 이에 봉분을 쌓았다. 그 높이가 4척이었다." 『함문가』에 보면,

| 두 문헌의 장제 모습 |

"천자의 봉분의 높이는 3인이고 소나무를 구목으로 심는다. 제후는 그것
의 절반으로 하고 잣나무를 구목으로 삼는다. 대부는 8척으로 하고 상수
리나무로 구목을 삼는다. 사[선비]는 4척이고 홰나무를 구목으로 삼는다.
서인은 봉분을 하지 않고 버드나무를 구목으로 삼는다[반고 지음, 신정근
옮김, 2005, 『백호통』 분묘, 452쪽]."

현재 무령임금 무덤의 봉분은 커다란 원형으로 조영되어 있다. '직경
이 20m나 되는 큰 봉분'이다. 이러한 거대한 봉분을 쌓기 위하여 특별
히 석회를 혼합한 흙을 사용하고 있다. 그런데 무덤 최상층의 흙은 원래
산의 흙과 같은 황살색인데, 20cm가 쌓여 있다.

이것이 보고서에 나타난 발굴자들의 모아진 의견이다.

봉분을 20m나 조영[일본학자들이 만들어낸 용어로 문화적인 성격의

건물을 지을 때 사용한다]했다면, "왜 나무는 심지 않았고, 당시 남조에서 유행하던 신도와 돌로 새긴 짐승들은 없을까?" 하는 의문이 일 수 있다.

이러한 의문은 다른 무덤에서도 그대로 확인이 된다.

> 무령왕릉은 남향사면의 지맥 말단에 자리하고 있다. 부근에 있는 고분들 역시 비슷한 입지조건을 갖추고 있는데, 따라서 산복의 경사면에 자리하고 있기 때문에 봉토가 유실되어 분형이 사라진 것이 대부분이다. 무령왕릉의 바로 앞에 위치하고 있는 6호분 역시 발견 당시에는 분형이 뚜렷하지 못하였다[윤무병, 1991, 『백제무령왕릉』, 113쪽].

이것은 윤무병의 무령임금 무덤 구조를 설명하는 과정에서 뽑아온 글이다. '산복의 경사면에 자리하고 있기 때문에 봉토의 유실되어 분형이 사라진 것이 대부분' 이라는 것이다. 6호분도 역시 이와 같은 상황이라는 것이다.

무령임금 무덤은 처음부터 '산복의 경사면' 을 이용하여 만든 '산릉' 으로 보아야 한다는 것이다. 따라서 봉분이 20m라는 것은 지하 건축의 공간이지 봉분 그 자체가 아니라고 할 수 있다. 다시 말하자면, 도굴 방지나 다른 목적이 있어서 봉분을 만들지 않고 숨겨놓았다고 생각된다. 28개월이라는 긴 상례[장례 포함]와 많은 껴묻거리[부장품] 등 후장의 제도를 선택하는 형식으로 본다면, 돌짐승과 비석이 배치된 신도가 설치되고 봉분과 나무가 조영되는 것이 마땅하다. 어쩌면 중국 북방의 16개국의 '소수민족의 잠장[몰래 무덤을 감추어 묻음]' 풍속을 본받은 것인지도 모른다.

무덤에 나무를 심는 데는 나름대로 몇 가지를 고려한 문화에 기인한 것이었다. ① 무덤 영역의 나무가 번성하여 녹음이 우거져야 '명당' 으로 꼽혔다. ② 소나무와 잣나무가 봄 여름 가을 겨울 항상 푸르기 때문에 벽사가 된다. 도깨비[망상]가 호랑이와 잣나무를 두려워하기 때문이다. ③ 선진 이래로 좋은 나무를 심으면 그 대가로 지은 죄를 면하게 할 수 있다는 믿음이 있었다[이여삼, 2003, 『한대상장례속』, 216쪽].

무령임금 무덤은 아직 이러한 봉분과 나무심기에 대한 배려를 하지 않은 형식이었던 것이다.

• 백제식 합장과 방위 •
- 해의 운행을 모방한 '왕동비서' 형과
  궁궐의 위치를 모방한 '왕서비동' 의 과도기적 형태

합장은 원칙적으로 부부의 그것을 말한다. 그런데 봉분이 둘인 경우[동영이혈]와 봉분이 하나인 경우[동묘동혈]가 있다. 무령임금 무덤은 후자에 속한다.

원래 서민들과 달리 임금 부부의 경우, 합장이 아닌 단장이 기본이었다. 그만큼 경제적 부담이 적고 권위적으로도 필요하기 때문이었다.

이러한 과정을 이해하는 데 흥미로운 기록이 있다. 당 고종[재위 649~683]의 무덤은 건릉이다. 고종이 죽은 지 23년이 지난 뒤에 그 비[아내]가 죽었다. 당시 관행으로 보아 높은 사람[임금]을 장사한 후 낮은 사람[비]를 합장할 수 없었다. 즉 '비동존사' 라는 성어로 표현되는 것인데, 낮은 사람 때문에 움직이는 것은 높은 사람을 모시는 것이 아니었던 것이다. 무덤의 입구를 돌과 쇠로 막아놓았는데 만약 이를 부순다면 높은 사람은 놀라고 모욕을 느낄 것이기 때문이다.

당시 관리들은 고종 임금과 비[아내]의 합장으로 문제가 제기된 것이다. 위진시기에 잠시 합장이 이루어지고 있었으나 한나라 이후 단장 제도는 400년간이나 유지되고 있었던 것이다. 개인적인 정의 차원에서는 합장이 옳지만 국가[사직]를 위하여 어쩔 수 없다는 논리였다. 결국 건릉 옆에 무덤을 새로 만들어 동영이혈이 되었다.

그런데 이번에는 다른 '비동존사'의 일이 발생하였다. 733년[개원 21] 에 정안공주가 죽어서 먼저 죽은 남편[부마과 합장한 경우이다. 공주는 왕족이고 남편은 그렇지 않은 신분인 까닭이다. 다시 말하면, 정안공주 가 남편 옆에 묻히기를 희망하였고 결국 묻혔다.

이야기를 뒤로 돌려서, '동영이혈' 합장에 대하여 『예기』 '단궁'의 사 례를 참고할 필요가 있다.

> 계무자가 침전을 지었다. 두씨의 무덤이 서쪽 계단 밑에 있는데 합장할 것을 청해왔다. 이를 허락하니, 궁중에 들어가서는 감히 울지 못했다. 무 자가 말하기를 "합장하는 것은 옛날 법이 아니다. 주공 이후로 아직 고친 일이 없다. 내가 큰 것을 허락하고 그 작은 일을 허락하지 않을 수 있겠는 가?' 하고 명령하여 울게 했다[『예기』 단궁].

이 인용문을 보면, 합장 제도가 이전에는 없었다는 것을 보여준다. 그 런데 이러한 합장 제도는 후대에 무덤을 옮기는 등의 일로 인하여 쉽게 판정이 어렵게 되기도 하였다.

하여튼 무령임금의 합장 무덤은 당대 위진시대부터 동묘동혈 합장이 있었으므로 당대의 영향권이라 할 것이다.

다음은 합장제도에 있어서 남자와 여자의 방위 문제다. 대체적으로 2 가지인데, ① 임금이 동쪽이고 비[아내]가 서쪽인 경우, ② 임금이 서쪽 이고 비[아내]가 동쪽인 경우다.

원래의 기본적인 것은 임금이 동쪽이고 비[아내]가 서쪽이었다. 무령 임금 내외도 여기에 속한다.

방위란 실질적인 방향을 의미하는 말이 아니다. 해가 떠서 하루를 지 내는 하늘의 길이기 때문이다. 해는 아침에 동쪽에 떠서 서쪽으로 진다. 달은 거꾸로 서쪽에 떠서 동쪽으로 진다.

이러한 설명 방식이 『예기』에 제시되어 있다.

국군[임금]이 동쪽에 있는 것은 해가 동쪽에서 나오는 것을 본뜬 것이며 부인[비]이 서방에 있는 것은 달이 서쪽에 있는 것을 본뜬 것이다. 이것이 음양의 분별이며 부부의 위치인 것이다.

이러한 위치가 하늘의 길로 지극한 가르침이라는 것이다. 성인은 이러한 지극한 덕을 따라야 한다는 것이다. 오늘날 입장에서 볼 때 남성과 여성의 자리를 구별한 것이다.

그런 까닭으로 제사를 지낼 때는 이러한 하늘의 길을 그대로 모방하여 지내게 된다. 사당[묘당] 위에는 술독[뇌준]이 동쪽에 두고 안주[희준]는 서쪽에 둔다. 그 아래에 현고가 서쪽에 있고 응고가 동쪽에 있다. 임금이 동쪽 계단[조계]에 있고 비[아내]가 서쪽 방[서방]에 있기 때문이다.

| 『예기』권 대상기 일부 |

따라서 임금은 동쪽에 있으면서 서쪽을 향하고 서쪽에 있는 안주[희준]와 코끼리가 새겨진 잔[상준]의 술을 뜬다. 비[아내]는 서쪽에 있으면서 동쪽을 향하고 동쪽에 있는 술독[뇌준]의 술을 뜬다. 이것은 예가 당 위에서 교착하여 움직이는 것이다. 이 때 현고와 응고가 당 아래에서 서로 응하는데 이것은 조화가 지극한 것이다.

이러한 문화적인 배경이 '왕좌비우'이다. 옛날 형식

의 혼인에서 신랑이 동쪽에 자리하고 신부가 서쪽에 자리하는 것이 좋은 보기다. 역사 관련 티브이TV를 볼 때 임금의 거둥[행차]에서 임금이 왼편에 서고 비[아내]가 오른편에 서는 것도 같은 이치다.

그런데 현재 무덤은 위의 원칙과는 반대로 '왕우비좌' 로 되어 있다. 이를 설명할 차례가 되었다.

여기서 먼저 짚고 넘어가야 사항이 '남좌여우' 라는 용어이다. 무덤 문화에서 '남좌여우' 는 무덤을 기준으로 하는 것이다. 사람 주체의 '남좌여우' 는 한의학 등에서 활용되는 것이지, 무덤 주제의 '남좌여우' 와는 확연히 구별되는 것이다. '좌청룡 우백호' 가 그 사실을 밝혀 준다. 무덤 주체는 항상 북쪽을 말하는 것으로 절대 방향이다. 즉 해가 시작하는 '감[묻혀 있다는 의미]' 이고 '수[사람이 죽으면, 황천을 가는데 이도 물과 관련되는 것도 이 때문이다. 상여를 용궁으로 꾸미는 것도 문화적 배경이 같다는 의미가 된다]' 이다. 설령 무덤이 실제 동쪽에 썼다고 하더라도 북쪽으로 간주하는 것이 된다. 즉 실제 남쪽은 동쪽이 되고 북쪽이 서쪽이 되는 것이다[구중회, 2008, 『능묘와 풍수문화』, 53~59쪽].

하여튼 무덤 문화에서 '남좌여우', '왕서비동', '제서후동' 등은 모두 같은 말이다. 즉 임금이 서쪽에 비[아내]가 동쪽에 자리함은 앞서 설명한 대로이다. 그런데 언제 반대로 넘어갔느냐 하는 시기이다. 이 시기를 전한시대로 보는 학자가 있다[유경주 · 이류방 지음, 내촌다래사 옮김, 1991, 『전한황제릉의 연구』, 258~259쪽]. 황제에 있어서 '사즉여생', 즉 죽어도 살아 있을 때와 같다는 문화적 기준이다. 우리나라에서는 이를 '계세' 라는 용어로 사용하고 있다. 이러한 기준으로 볼 때 전한시대의 궁궐을 참조할 필요가 있다. 황제가 거주하던 곳이 미앙궁이고 황후가 장락궁에 있었다. 그런데 그 위치가 미앙궁은 서쪽에 있었고 장락궁은 동쪽에 있었다. 이것이 『전한황제릉의 연구』에서 제시한 유경주와 이류방 부부 연구자의 결론이다.

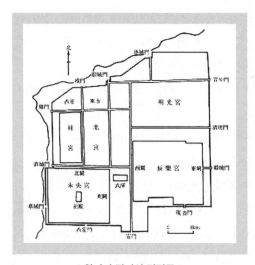

| 한나라 장안성 평면도 |

한나라 문제의 경우 황제무덤이 서쪽에, 황후무덤이 동쪽에 있어서 각각 '동원'과 '서원'이라고 불렀다. 미앙궁과 장락궁은 장안의 남부에 위치하는데 장락궁이 동쪽에, 미앙궁이 서쪽에 위치하였던 것이다. 그런 이유로 궁성의 배치로 '동궁', '서궁'이라고 불렀는데 무덤도 이러한 영향을 받았다는 것이다.

어찌되었든지 전한 황제무덤[보기 문제무덤]은 이후부터 '왕서비동'이 되어 전형화되고 일반화되었다. 조선시대에도 이러한 원칙을 지켰는데, 이는 흉례에 한정되는 것이었다. 그러나 길례에 속하는 장승을 세우는 것도 장승을 기준으로 '남좌여우[남동여서]'로 흉례와 반대이다. 현대 결혼식장에 가면 흔히 단상을 기준으로 '남서여동'의 흉례를 자주 보는데 이는 잘못된 의례라고 할 수 있다.

동쪽이란 해가 뜨는 방향으로 살아 있다는 뜻이다. 상례에서 시신을 바로 하는 의례[정시]가 있다. 아직 상[침상]에 있다가 죽음이 확인되어 상 대신 남쪽 창문 아래로 옮기는 절차가 있다. 이를 '정시'라고 한다

> 상[침상]을 없앨 때에는 아직도 동수[머리를 동쪽으로 함]하고 있다. 졸하면 시체를 창문 아래로 옮겨서 남수[남쪽으로 머리를 함]한다. 이를 가리켜 시[시신]를 바로 한다고 한다.

길례와 흉례는 산 자와 죽은 자의 의례를 드러내는 것이다. 죽은 자의 방위에 산 자를 두는 것은 '망발'에 가까운 일이 아닐 수 없다.

무령임금 무덤의 내외는 위치는 임금이 동쪽에 있고 비[아내]가 서쪽에 있다. 하늘 길[천도]의 기준을 따르고 있는 셈이다. 그런데 머리의 방향은 남쪽을 향하여 있다. '사즉여생'의 방향으로 가는 과도기적 양식을 보여주는 것이라 생각된다.

여기서 짚고 넘어가야 할 과제가 있다. '머리 방향은 북쪽이고 남자는 서쪽 여자는 동쪽'이라는 인식의 실체이다. 진·한시대의 무덤 발굴에 나타난 고고학적 성과를 보면, 이러한 기준이 너무나 많은 차이가 있다는 것을 알 수 있다. 머리 방향이나 남녀의 위치가 전혀 일정하지 않기 때문이다. 그 보기로 조선왕조의 임금무덤[총 78개]을 살펴 볼 필요가 있다.

> 계좌병향 15건
> 자좌오향 13건
> 해좌사향 11건
> 유좌묘향·임좌병향·을좌신향 각6건
> 축좌미향·갑좌경향 각5건
> 간좌곤향·묘좌유향·신좌을향 각3건
> 인좌신향·신좌인향 각1건

이상과 같이 13좌향만 적용되었을 뿐, 24방위 가운데 11방위의 좌향은 활용되지 않았다[구중회, 2008, 『능묘와 풍수문화』, 465~466쪽]. 다시 말하면, 좌향은 '방위' 뿐만 아니라 오히려 산과 강의 주변적 풍수와 관련되어 있음을 의미한다. 고고학자인 이남석 교수는 발굴을 하면서 이와 같은 풍수론을 자리가 있을 때마다 역설하기도 한다.

이상과 같은 통계[조선시대 임금무덤]가 이를 반증하고 있다. 그럼에도 불구하고 '자좌오향[북쪽에 자리하고 남쪽을 바라보는 방향]'을 '명

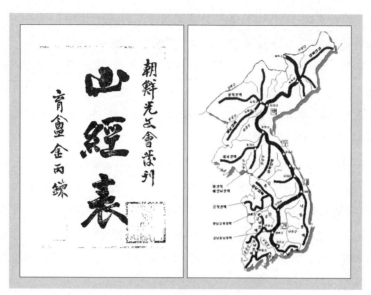

| 신경준의 산경표 표지와 산경 그림 |

당'으로 인식하는 것은 우리나라의 산세 때문이라 생각된다. 백두대간부터 호남정맥까지 남북으로 뻗어 있기 때문이 아닌가 추측해본다.

12. 백제력[원가력]과 풍속문화

우리나라에서 과학적인 지식으로 달력을 채택한 것은 백제부터다. 널리 알려진 것처럼 무령임금 내외 무덤에서 출토된 돌문서[매지권]가 바로 그 증거물이다. 국외 역사서[『주서』권49 열전41 이역 상 백제조와 『수서』권81 열전46 동이 백제조]에서 "백제가 유송[420~479]의 원가력을 사용하였다"는 기록과 일치하였던 것이다.

이기동은 비유임금[재위 427~454] 24년[450]에 원가력이 들어 왔다고 보았다[「무령왕릉 출토 지석과 백제사 연구의 신전개 VI 입증된 백제 역법에 대한 중국사서의 기록 - 원가력 채용 시기 문제의 부각」, 38쪽]. 『송서』 이만전 백제조에 의하면, 이 해 백제 사신이 '역림'과 '식점'을 구해 갔다는 기록에 근거한 것이다.

백제 왕실에서 원가력을 사용하였다면, 책력의 내용이 생활에 반영되었을 것이다. 오늘은 어떤 간지[오늘 날처럼 ○월 ○일이라고 적는 대신 간지를 사용]이고 어떤 건제일[그날그날의 길흉을 12진에 배열하여 정하는 당시의 문화]에 속하며, 상현인지 하현인지 보름달인지, 무슨 절기와 물후로 농사[적전]와 제사[사와 전]는 언제인지를 살폈을 것이다.

책력Almanac[역법 사항을 기록한 책]이란 '매일매일 천문과 일상생활을 연계하여 놓은 지침서'라고 할 수 있다. 백제 등을 비롯하여 고구려, 신라, 가야 등의 세시풍속에 관한 기록이 거의 없는 상황에서, 책력은 당시의 세시풍속을 아는 데 중요한 자료로 활용할 수 있다고 생각된다.

여기서 한 가지 덧붙일 것은 양나라 종름[502~561 혹은 565]이 지은 『형초세시기』이다. 당시 형초 지역은 오늘날 호북성과 호남성인데, 연중 행사를 적은 책이다. 이 책에 나타난 세시풍속은 오늘날 우리나라 풍속문화와 많은 부분이 겹치기 때문에 중요한 단서가 될 수 있다.

하여튼 원가력을 백제궁실에서 활용했다면, 풍속문화도 그 내용을 따랐을 것이라는 전제를 깔고 이야기를 풀어가기로 한다.

좋은 사례로, '대장군 방위'나 '삼살 방위'라는 것이 있다. 오늘날에도 풍속문화상으로 여전히 유효한 금기Taboo[Tabu] 사항의 하나다. 이사를 하거나 여행을 할 때, 대장군 방위나 삼살 방위는 흉하여 피하여야 한다는 문화다. 어떤 사람은 이런 사실을 '미신'이니 '주술'이라고 가볍게 말한다. 오늘날 입장에서 당연한 이야기일지도 모른다. 그러나 당시

문화의 수준으로 '감당하기 어려운 삶의 현장'이었던 것도 사실이다. 개인이 당대 문화권에서 벗어난다는 것은 일반 사람들이 할 수 있는 일이 아니다. '미신' 혹은 '주술'이라고 이야기하는 사람도 오늘날의 문화권에 속한 일반 상식에 불과하다. 미래 어느 시점에 가면 오늘날 지식이 '미신' 혹은 '주술'로 취급받을 수 있다는 뜻이다.

• 원가력의 백제 유입에 대하여 •

달력Calendar[원래 초하루의 의미이므로 달력이 된다]이란 월력을 말한다. 1달이란 양력The Solar [Julian] Calendar으로 30일 혹은 31일이고 음력The Lunar Calendar으로 29일 혹은 30일이다. 여기서 양력의 한 달은 거의 무의미한 숫자에 불과하다. 원래 음력은 달의 운동에 근거하여 하나의 삭망월 즉 달이 합삭[달이 지구와 태양의 정중앙에 위치하는 것] 때부터 다음 번 합삭에 이를 때까지를 1개월로 삼기 때문이다. 말하자면 태양의 회귀년[춘분점에서 다름 춘분점까지의 기간으로 옛날 용어는 세실이었다. 현재의 1년은 Simon Newcomb에 의거한 것으로 알려진다. 이은성, 1985, 『역법의 원리분석』, 14쪽]은 365일[그레고리력The Gregorian Calendar의 1년은 365.2425일이고 율리우스력The Julius Calendar은 365.2500일이다. 율리우스력으로 128년이 지나면, 1일의 차이가 생긴다. 그레고리 13세는 니케아 회의의 결의대로 3월 21일을 춘분날로 고정하기 위하여 1582년 10월 4일(목)의 다음날을 10월 15일(금)로 하여 10일을 끊어냈다을 적당하게 분배한 것[7월July(Jul.)과 8월August(Aug.)은 각각 줄리우스 카이사르Juúlius Cáesar(B.C.100~44)와 아구스누스Augustus (B.C.345~430)를 축하하기 위하여 숫자를 늘린 것이 그 증거다. 소위 1월 1일이란 양력은 천문학적 근거가 없다. 다만 325년 니케아 회의에서 춘분날을 3월 21일로 정하기 위하여 조정된 숫자이기 때문이다. 이러한 점에서 양력처럼 '엉터리 달력'은 없다고 할 수 있다]이기 때문이다.

12개월의 삭망월은 총 354일[29일×6개월+30일×6개월]로 태양 회귀일 365일보다 11.2일이 적다. 역법의 핵심적인 사항은 음력 354일과 양력 365일을 맞추는 일이다. 그런데 354일이나 365일이 모두 정수가 아닌 소수이기 때문에 많은 문제가 발생하게 된다. 그 문제를 해결하기 위하여, 윤달, 윤일 등의 방식을 취하였지만, 그 나머지가 있어서 여전히 과제가 있었던 것이다.

춘추전국시대에 토규[해 그림자의 원시적 시계. 표, 규표, 비 등으로 쓴다. 이슬람의 용어는 Gnomom이고 중국 주대의 주비산경이 유명하다]로 가장 짧은 하루를 동짓날로 잡아 1년의 길이가 365일과 1/4일이라는 것을 알아냈다. 여기서 365일을 1년으로 삼고 4년마다 1/4일이 쌓여 이룬 하루를 더하여 366일로 삼았다. 그런 이유로 '4분력법[출전은 『후한서』권13 하 율력지로 1년은 365.25일이고 1달은 29.53085일이다]'이 생겨났다.

'19년 7윤법'이 B.C.6세기경에 생겨났다. 4분력법으로 계산하면, 19년은 5윤일이 조금 모자란다. 그러므로 나머지를 좀더 상세하게 계산한 결과, 4분력법보다 19년 7윤법이 정확했던 것이다.

중국 역법 가운데 고찰이 가능한 것은 전욱력[B.C.221, 출전은 사마천 『사기』권26이고 1년은 365.25일이고 1월은 29.53085일이었다]과 태초력[B.C.104, 출전은 『후한서』권21 하 율력지로 삼통력인데 1년은 365.25016일이고 1달은 29.530864일이었다]이다. 태초력은 윤달을 한 해의 끝에 두던 이전의 관습을 개혁하여 중기가 없는 달에 두는 원칙을 세웠다. 그리고 최초로 일식과 월식의 주기를 기록하였다. 또한 5성[수성, 금성, 화성, 목성, 토성]의 운동도 기록하였다. 전한 말기에 와서 유흠[?~23]이 개편한 3통력에서는 5성의 위치를 추산하는 방법을 제시하였다. 이러한 계산법을 600년간이나 사용하였다.

원가력은 5세기 하승천[370~447]이 443년[원가 20]에 만들었고 445년 [원가 22]에 채택되었다. 이후 남제[479~502]를 거쳐 양 무제[재위 502~ 549] 때인 509년까지 65년간 사용한 것으로 알려지고 있다.

첫째, 동지 때 태양의 위치를 월식 관측을 통해 두[별이름] 21에서 두 17 로 바꾸었다.

둘째, 동지의 일시를 측량에 의해 경초력보다 3일 남짓 빠르게 정했다.

셋째, 누각법을 고쳐 춘·추분의 낮 시간을 같게 만들었다.

넷째, 동지를 시작으로 한 다른 역법과 달리 우수를 절기의 시작으로 정했고, 이때 태양의 위치를 실수[별자리]로 정했다.

다섯째, 삭망월을 평균 일수로 정하는 종래의 '평삭법'에서 달 운동이 일률적이 아님을 고려하여 '정삭법'으로 고치고자 하였다.

이상은 온라인 브리테니커에서 뽑아온 것인데, 이는 천진 남개대학교 교수로 작고한 유홍도[1943~2001]의 『고대역법계산법』[2003, 241~284 쪽]을 풀이한 것이다.

유홍도의 천문학적 지식은 상원, 월삭, 세실, 근접월계, 교회주기, 세 차 등에서 산출된 것이다.

적년상원은 경진을 상원으로 삼아 은 태갑 원년[B.C.1737] 계해, 즉 3,523년이었다. 적년 상원을 3,523년으로 설정하는 것은 위에서 설명한 대로 회귀년과 월삭망월이 서로 소수 자리이므로 이를 정수로 하려는 노력의 일환이다. 따라서 원가 20년[443] 계미는 5,703년이 된다. 이 계 산에는 계해를 포함시키지 않고 계미년에 제시된 것이다.

월삭은 29일과 399/752일[22,207/752=22,207/16×47]이다. 22,207은 통수를, 752년 일법을, 47은 일법의 통분인자를 말한다. 세실은 365일과 75/304일[111,035/304=235/19×22,207/752]이다. 111,035년은 주천을, 304년은 도법을, 75는 분도를, 19는 장세를, 235는 장월을 말한다. 근점

월은 27일과 417/752일[20,721/752]이다. 20,721은 통주를, 417은 주일 일여를 일법과 월량과 월주 등를 계산한 값이다. 교회주기는 5월과 139/160월[939/160]이다. 160은 회수를, 939년는 회월을, 삭망합수와 교한수 등을 계산한 값이다. 차율은 강급[?~?]의 『삼기갑자원력』에 근거하여 정한 것으로 늘어진 차이[지기차]는 기월(7,520)×통수(22,207) - n·통주(20,721)로 산출하였다.

『역법의 원리분석』의 이은성은 원가력을 다음과 같이 설명하고 있다.

> 원가력은 경초력이 천상과 맞지 않으므로 개력하게 된 것인데, 그 작자 하승천은 많은 관측자료를 이용했다. 원가력에서는 5성의 계산기점이 각각 달리하였다. 원가력의 창시로서 유명한 것은 계산 기술면에서의 조일법[일법을 조정하는 법]이다. 이것은 1월의 길이를 계산할 때, 특히 그 날의 단수를 복수로 나타내는데 관측값을 강약의 두 분수로 가둬넣고 이 강률과 약률부터 점차로 관측값에 가깝게 하는 방법이다. 원가력은 백제에서도 쓰였다[이은성, 1985, 『역법의 원리분석』, 25쪽].

원가력의 천문학적 의미는 국내 학자로는 박성래, 이은성, 이덕희, 이기동, 일본 학자로는 반도충부, 내전정남, 대곡광남 등이 제시한 바 있다. 이덕희는 위덕왕 19년[572] 9월 경자삭의 일식을 예로 들고 있다. 오폴저Oppolzer의 표에 의하면 한반도에서는 똑똑히 볼 수 있으나, 중국 본토에서는 관측하기 어렵다는 것이다. 당시 중국 『수서』에는 관측 기록이 없어 백제 독자의 천문측정이라는 견해를 내놓았다[이덕희, 1985, 『고려유교정치사상의 연구』, 13쪽].

• 원가력과 백제 풍속 몇 가지 •

'삼복' 과 '대장군 방위' 등은 원가력에 제시되어 있다. 궁궐에서는 이를 시행했을 것으로 생각된다. 무령돌문서[매지권]에 나타난 '갑' 일에 상례가 이루어지는 것이 그 좋은 보기라 할 수 있다.

문제는 원가력의 내용인데 이를 추적할 만한 자료가 돈황에서 발견되어 이를 전거로 살펴보고자 한다.

돈황 막고굴 장경동에서 책력이 근 50여 건이 발견되었다. 이들 책력들은 러시아의 3건[Д X. 506a, 429, 1247]을 제외하고 대부분 발표되었다. 그 가운데 가장 빠른 시기의 것으로 북위 태평진군 11년[450], 12년[451] 등의 역일이다.

책력은 한부터 북위까지 그 내용에 있어서 크데 변화가 없다는 것이 학계의 일반적인 견해다. 월의 대소, 기일간지 등과 세부 사항으로 총신[점술가와 택일하는 것으로 12신의 별에 따라 착한 신과 악한 신 곧 총신에 의하여 길흉과 사람의 운명을 점치는 것을 말한다] 항목이 있다. 반지, 3복, 납일, 혈기, 8괴, 건제 12손님, 사일 등이다. 이후 당에 이르러 천은, 천사, 모창 등이 증가되기 시작하여 청까지 이른 것이다[등문관, 1997, 『돈황학대사전』 돈황역일, 604쪽].

등문관[1949~]은 산서 직산 사람이다. 1975년 북경대학교 역사과를 졸업과 함께 중국과학원 북경 천문대에서 근무하였다. 1982년 북경대학교 역사과 연구생 졸업과 함께 국가문물국 고문헌연구실에서, 1992년 국가문물국 연구소 부원구원이 되었다.

북위 태평진군 11년과 12년 역일은 양위[?~?]의 경초력에 의거한 것이었다. 경초력의 출전은 『진서』 율력하에 근거한 것이다. 조위 명제[재위 226~239]가 양위에게 명하여 만든 경초력은 건상력 계통의 하나다. 동·서진과 남조인 유송 초기까지 시행되던 역법이었다. 말하자면, 원가력 이전의 역법인 셈이다. 1월은 29일과 2,419/4559일이고 1년은 365일과 455/1,843일이다.

태평진군 11년과 12년의 역일은 경초력이지만, 풍속문화에 있어서는 원가력과 거의 다르지 않다고 생각된다. 이 책력은 현재 일본에 소장되어 있다. 매년 앞 장에는 제왕의 기년이 적혀 있고 태세, 대[태]음, 대장군 3개의 대장군 연신방위가 있다. 한나라 간역[간단히 적은 역법]에서 볼 수 없는 항목이라고 했다. 삼복에 대한 각주는 없으나 사[사직의 사] 납[납일의 납]은 주가 있다.

소위 연신방위라는 것이 있다. 그 해의 방위를 각 신들이 담당하는 데 원가력에 보이는 것은 태세, 태음, 대장군 등이 있다.

태세는 인군[임금]의 상[모습]이고 여러 신들을 거느리는 신이다. 세차의 지지 이름과 일치하는 방위에 자리 잡고 있다. 따라서 1년에 1지씩 방위를 동으로 옮겨가서 12년에 머문다. 혹자는 태세를 목성의 정[정기 또는 정수]이라고도 말한다. 이 해에 이 방위에는 담을 쌓거나 집수리를 꺼린다는 문화가 있다.

태음은 토성의 정[정기 또는 정수]으로 태세의 후비라는 뜻이라고 한다. 항상 태세의 뒤 2진의 위치에 있게 된다. 자[쥐]년에는 술[서]방에 있고 축년에는 해[북]방에 있게 된다. 작은 곰 자리에 있는 제[황제, 작은 곰 β]라는 별은 그 뒤의 서자[작은 곰 5]를 거쳐 두 번째의 별에 후궁[작은곰 4]이 있다고 해서 제[황제]를 태세라고 후궁을 태음이라 하고 태음이 태세의 뒤 2진에 있다고 비유한다. 이 방위에서는 집수리를 꺼린다는 문화가 있다.

대장군은 태세의 대장이요, 금성의 정[정기 혹은 정수]이라 하여 위무 [위풍당당한 무력]로 군사를 거느린다고 하였다. 이것은 자[북], 묘[동], 오[남], 유[서]의 사방에 각각 3년씩 지켜 두게 하는데 동방에 속하는 인 묘진년에는 북방에 있고 남방에 속하는 사오미년에는 동방에 있다. 대 장군은 항상 동남서북의 4방 중 1방위 늦게 자묘오유에 각각 3년씩 머문 다. 이 방향에 수해, 한해, 병충해, 병과 도적과 난리가 있으면 용감하게 물리치기에 좋다.

그러나 집수리는 삼간다는 문화가 있다. 이 방위에서 흙일[동토], 집 고치는 일[수옥], 물건 만드는 것[공작], 집 짓는 것[건축], 담을 쌓는 것[축장], 우물을 파는 것[천정] 등을 아니한다.

삼복은 여름의 가장 더운 때를 말한다. 복은 쇠기운[금기]이 여름의 불기운[화기]을 두려워하여 숨는다[복장]는 뜻이다. 초복은 하지를 지나서 세번째 오는 경일[10간의 7번째]이고 중복은 네 번째 경일, 말복은 입추 후 첫번째 오는 경일이다.

이 외에도 사일 즉 토지의 날과 납일 즉 연말의 날의 풍속이 있었다.

토지신을 말한다. 『예기』 '제법' 에 "공공씨가 9주에 임금 노릇할 때, 그 아들을 후토라고 하였다. 능히 9주를 평정하였기 때문에 제사지내어 이를 토지신이라 하였다" 는 구절이 나온다.

사일이란 토지신社神에게 제사하는 날이다. 『예기』 '특교생' 에 "사는 토지신에게 제사한다. 땅은 음이니 토지의 신은 음기를 주관한다. 임금이 와서 북쪽의 담 아래에서 남향하여 제사하는 것은 음에 보답한다는 뜻이다. 제삿날은 갑일로 하는 것은 일진의 시초이기 때문이다"고 했다. 무령 내외의 장사일이 '갑' 일이다.

납일은 동지가 지난 후 세번째 술일[12지의 11번째]이다. 별칭으로 가평절이라고도 한다. 이 날 나라에서는 새나 짐승을 잡아서 종묘나 사직에 공물을 바쳐 대제를 거행하고 선조의 신위를 제사지냈는데 이를 납향이라고 한다.

궁중 내의원에서는 청심환, 안신환, 소합환 등의 환약을 지어서 각 신하에게 하사하였다. 민간에서는 어린 아이들에게 먹이면 두창이 낫는다 하였다.

한나라 때는 술일, 위나라 때는 진일[12지의 5번째], 유송나라 때는 술일, 쯥나라 때는 축일로 하였다. 이수광[1563~1628]의 『지봉유설』에 의하면, 동쪽에 위치해 있다고 하여 미일[12지의 8번째]로 정하였다고 한다.

'납' 의 의미는 해의 마지막에 신에게 제사지내는 것을 말한다. 접한다는 말과 같은데 새해와 지난해가 서로 접하므로 큰 제사를 지내 공에 보답하는 것이다. 또 '사냥[렵]' 의 뜻인데 사냥하여 얻은 새나 들짐승으로 제사지낸다. 은나라에서는 '청사[깨끗한 제사]' , 주나라에서는 '사사[납향, 납일에 신에게 올리는 제사]' , 秦나라에서는 '가평' , 한나라에서는 '납' 이라고 하였다.

역법으로 계산하는 사람들은 무덤 옮기는 것[운묘]을 '납' 으로 삼았다. 동방은 목[나무]에 속하므로 '목묘' 가 서남 쪽에 있으므로 대한 후 미일을 '납' 으로 하였다. 중국에서는 술일을 '납' 으로 삼았다.

이해하기가 쉽지 않는 부분인데, 하여튼 백제 궁중에서는 이러한 풍속을 알았다고 생각된다.

• 중국의 역법 관련 기구 •

앞에서 이미 이야기한 대로 백제의 원가력은 독자적인 관측기록이라는 견해가 제시된 바 있다. 중국에서 관측하기 어려운 지점의 실사치[이덕희]라면, 백제에서 역법과 관련된 부서가 있어야 한다.

이러한 전제로 『당육전』 권10 비서성의 태사국 내용을 정리하여 백제의 역법 기구를 상상해보려고 한다.

비서성은 글자 그대로 '금중의 도서와 비기' 를 관장하는 기관이다. 159년[환제 연희 2년] 처음으로 비서감을 두어 태상시에 소속시켰다. 나라의 경적과 도서에 관한 일을 2개국[저작국과 태사국]이 맡았다.

책은 4부를 만들었는데 각각 3본 체제를 갖추었다. 정본, 부본, 저본 등으로 궁궐본 및 기증본은 칙령으로 정하고 개인에게 주는 책은 비서의 본이 없고 모두 베껴서 주었다.

태사국은 천문을 관찰하고 역수를 헤아려 정하는 일을 관장하였다. 일월과 성신의 운행에 변화가 있고 풍운의 현상을 살피는 일이었다. 그러다가 특이한 것이 보일 경우에 태사령은 속관을 거느리고 점을 쳐서 알아보았다. 태사령의 아래에는 사력, 영대량, 설호정 등이 있었다. 천문 현상을 관찰하는 기구와 천문에 관한 도서는 그 직무를 맡은 자가 아니면 그것을 사용하거나 열람하지 못하도록 되어 있다. 가령 천문관생은 점서를 읽어서는 아니 되고 관측한 징험, 서상[상서로운 징조], 재앙, 이변 등은 밀봉하여 올리고 이를 누설하면 처벌을 받도록 되어 있었다. 계절마다 관측한 재이와 서상의 현상을 적어 상부 기관[문하성과 중서성]에 보내 기거[옛날에는 동서남북에 명당이 있어서 계절마다 옮기는 제도가 있었다]의 풀이를 써넣고 연말에 그 해 전체의 기록을 모아 밀봉하여 사관에 보냈다. 이러한 결과를 가지고 미리 다음해의 역을 만들어 전국에 반포하였다.

태사령 1명[종5품 하] 아래 승 2명[종7품 하], 사력[책력을 관장하는 관리로 이 용어의 출전은 『좌전』의 '사력'] 2명[종9품 상], 보정장 1명[종8품 상, 수나라 때는 종9품 하, 그 아래 역생 36명, 장서력생(책력을 만드는 학생) 5명, 감후 5명[종9품 하 그 아래 천문관생 90명] 등이 있었다. 영대량 2명[정8품 하]과 천문생 60명]이 있었다, 설호정[물시계 관리자] 2명[종8품 하], 시진 19명[정9품 하], 누각전사 16명, 누각박사 9명, 누각생 360명, 전종 280명, 전고 160명 등이 있었다.

사력은 국가의 역법을 관장하고 역법을 만들어 세상에 반포하였다. 무인력은 무인초에 동군도사 부인균[?~?]이 만들어 태사령에 임명될 수 있었다. 인덕력은 인덕중에 태사령 이순풍[602~670]이 만들었다. 신룡력은 신룡중에 태사령 남궁열[?~?]이 만들었다. 대연력은 개원 14년[726] 숭산의 승려 일행[638~727]이 조서를 받들어 정립하였고 당나라에서 이를 시행하였다.

| 서안 공원의 일행[638~727] 조각상과 그 앞에서 저자와 구연식의 모습 |

　전국의 해그림자를 측량하는 곳에서 춘분·추분과 하지·동지 때 측정한 해 그림자의 표준은 모두 명확하고 상세한 기록이 있었다. 따라서 성도를 참고하고 해시계에 나타난 그림자를 측정할 때는 각각 정해진 법식이 있었다. 개원 12년[724]에는 서울의 여정원에서 표준을 정하여 자와 치를 맞추었다. 측정은 태사관이 지역마다 역마를 타고 물후를 알도록 하였다.

　영대랑은 천문학을 습득하게 하는 일을 관장했다. 주나라 문왕이 명을 받아 풍에 읍을 만들고 영대를 세웠다. 침상[재앙을 일으키는 기운]이 관찰되었기 때문에 기운의 요상[요사스러운 기운]을 살핀 것이다.

　영대랑은 천문의 변화를 관찰하여 그것의 길흉을 점치는 일을 관장하였다. [하늘은] 모두 28수를 두었고 또 12차로 나누었다.

　　인[호랑이]의 열차는 석목이라 하며 [지상의 대응하는] 분야는 연의 땅이다. 미수 10도에서 두수 11도까지다.
　　묘[토끼]의 열차는 대화라 하며 분야는 송의 땅이다. 저수 5도에서 미수

9도까지다.

진[용]의 열차는 수성이라 하고 분야는 정의 땅이다. 진수 12도에서 저수 4도까지다.

사[뱀]의 열차는 순미라 하고 분야는 초의 땅이다. 장수 17도에서 진수 11도까지다.

오[말]의 열차는 순화라 하고 분야는 주의 땅이다. 유수 9도에서 장수 16도까지다.

미[양]의 열차는 순수라 하고 분야는 秦의 땅이다. 정수 16도에서 유수 8도까지다.

신[원숭이]의 열차는 실심이라 하고 분야는 魏의 땅이다. 필수 12도에서 정수 15도까지다.

유[닭]의 열차는 대량이라 하고 분야는 晉의 땅이다. 위수 7도에서 필수 11도까지다.

술[개]의 열차는 강루라 하고 분야는 노의 땅이다. 규수 5도에서 위수 6도까지다.

해[돼지]의 열차는 추자라 하고 분야는 衛의 땅이다. 위수 16도에서 규수 4도까지다.

자[쥐]의 열차는 현효라 하고 분야는 제의 땅이다. 여수 8도에서 위수 15도까지다.

축[소]의 열차는 성기라 하고 분야는 오월의 땅이다. 두수 12도에서 여수 7도까지다.

이렇게 하여 해와 달의 운행궤도상의 위차를 밝히고 성신의 위치와 그에 대응하는 지상의 분야를 바로잡는 일이었다.

천문상의 이변과 일식과 월식, 오성의 침범을 점치는 데는 석씨[전국 중기. 위의 천문학자 석신. 저서로 『천문』 8권. 서한 때 『석씨성경』이 존중되었으나 현재는 산일], 감씨[전국 중기. 제의 천문학자 감덕. 저서로 『천문성점』이 있으나 현재는 산일], 무함[상왕 태무의 대신으로 복서의 창시자이며 점성가] 3가의 점술에 의거한다. 서성과 요성, 서기와 요기가 보이면 점가의 잡술로 점쳤다. 일월성신의 28수에서의 위치를 관측

할 때는 유의[황도유의 즉 항성의 경(입숙도)과 위(거극도)의 좌표를 측정하는 천문기구. 당 초기 이순풍[602~670]이 만든 혼천황도의를 개원 9년(721) 일행이 더욱 발전시킴. 이 황도유의는 달의 운행궤적과 항성의 황적도 도수와 거극도·입숙도를 측정한 결과로 대연력 제작에 반영됨]를 그 표준으로 삼았다.

설호정과 사진은 물시계에 관한 일을 관장하였다. 구멍이 있는 항아리에서 물이 흘러나오면 잣대의 눈금을 읽어 시간을 알고 해질 때와 해돋을 때 중성[해질 때와 돋을 때 하늘 정남쪽에 보이는 별]이 나타나는 시간을 살폈다.

잣대는 48개이고 주야를 합하여 100각이었다.

동절기와 하절기의 사이에는 길고 짧은 차이가 났다. 동짓날 해가 남단에 위치할 때를 '발'이라 하며 북극으로 115도 떨어져 있다. 낮에는 40누각이고 밤에는 60누각이었다. 하지 날은 해가 북단에 위치할 때를 '감[렴]'이라고 한다. 역시 북극으로 60도 떨어져 있어서 낮 시간은 60누각 밤시간은 40누각이었다.

춘분과 추분에는 해의 위치가 발과 감의 중간에 있으며 북극에서 91도 떨어져 있다. 낮과 밤 시간이 각각 50누각이다. 추분 이후는 낮시간을 줄이고 밤시간을 늘이는데 9일에 1누각씩 줄인다. 동지와 하지 전후로는 늘고 주는 속도가 늦어져 날수를 계산한다. 춘분과 추분 사이에는 늘고 주는 속도가 빨라 날수를 적게 계산한다.

밤 시간을 보는 것은 경과 점으로 구분한다. 밤 시간을 5경으로 나누고 경을 다시 5점으로 나누어 경이 바뀔 때는, 북을 치고 점이 바뀔 때는 종을 친다.

당나라의 역법이 이러한 양상일 때 독자적인 측정이 있다는 평가를 받은 원가력인 것을 감안하면 그 양상을 대략 짐작할 것이다.

제3장
풍속문화론의 종합적인 검토

이 장은 제2장이 한 항목을 테마로 했다면, 이를 통합하여 검토하고자 하였다. ① 임금 내외의 자손 번성과 안산 기원, ② 무덤 문화의 불·도·유의 통합적인 성격, ③ 백제시대의 생활의학 등이 그 차례다.

1. 임금 내외의 자손 번성과 안산 기원

무령임금의 무덤에는 임금 내외간이 얼마나 자손에 애정이 깊었는지를 알 수 있는 자료들이 결코 적지 않다. 짐작건대 그 출발점은 임금이 53살 때 순타 태자를 잃은 때부터라고 생각된다. 또 다른 생각은 무령임금이 세 차례[임금 자리에 오르기 전 한 차례와 오른 후 두 차례]나 백제를 휩쓴 유행병[여역]에 대한 '경험[많은 사람들이 죽었지만, 특히 수많은 아이들이 죽는 것]' 때문인지도 모른다.

자손과 관련된 자료란 자손의 번성과 안산을 기원한 귀걸이[식이, 이환, 비밀 4], 다산을 기원한 푸른구리그릇[청동잔, 비밀 6], '의자손'이란 시경의 구절을 쓴 구리거울[의자손신수문경], 아이의 질병 등을 막으려던 패물[허리에 차는 물건인 동자상 등을 말한다. 이들 자료들을 한 자리에 묶어 다루지 못하였다. 솔직히 고백하면, 처음 글을 시작할 단계에서 이런 장치를 눈치채지 못하였다. 중간에 눈치를 챘지만, 이 글 쓰는 방식[비밀을 하나씩 풀어가는 형식]에 있기도 하다.

그러므로 지금부터는 앞에서 설명한 귀걸이, 푸른구리그릇 등은 제외하고 종합적인 검토가 되도록 하고자 한다.

무령임금의 태자가 죽었다는 근거는 『일본서기』권17 계체천황[507~531, 다른 학설로 일본인 학자의 500~527년설과 한국인 학자의 507~527년설이 있다]에 있다.

> 가을 8월 계미삭 무신[26일]에 백제 태자 순타가 죽었다[전용신 옮김, 1990, 『일본서기』, 291쪽].

이를 믿는다면, 백제의 중흥 군주로 꼽히는 임금이 그것도 노년에 태자를 잃었으니 얼마나 좌절감이 컸을까 짐작이 간다. 임금이 된 지 13년이 되어 이제 뜻을 제대로 펴고자 했던 시기라서 더욱 그러했을 것이다.

53세의 늙은 임금은 그 지극한 슬픔을 태자의 무덤으로 표현했을 것이다. 이러한 가능성을 열어놓는다면, 6호분이 가장 적절하다. 우선 합장이 아니고 단장이란 점, 무령임금 무덤보다도 정교하다고 할 정도로 공력을 들인 점 등이 논의의 대상이다.

'상殤'이란 상례에서 19살 이전에 죽었을 때 쓰는 용어다. 본래 남녀가 19살 이전에 죽으면 합장하지 않는 의례가 있다. 『주례』'지관'에 의하면, 무덤을 옮기는 것과 시집가서 일찍 죽은 사람은 금지한다고 되어 있다. 정현[127~200]도 이 견해에 동의하고 있다.

유리동자상도 아이의 건강을 기원하는 장치의 하나였다.

한 쌍의 유리동자상은 왕비의 옷옷 썩은 모직물 허리띠에서 나왔다. 이것은 『무령왕릉 발굴조사보고서』[1973]의 내용이다. 웬일인지 임금의 아내 부장품을 소개하는 본문에서는 빠져 있다. 금제 관식[1쌍]을 비롯하여 호박조옥[7개]으로 27종이 있으나 유리동자상은 보이지 않는다. 영문판에만 다음과 같이 보인다.

Her garment was laden with all sorts of beads and a pair of tiny boy statuettes made of glass were suspended from her decayed fabric belt[문화공보부 문화재관리국, 1973, 『무령왕릉발굴조사보고서』, 280쪽].

대략 번역을 해본다면, "왕비의 옷옷에는 썩은 모직물 허리띠에 매달린 유리로 만든 자그마한 아이의 한 쌍이다"고 할 것이다.

한 쌍 가운데 완전한 상의 높이는 2.5cm이고 녹색 유리로 만들어졌다. 이들은 산화되어 변색되어 있다. 더욱 산화가 진행된 다른 동자상[1.6cm]은 하반신이 거의 사라진 상태다. 보존이 잘 된 동자상이 여성이라면 하반신이 사라진 그것은 남성이다.

한 연구자[성주탁]는 불교의 화생불 내지는 탄생불이나 500동자와 동녀와 직접적인 관련이 없고 유교나 도교의 동자상과도 마찬가지라며 '왕비 생존시의 수호신격'을 띠고 만들어진 '소박한 민속신앙의 대상'이라고 했다. 그러나 이러한 논조는 한나라 명제 이후 불·도·유의 섞임이 기본적인 현상이라는 것을 고려하지 않은 견해로 여겨진다.

동자상의 허리에 구멍이 있어서 모직물 허리띠에 꿰어 있었다. 성주탁은 완전한 동자상을 실에 꿰어 매달아본 결과 머리 부분이 무거워 거꾸로 매달렸다고 실험 경험을 소개하고 있다. 말하자면 '차는 물건'이라는 것이다. 비슷한 것으로 '잠자리 눈알[달리 청령옥]'을 보기로 들고 있다. '잠자리 눈알'이 아니고 '그것처럼 동그랗고 중도문이 있는 장식품'이라는 것이다. 중앙에 구멍이 뚫려 꿰어 매달았는데[여기서 '매달았다'는 표현은 실로 꿰어 허리띠에 다시 매달았다는 것으로 생각할 수 도 있기 때문에 허리띠의 선에 직접 뀀 것과 구별해야 할 것이다. 동자 상이 '부적'의 기능이라면, 부적은 '차는 것'이 일반적인 현상이다. 학 자에 따라 문자로 쓴 부적과 물건인 부작으로 구별하기도 한다. 번개를 맞은 대추나무, 호랑이 이빨 등도 부작에 속한다. 구중회, 2006, 「부적에 대하여」, 『옥추경 연구』, 80~83쪽을 참조하기 바란다. 부적의 활용 방법 은 탄부[삼키는 부적], 분부[불살라 먹는 부적], 점부[붙이는 부적], 축부 [축원하는 부적], 매부[묻는 부적], 패부[몸에 차는 부적] 등이 있다], B.C.1500년 경부터 메소포타미아와 이집트에서 만들기 시작했다는 것 이다. 이것이 전국시대 중국에 나타나기 시작하였고 신라에서도 나타났 다는 것이다.

성주탁의 '잠자리 눈알'에 대한 소견은 일본에서 발행된 사전류에서 끌어온 지식이다. 이러한 견해는 아물렛[부적]의 발생과 전파 과정을 보 여주는 것이다. 원래 아물렛[부적] 형태는 메소포타미아의 문화권인 페 르시아에서 발생한 것으로 설명되고 있다.

그러면 동자상은 어떤 기능을 가지고 있을까 하는 의문이 생긴다. 임 금의 아내는 어머니로서 아이의 출산이나 수명장수를 기원하는 마음이 떠나지 않았을 것이다. 그런데 이러한 역할에 효험이 있다는 '동자' 부 적이 있다면, 당연히 차고 다니고 싶었을 것이다.

'부적'은 '하늘의 문자 내지는 말씀'이기 때문에 신성성을 담보로 한다. 그러므로 신성성을 담보할 조건이 있어야 한다. 성주탁은 동자상 의 제작지를 '우리나라에서 생산된 것'으로 짐작한다고 했다. 만약에 우리나라에서 생산된 것이라면, 누군가 땅 속에서 찾아 바친 것이어야 한다. 그와 같이 할 수도 있다. 그러나 이러한 가정은 쉽지 않다. 오히려 서역을 통하여 보내온 '영험한 품목'이어야 한다. 특히 임금의 아내가 임금보다 많은 차이의 젊은 분이었다면, 아이에 대한 편안한 출산과 아이의 평탄한 성장에 대하여 많은 고민을 했을 것이다. 아이를 출산하는 일이나 아이를 기르는 일은 옛날이나 지금이나 어렵고 힘든 일이기 때문이다.

김원룡은 일본어로 일본에서 출간한 『무령왕릉』에 동자상에 대한 생각을 보여준 바 있다. 기복의 벽사로 왕자의 안산에 대한 기원하고 있다고 보고 있었던 것이다.

祈福, 辟邪か 王子を 産むためのまじない 具ごあるらしい[김원룡, 1979,『무령왕릉』, 동경 : 근등출판사, 66쪽].

이 글은 아물렛의 기능으로 보았다는 증거이다.

불교에서는 '호제동자다라니경'이 있다. 이 경은 글자 그대로 동자 어린이를 지킨다는 뜻이다. 여기서 동자는 우리말이 아니라 범어로 Kumāra의 번역어다[동자의 불교사전적 의미는 다음과 같다. ① 범어 Kumāra의 음역으로 구마라다. 중될 마음을 내고 절에 와서 불교를 배우면서도 아직 출가하지 않은 어린 아이를 말한다. ② 태외(태의 밖) 5위의 제2, 7세에서 15세까지의 아이를 말한다. ③ 보살을 말하는데, 보살은 여래의 왕자이고 또는 음욕의 생각이 없는 아이들과 같으므로 이와 같이 일컫는다. ④ 절에서 심부름 하는 아이를 말하는데, 법회 때에 꽃을 쓰고 행렬에 참가하거나 혹은 번을 들기도 한다. 덕이 높은 승려가 바깥에 다닐 때에 데리고 다니는 아이를 말한다. 『한국불교대사전』, 816쪽].

'호제동자다라니경'은 금강동자를 모시고 기도하는 밀교에서 읽힌다. '동자경법' 또는 '15동자법'이라고도 한다. 금강동자는 극락의 교주인 무량수불의 화신으로서, 얼굴에는 분노를 띠고, 손에는 금강저를 쥐는 도상을 하고 있다.

| 유리제 동자상 |

이 경은 아이들의 병을 없애거나 임산부의 순산 등을 위하여 밀교의 수법인 금강동자호마법이 행하여진다.

팔만대장경의 불설호제동자다라니경은 1권[분류번호 K.440]으로 인도의 경문이다. 6세기 초에 인도 출신의 학승 보제류지가 번역한 것이다. 아이들의 생명을 빼앗아 가는 열다섯 귀신의 죄행과 주문을 외워 그들을 물리치고 아이들의 생명을 보호한다고 설교하고 있다.

이 경의 구성은 일반적으로 밝히는 설교 장소와 청중들에 대한 부분이 없고 부처가 처음 불도를 깨달았을 때 대범천[백불을 가지고 항상 제석천과 함께 불의 좌우에 모신다고 한다]이 그를 찾아와 이야기하였다는 데서 시작된다. 즉 대범천이 열다섯 귀신의 죄행에 대하여 말하고 있다. 아이들이 어머니의 뱃속에서 잘못되거나 출생할 때 생명을 잃게 되는 것은 야차 귀신과 나찰 귀신들이 아이들의 태를 먹기 때문이라 보고 있다. 마수가를 비롯한 열다섯 귀신의 이름을 열거하고 그 생긴 모습과 아이들을 놀라게 하는 수법에 대하여 말하였다. 예를 들면 마수가귀신은 소처럼 생겼는데 이 모습으로 아이들을 놀라게 하면 아이들의 눈이 돌아간다고 한다.

그 다음은 주문을 외워 귀신을 물리치는 법에 대하여 설교하고 있다.

그 중 한 가지만 소개하면 여인들이 정성껏 불도를 닦으면서 매달 8일과 15일 밤에 깨끗이 목욕하고 새 옷을 갈아입은 다음 머리 위에 겨자를 얹어 놓고 주문을 외우면 아이들이 탈 없이 자랄 수 있다고 한다.

끝 부분은 주문의 원문을 소개하고 있다. 주문은 부처가 외운 것과 대범천이 외운 것의 두 종류가 있다.

| 야차의 모습 |

이와 같이 이 경에서는 아이들을 잘 기르자면 귀신을 물리치는 주문을 외워야 한다고 설교하였다.

당시에 경문이 들어왔다고 보기보다 풍속이 먼저 들어와 있었다고 보아야 한다. 당시 유리제품이 페르시아 산물이고 이런류의 아물렛이 많이 유입되었기 때문이다.

2. 무령임금 무덤은 불·도·유의 종합 문화

처음 '무덤읽기'를 쓰면서 '우리 문화에 외래문화 끼워주기'에 대하여 이야기한 바 있다. 그런데 공교롭게도 불교와 도교 그리고 유교가 우리 문화에 하나씩 끼어들기도 하였으나 한꺼번에 끼어들기도 하였다.

더구나 한나라 명제 이후에 무덤문화에 불·도·유가 통합한 이래로 위진남북조 시대에는 이러한 현상이 보편화되었다는 사실이다. 12가지 비밀을 이야기하면서, 어느 것도 이러한 현상과 연관되지 않은 것이 없을 정도이다.

집안 통구 동진 임묘중 대량으로 불·도의 벽화가 결합체로 나타났다. 장천 1호무덤[1982년 발굴] 무늬천정[조정] 가운데 하늘무늬[천문] 현무 주작 기린 등이 보이고 또한 연화를 든 비천, 쌍두화생, 기악천 쌍사자 보좌의 불상이 있다. 양 쪽 공양인이 있고 석굴 안에는 설법도가 있어서 완전한 하나의 유형을 만들었다[단문걸, 1988, 「돈황벽화개술」, 『중국미술전집』 회화편 14, 돈황벽화 상, 14쪽].

이 자리에서는 임금 비[아내]의 머리받침[두침]에 보이는 도상을 중심으로 이를 검토하여 보기로 하겠다. 서왕모 신화와 제석천의 결합으로 읽어보려고 한다.

이번 무령임금 무덤 발굴 40주년 전시회[국립공주박물관]에서는 일향 한국미술연구회에서 제공한 '영기화생' 설로 풀이하고 있다. 신령스러운 기운이 생명으로 꽃모양으로 형성되면서 천지만물이 형성되었다는 것이다. 그 형성 과정을 도상으로 표현하였기 때문에 이해하기가 여간 쉽지 않다.

그러나 동양문화에서 특히 종교 그림은 '소의경전'을 전제로 해야 한다. 단순한 하나의 그림일지라도 그 배경에는 '경전'이 놓여 있는 것이다. 이러한 점에서 '영기화생'이 어떠한 경전을 바탕으로 하였는지 밝히지 않아서 그 실상을 알기 어렵다. 만약 경전이 없다면, 개인적 상상

력에 머물기 때문이다.

임금 비[아내]의 머리받침[두침]에 나타난 도상을 보면, 제석천비[서왕모]의 그것과 기본적으로 유사하다. 왼쪽의 비천과 오른쪽의 오획의 도상이 그러하다.

돈황석굴에서 서위[535~556]와 북주[556~581]시대는 도교 계통의 서왕모와 불교 계통의 제석천비가 동일한 도상으로 나타난다.

머리받침의 왼쪽 맨 끝에 해당하는 귀갑형 안에 비천이 보인다. 그리고 오른쪽에서 두 번째 귀갑형 안에 오획[지금까지 '어룡'으로 파악되었다]이 보인다. 머리받침과 서왕모[제석천비] 도상은 비천과 오획의 위치가 같다. 서왕모 도상은 오획이 앞에서 끌고 비천이 서로 따르며 하늘꽃을 날리는 모습이다.

서왕모[제석천비]와 동왕공[제석천]은 한 짝의 도상이라고 할 수 있다. 서왕모는 서해에 거주하는 신이다. 무령돌문서[매지권]의 서쪽을 비워둔 것과 일치한다. 죽으면 서쪽으로 가야하기 때문이다.

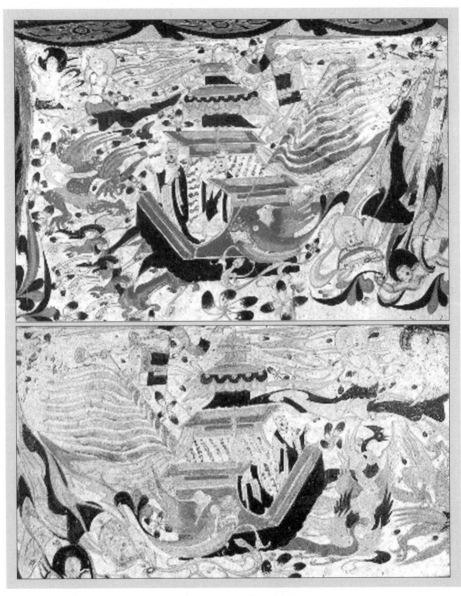

| 위는 동왕공[제석천], 아래는 서왕모[제석천비] |

풍속문화로 만난 무령임금 무덤의 12가지 비밀

비천과 오획을 좀더 확대하여 보이면 다음과 같다.

| 왼쪽이 비천이고 오른쪽이 오획이다. |

여기서 짚고 넘어가야 할 것이 비천 도상이다.

| 비천 도상이다. 가운데가 무령임금 비[아내]의 것 |

　왼쪽의 비천은 손이 자유롭고 오른쪽의 비천은 피리를 들고 들고 있다. 왼쪽의 비천은 호위하는 도상이고 오른쪽은 설법을 예찬하는 도상이다. 임금 비[아내]의 도상은 호위하는 도상으로 손이 자유로운 것을 알 수 있다.

죽은 이가 사후에 머물 서역을 향하여 떠나가는 도교와 불교가 통합
된 도상이다.

참고로 도상을 비교해 보이기로 한다.

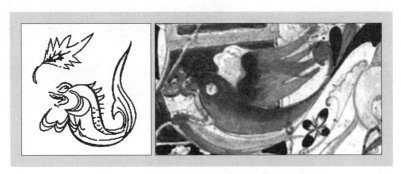

| 오획의 도상[왼쪽은 임금 비, 오른쪽은 돈황석굴] |

왼쪽은 머리받침의 도상이고 오른쪽은 동왕공[제석천]의 그것이다.
전자가 도상 가운데 나뭇잎은 오획의 날개를 그렸다고 할 수도 있다.

| 천화 등의 도상[왼쪽은 임금 비, 오른쪽은 돈황석굴] |

역시 왼쪽은 임금 비[아내]의 하늘꽃[천화]과 이름을 알 수 없는 도상

이 제석천[동왕공]과 비[서왕모]의 그것과 거의 유사하다. 특히 하늘꽃에서 4개의 꽃잎들이 후자에 가면 여기저기 널려 있다. 꽃이 날리기 때문이다.

이러한 비교를 통하여 임금 비[아내]의 머리받침[두침]은 죽은 뒤 서해로 가는 도상이다. '영기화생'이라는 불교적 도상으로 파악할 수 있다고 할 수도 있으나, 불·도·유의 통합의 도상으로 보는 것이 더 설득력이 있을 것이라고 본다.

3. 백제시대의 '생활의학'

여기서 '생활의학'이란 오늘날의 '의학'이라기보다 경험론을 바탕에 둔 백제 당대의 그것을 말한다. 백제 시대에는 '약부'라는 기관이 있었고, 의약·복서[거북등껍대기와 시초로 점을 치는 것]·점상[오늘날 사주, 풍수, 관상 등과 같은 것] 등이 같은 기능이었다[『주서』권41 열전 '백제전']. 생활의학과 오늘날 의학과 같은 개념으로 의박사, 채약사[『일본서기』흠명주 14(553)]와 주금사[『일본서기』민달주 6년] 등이 등장한다. 이들을 묶어 백제 시대의 '생활의학'이라고 했다. 의학의 영역이 '치료', '예방', '양생'이라고 생각되기 때문이다.

• 아물렛Amulet과 탈리스만Talisman에 대하여 •

서양의 종교학에서 아물렛과 탈리스만은 우리나라 부적과 비슷한 기능을 한다. 아물렛은 불운과 질병, 악령이나 사람과 같은 악한 존재의 공격을 피하려고 사람이 지니고 다니거나 집이나 헛간, 사업장에 진열해두는 물건이다. 이에 대하여 탈리스만은 사람의 잠재력을 키워주고 복을 가져다준다고 믿어지는 물건이다.

무령임금 무덤에서 수많은 구슬[옥]류가 쏟아져 나왔다. 이들의 실체를 아직은 풀지 못하고 있다. 분명한 것은 이들 구슬 류가 죽은 이[무령임금 내외분]에게 좋은 일이 있고 산 이[성 임금과 백성]에게도 역시 좋을 것이라는 사실이다. 이것은 아물렛과 관련이 있다고 생각된다.

이를 논의하기에 앞서서 탈리스만의 보기를 들고 가기로 한다.

이탈리아에서 마노는 악마의 눈에 대적하는데 효과가 있고, 시리아에서는 장 질환에 효과적이다. 수정은 수종[종기]과 치통을 치료하며 다이아몬드는 해독 작용을 하며 폭풍우를 피할 수 있다. 게다가 보석은 사람의 열정과 애정을 고무시킨다. 녹주석은 희망을 주고, 둥글게 다듬은 석류석인 카벙클은 에너지와 자신감을, 루비는 사랑을 준다. 산호에 대해서 말하자면, 친구가 죽으면 산호가 사라진다고 한다. 각 달마다 해당하는 돌이 있는데 이는 종종 사람의 별점을 그린 12궁도가 묘사된 브로치의 형태를 띤다.

아물렛은 죽은 사람과 함께 개오지 조개껍질[고대 아프리카와 아시아일부 지역에서 화폐로 쓰임], 켈트, 화살촉, 돌 등을 넣으면 죽은 뒤 그 사람이 보호를 받는다는 문화현상과 관련된다.

이러한 풍속은 현재까지 존재하는 관습으로 남아 있다. 선사 시대의 벽과 기념비에 그려진 눈 그림도 같은 의미다. 사악한 악령의 눈에 대항하여 자애로운 신이나 신령이 천우신조로 지켜주고 있다고 믿기 때문이다[Eliade, The Encyclopedia of Religion, Amulet · Talisman 등의 항목].

아물렛은 이집트에서 기원한 것으로 알려지고 있다. 기원전 4천년전, 미라를 감쌌던 붕대로 싼 파양스 도자기와 장석, 홍옥수, 흑요석, 벽옥 그리고 이와 같은 종류로 아물렛을 만들었다. 이 아물렛는 시체의 각각의 팔, 다리에 놓이는데 대개는 해당 팔, 다리 위에 놓인다.

이를 수긍한다면, 무령임금 무덤의 팔·다리에 놓인 구슬[옥]을 이해할 수 있을 것이다.

> 작은 신의 조각상 외에도 호루스[Horus, 매의 머리를 한 이집트의 태양신]의 심장과 눈의 모형, 개구리, 사다리, 계단 모형 등이 있다.

보통 한 쌍인 호루스의 눈은 금, 은, 청금석, 적철석, 또는 자기로 만들어지며 모든 강력한 힘과 호루스의 매서운 주의력을 나타내어 살아있는 사람들이 건강과 보호를 기원하며 지니고 다녔다.

개구리는 전형적으로 풍요의 상징으로 죽은 이의 부활을 포함하여 광범위한 의미로 삶을 상징했다.

사다리 모형은 승천을 의미했으며 네팔Nepal의 망고르Mangor 강가의 무덤 옆에는 아직 이 사다리 모형이 존재한다. 러시아Russia의 일부 지역에서는 흙으로 만든 사다리 모형을 전통적으로 관 옆에 둔다. 『성경The

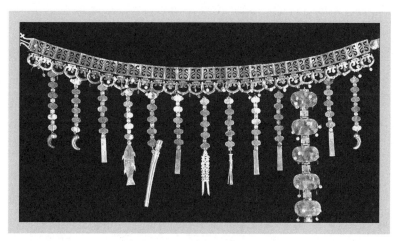

| 황남대총 북쪽 무덤의 출토 허리띠 |

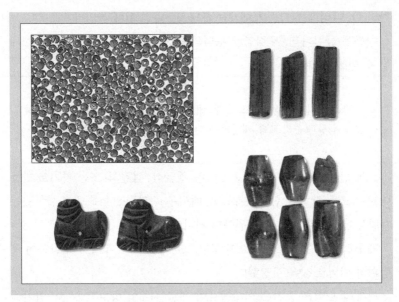

| 여러 가지 아물렛과 탈리스만들 |

Bible』 창세기 28장 12절에 나오는 야곱의 사다리를 떠올릴 수 있고, 단테Dante, Alighieri[1265~1321] 『신곡La Divina Commedia』의 천국에서도 이와 같은 개념이 등장한다.

경주 황남대총 북쪽 무덤에서 허리띠[과대]가 발굴된 바 있다. 이 허리띠에는 5개의 사다리가 있다. 이러한 도상의 이동은 『로마문화의 왕국, 신라』[요시미즈 츠네오 지음, 오근영 옮김, 2002]를 또 확인하는 결과가 되었다. 특히 무령임금 무덤의 유물을 보면 이러한 아물렛들이 아주 많다는 것을 알 수 있다.

무령임금 내외 무덤에서 쏟아져 나온 수많은 보석들은 백제 사람들의 생활의학관에서 비롯한 것으로 보인다. 금제, 은제, 철제, 유리제, 호박제, 조옥, 편옥, 흑옥 등의 종류나 색깔들이 이런 실증물로 보이기 때문이다.

• 역림과 식점에 대하여 •

백제 사신이 유송에서 450년[비유임금 24] '역림' 과 '식점' 을 '요노' [무기]와 함께 가져왔다[『송서』 이만전 백제조]. 여기서 '역림' 과 '식점' 도 역시 '예방' 과 관련된 생활의학의 활동이다. 조선시대 홍만선[1643~ 1715]의 『산림경제』 권4에서 집터를 잡고 명리[사주를 보는 것]를 '치약' 으로 분류한 것에서도 이를 확인할 수 있다. 동양의학에서 몸의 각 기관 마다 신들이 거주한다는 생각도 생활의학의 근거가 된다.

1) 『초씨역림』 초공[한나라]

『초씨역림』은 총 4권으로 구성되어 있다. 출전은 문연각 사고전서 808권에 수록되어 있다. 권1은 19괘[건1, 곤2, 둔3, 몽4, 수5, 송6, 사7, 비 8, 소축9, 이10, 태11, 비12, 동인13, 대유14, 겸15, 예16, 수17, 고18, 임 19], 권2는 11괘[관20, 서합21, 비22, 박23, 복24, 무망25, 대축26, 이27, 대과28, 감29, 이30], 권3은 13괘[함31, 항32, 둔33, 대장34, 진35, 명이36, 가인37, 규38, 건39, 해40, 손41, 익42, 쾌43], 권4는 21괘[구44, 췌45, 승 46, 곤47, 정48, 혁49, 정50, 진51, 간52, 점53, 귀매54, 풍55, 여56, 손57, 태58, 환59, 절60, 중부61, 소과62, 기제63, 미제64] 등 총 64괘다.

각 괘의 구성은 건1, 곤2, 둔3 … 기제63, 미제64 순으로 되어 있다. 다만 해당 괘만 맨 앞에 오고 다른 순서는 변동이 없다. 가령 '곤지 제2' 는 곤2, 건1, 둔3, … '둔지 제3' 은 둔3, 건1, 곤2, 몽4 … 등과 같다.

흠정사고전서 『역림』 '제요' 에 의하면 총16권이었다. 상수[상수 역은 의리 역과 대칭되는 개념이다. 여기서 '상' 은 '하늘' 을 의미한다. 하도 낙서처럼 숫자로 우주를 설명하면서 풀이하는 동양적 세계관의 산물이다]의 책이다. 1괘가 64이고 64괘가 4,096이다. 문체는 4언의 운으로 되

| 사고전서 『역림』 '제요' 부문 |

어 있다. 『한서』 예문지에 의하면 13가의 역림이 있고 15가의 시귀가 있었다.

책은 시대를 거치면서 자기의 모습을 그 시대에 맞춰서 변화시킨다. 고체로 죽은 것이 아니고 숨을 쉬면서 움직이는 생명체다.

하나의 사례를 들어본다. 융희 2년[983] 봄에 이인을 만나 점괘를 뽑으니 '비22'가 나왔다.

동쪽으로 나가려다가 문이 없어서 [東行無門]
서쪽 화산으로 나갔다. [西出華山]
길이 난관으로 막히니 [道塞於難]
놀고자 하는 아이가 고민이 된다. [遊子爲患]

이러한 점괘는 비록 원본과 다르다고 할지라도 훗날에 보면 원본과 다르다는 것을 변별할 수 없다.

따라서 비록 역림이 중국의 점서이지만 백제인들도 볼만했다고 생각된다. 마음의 편안함을 얻기 위하여 필요한 행위였던 것이다.

2) '식점'에 대하여

식점은 나라를 움직일 만한 일을 점치는 행위의 하나다. 태상시의 태복서에서 담당하였다[이보림, 『당육전』권14 태상시]. 당나라의 경우 관직은 영 1명[정8품하], 승 2명[정9품하], 복정 2명[종9품하], 복사[거북등껍질로 점치는 기능을 가진 사람] 20명, 무사[무당의 기능을 가진 사람] 15명, 복박사[거북 등껍질로 점치는 박사] 2명[종9품하], 조교 2명, 복서학생 45명[수나라의 경우 복생 40명 서생 30명]이 있었다.

종류로는 ① 거북[구], ② 조짐[조], ③ 역법, ④ 3식 등이 있었다. 이 가운데 식점은 ① 뇌공식, ② 태일식, ③ 육임식 등 3종류가 있었다. 그런데 ① 뇌공식과 ② 태일식은 민간인들이 행하는 것을 금지하였고 ③ 육임식만 활용할 수 있었다.

식점을 통하여 높은 직위를 가진 사람과 같이하고 하늘의 때를 알았다. 지금 그 격식은 풍목을 하늘로 하고 조심을 땅으로 하여 12신을 새기고 아래에 12신을 펼쳐 점을 치게 된다. 월장으로 복점할 때에는 일신의 음양을 살펴 4과를 세운다. ① 해[일]의 양 +, ② 해[일]의 음 -, ③ 시간[신]의 양 +, ④ 시간[신]의 음 -이라 한다. 4과 중에 해당 5행을 관찰하여 상극인 것을 취하여 3번 전달한 다음에 사용한다.

그리고 12장과 12월의 신을 변별한다. 12장은 천일을 우두머리[수]로 하고 앞에서 ① 등사, ② 주작, ③ 6합, ④ 구진, ⑤ 청룡이라 하고 뒤에서 ① 천후, ② 태음, ③ 현무, ④ 태상, ⑤ 백수, ⑥ 천공이라 한다. 앞에서

⑤까지, 뒤에서 ⑥ 다음에 천일이 가운데 서서 12장이 된다.

12월의 신이 있다. 정월은 등명, 2월은 천괴, 3월은 종괴, 4월은 전송, 5월은 소길, 6월은 승선, 7월은 태복, 8월은 천윤, 9월은 태충, 10월은 공조, 11월은 대길, 12월은 신후다.

이러한 음양의 여러 가지 점은 길흉과 회한을 점치는데 적용은 9가지다. ① 혼인하는 것[가취], ② 물건을 만드는 것[생산], ③ 역법을 풀이하는 것[역주], ④ 집에 관한 것[옥택], ⑤ 사람의 출세와 명운과 관련된 것[녹명], ⑥ 관리에 임용되는 것[배관], ⑦ 제사지내는 것[사제], ⑧ 병이 생기는 것[발병], ⑨ 상례하는 것[빈장] 등이 된다.

역법을 풀이하는 것은 6가지 방법이 있다. 금성, 수성, 화성, 목성, 토성 등의 5 별이 모두 모이면 ① 대회라 하고, 몇 종류만 모이면 ② 소회, 다른 별과 관련이 있으면 ③ 잡회, 목성과 관련되면 ④ 세회, 12건에 따르면 ⑤ 제건, 사람과 관련이 되면 ⑥ 인신이라 했다.

오늘날 사주팔자와 비슷한 의미가 '녹명', 즉 녹봉과 명운인데 역시 6가지가 있다. ① 녹봉과 관련되는 것[녹], ② 명운 즉 장수와 단명과 관련된 것[명], ③ 관리에 오르는 것[역마 : 현재는 역마살이라고 하여 한 자리에 머물지 못하고 이동하는 것을 뜻하지만, 원래의 의미는 '관리'의 의미이다], ④ 간지와 오행 그리고 팔괘를 서로 연결하여 점치는 것[납음], ⑤ 병하[미상], ⑥ 달[월]의 별 자리와 관련된 것[성수] 등이 있었다.

이러한 모든 요인들을 변별하여 그 소식[오늘날의 기별이나 편지 등을 말하는 것이 아니고 사라지는 것과 숨쉬는 것을 말한다]을 통하여 길흉을 결정한다.

무령임금 시대에도 궁중에서 이러한 행위가 진행되었을 것으로 생각된다.

• 의박사 · 채약사 · 주금사에 대하여 •

약부라는 국가기관이 있었고, 거기서 활동하던 의박사, 채약사 그리고 주금사 등이 의하여 확인된다.

백제를 비롯한 고구려, 신라, 가야 등은 심신론, 본초학, 방제학, 침술 등과 임상의학, 불교의학은 물론이고 의료 제도도 확립되었다. 의약과 관련된 백제 시대의 인물로 마라난타, 왕유능타, 번량풍, 정유타, 관륵, 다상, 법명, 법장, 익전직금종, 억인, 소수미 등도 있었다[한국한의학연구소, 1996, 『고려시대 이전 한의약학에 관한 연구』].

약부에 관한 자료는 『주서』권41 열전 '백제전'이다. 내관에는 전내부, 곡부[오곡], 육부[정육], 내략부, 외략부, 마부[말], 도부[무기], 공덕부[종교], 약부[의약], 목부[나무], 법부[법률], 후궁부 등이 있었다는 것이다. 보통 학계에서는 약부를 비롯한 내외의 22관사와 5부5방의 제도가 확립된 시기를 웅진백제 시기로 보고 있다. 체제가 갖추어져 해외로 파견을 하는 시기는 사비백제라고 정리하고 있다.

오경박사가 일본에 교대로 파견하기 시작한 기록은 계체 7년[513, 무령임금 13]부터이다. 그리고 구체적으로 醫박사, 易박사, 曆박사 등이 흠명 14년[553, 성임금 31]에 보인다.

의박사는 나솔 왕유능타가 있었고 채약사는 시덕 번량풍과 고덕 정유타가 있었다[전용신, 1999, 『일본서기』, 341쪽].

의박사 왕유능타[?~?]는 나솔의 벼슬로 16관등제의 6등급에 속한다. 그는 '의학에 관한 전문지식을 가진 높은 직책에 있는 의과대학의 교수'였다[한국한의학연구소, 1996, 『고려시대 이전 한의약학에 관한 연구』, 182쪽].

채약사로 변량풍[?~?]과 정유타[?~?]가 있다. 이들의 등급은 변량풍이 시덕으로 16관등 중에서 8등급이고 정유타가 9등급이었다. 채약사는 당나라의 채원사와 비슷한 기능이었다면, 시기에 맞춰 각종 약을 심고 수확할 뿐만 아니라 관리하고 처방하였을 것으로 생각된다.

주금사는 주금[불교 용어는 진언]으로 유행병[여역]을 쫓아내는 도사나 승려를 말한다. 주금은 진언, 다라니[만달, 『대일경소』권1]이다.

> 백제국왕은 환사 대별왕들에 딸려서 경론 약간 권 아울러 율사, 선사, 비구니, 주금사, 조불공, 조사공 6명을 헌상하였다. 이들은 난파의 대별왕의 절에 안치시켰다[전용신, 1996, 『일본서기』민달주 6년, 359~360쪽].

주금사가 불교와 관련이 있다는 것을 금방 알 수 있다. 주금에 대한 것은 불교의학인 아유르베다에서 확인이 된다.

밀교 계통에서는 질병을 치유하기 위하여 주문을 외우는데 이것이 주금이다. '주치경[이]', '주목경[눈]' 등과 같이 '주' 자로 시작되는 경전이 대개 밀교 계통인데 이들은 구체적인 의학적 내용을 남고 있기보다는 아플 때 외는 주문을 기재하고 있다[복부민량 지음, 이경훈 옮김, 1987, 『불교의학』, 248~249쪽]. 당시 전염병은 '역', '여역' 이라 하였는데 '역신' 의 소행으로 보았다. 『삼국유사』에는 이러한 기록이 여러 군데 등장한다.

의박사와 채약사, 그리고 주금사는 『당육전』권14 태의서에 비교적 상세하게 나온다. 이를 정리하여 참고하기로 한다.

태의서는 가장 높은 직위로 영[2명]이었고 가장 낮은 직위로 장고[4명]가 있었다. 태의령과 승은 그 소속은 의사 · 침사 · 안마사[오늘날 도교의 양생과 관련됨] · 주금사 등이었다. 그 숫자는 다음과 같다.

의박사 1명, 의조교 1명, 의사 20명, 의공 100명, 의생 40명, 전학 2명
침박사 1명, 침조교 1명, 침사 10명, 침공 20명
안마박사 1명, 안마사 4명, 안마공 16명, 안마생 15명

주금박사 1명, 주금사 2명, 주금공 8명, 주금생 10명

이 가운데서 해당 부분만을 소개하기로 한다.

의생·침생이 『신농본초』를 공부할 경우에는 약물의 형태를 식별하며 그 성질을 알게 하고, 『명당』을 공부할 경우에는 경락도에 따라 실습하여 해당 공혈을 알게 하고, 『맥결』을 공부할 경우에는 병의 상태에 따라 그 징후를 반복 진찰하게 하여 4계절의 부·침·삽·활의 상태를 알게 하고, 『소문』, 『황제침경』, 『갑을맥경』을 공부할 경우에는 모두 이를 정통하고 숙련하게 한다.

박사는 이들을 달마다 한 번 시험하고 태의령·승은 계절마다 한 번 시험하며 태상승은 연말에 종합시험을 보게 한다. 학업과 의술이 현임 관보다 뛰어난 경우에는 교체하거나 교체할 것을 허락한다. 그러나 9년간 배우고도 성과가 없을 경우에는 본래의 신분으로 한다.

무릇 의사·의정·의공은 다른 사람의 질병을 치료하고 그 완치된 다소를 기록하여 그들의 고과로 삼는다. 매년 상한, 시기, 학, 이, 상중, 급창의 약을 조제하여 사람들의 질병에 대비한다.

약원사는 시기에 맞춰 각종 약을 심고 수확한다. 경사에는 약원 1곳을 두고 양전 3경을 택해 서인 가운데 16세 이상 20세 이하를 취하여 약원생으로 충원하고 악업이 이루어지면 약원사에 보임한다.

무릇 약에는 음성과 양성의 배합, 자모형제의 관계, 뿌리, 잎, 꽃, 열매 및 풀, 돌, 뼈[골], 살[육]의 차이, 아울러 독의 유무, 약제를 그늘에 말릴 것과 햇빛에 말릴 것, 약을 채위하고 약재로 만들 시기가 있으니 모두 분별해야 한다.

약은 850종이다. 360종은 『신농본초』, 182종은 『명의별록』에 기재되어 있고, 114종은 『신수본초』에 새로이 부가되어 있으며, 194종은 이름은 남아 있으나 용도는 없다. 모두 약재가 나는 지역을 변별하여 매년

수납하고 보관하며 그중 양질의 것을 택하여 상약국에 올린다.

의박사는 1명[정8품상]과 조교 1명[종9품상]이다.

의박사는 의술을 여러 의생에게 가르치는 일을 관장하여 『본초』, 『갑을맥경』을 교습시키고 나누어 그 전종을 삼게 하였다. ① 재료, ② 창종, ③ 소소, ④ 이목구치, ⑤ 각법이라 한다. 의생들은 여러 의학 경을 학습한 뒤 전공을 나누어 교습을 받는데 대략 20명 가운데 11명은 체료, 3명은 창종, 3명은 소소, 2명은 이목구치, 1명은 각법을 배운다. 체료의 경우에는 7년간 완성해야 하고 소소 및 창종은 5년, 이목구치에 대한 질병 및 각법은 2년간 완성해야 한다.

주금박사는 1명으로 종9품하이다. 수의 태의서에 주금박사 1인을 두었고 당은 이를 따랐는데 또한 주금사·주금공을 두어 보좌하게 하고 주금생을 가르쳤다[구중회, 2009, 『경척문화와 역사』, 69~71쪽].

주금박사는 주금생을 교습하여 주금으로 사매에 기인하여 해가 되는 것을 제거하는 일을 관장한다. 도금은 산에 거처한 사에서 기원하였고 금주는 불교에서 기원하였다. 5종의 금주 방법으로 신통하게 한다. ① 존사, ② 우보, ③ 영목, ④ 장결, ⑤ 수인이라 한다. 이것은 익히려는 자는 모두 우선 매운 것과 고기를 금하고, 단장에서 목욕재계하고 받는다.

이상으로 백제 생활의학의 실상을 대략 짐작할 것이다. 다시 한 번 이야기를 되풀이한다면, 의학을 오늘날의 입장에서 보지 말고 당대 사회에 의거하여 살펴야 한다는 것이다.

참고문헌

가등영이 편, 2002, 일본어, 『중국문화의 고고지리학적 연구』, 명고옥시 : 일성사.

강간선교, 2006, 일본어, 『벽화고분의 연구』, 동경 : 학생사.

강길운, 2002, 『한일고대관계사의 쟁점』, 한국문화사.

강명균, 2008, 『무령왕릉의 금속유물을 이용한 브로우치 디자인 개발』, 공주대학
    교대학원 석사학위논문.

강인구, 2001, 재판, 『고고학으로 본 한국고대사』, 학연문화사.

강촌수전, 2005, 일본어, 『중국고대왕권과 제사』, 동경 : 학생사.

경부자은, 1971, 일본어, 『백제유적의 연구』, 길천홍문관.

계선림 편, 1997, 중국어, 『돈황학대사전』, 상해 : 상해사서출판사.

고구건이, 1995, 『낙랑고분문화연구』, 학연문화사.

고려대학교 민족문화연구소, 1982, 『한국민속대관 : 사회구조·관혼상제』 1.

고옥기지, 2007, 일본어, 『고분의 성립과 장송제사』, 웅산각.

곡전효지, 1980, 일본어, 『중국고대상복의 기초적 연구』, 풍간서방.

곡천도웅 편, 2010, 중국어, 『위진남북조 수당사학적 기본문제』, 북경 : 중화서국.

공주대학교 백제문화연구소, 『백제문화』 21(1991), 32(2003), 35(2006).

공주대학교 백제문화연구소·백제학회, 2011, 『백제의 국제성과 무령왕』, 공주대
    학교·공주시·국립공주박물관.

구결학회, 2006, 『구결연구』 17.

구중회, 2001, 『계룡산 굿당 연구』, 국학자료원.

구중회, 2002, 『충청도 설위설경』, 금강민학회.

구중회, 2006, 『옥추경 연구』, 동문선.

구중회, 2008, 『능묘와 풍수문화』, 국학자료원.

구중회, 2009, 『경책문화와 역사』, 민속원.

구중회, 2009, 『종려경책 연구』, 상명미디어.

구중회, 2010, 『한국명리학의 역사적 연구』, 국학자료원.

국립공주박물관, 1999, 『정지산』.

국립공주박물관, 2001, 『백제 사마왕』.

국립공주박물관, 2005, 『무령왕릉 - 출토 유물 분석보고서』 I (2005), II (2006), III (2007).

국립공주박물관, 2005, 『백제문화 · 해외조사 보고서』 V (중국 강소성 · 안휘성 · 절강성).

국립공주박물관, 2007, 『백제문화 · 해외조사 보고서』 V (중국 남경지역).

국립공주박물관, 2008, 『무령왕릉 기초자료집』.

국립공주박물관, 2010, 『백제의 목기 : 새로운 만남』.

국립공주박물관, 2011, 『무령왕릉을 격물하다』.

국립공주박물관 · 국립부여문화재박물관, 2001, 『무령왕릉과 동아시아문화』.

국립민속박물관, 1997, 『한국의 도량형』.

국립부여문화재연구소, 2008, 『고고직물 II 백제의 직물, 학술연구총서』 제46호.

국립역사민속박물관, 2005, 일본어, 『백제의 국제교류 - 무령왕릉의 최신연구 を めぐつて―』.

국립중앙박물관, 2009, 『The Crossroads of Civilizations : Ancient Culture of Uzbekistan』.

권오영, 2005, 『고대동아시아문명교류사의 빛 무령왕릉』, 돌베개.

권오순 · 이민수 옮김, 『예기』, 1996, 혜원출판사.

Griffith, R.T.H. 옮김, 2007, 영어, 『Rigveda: The Oldest Divine Book, Delhi : Vijay Goal』.

길림대학 변강고고연구중심 편, 2003~2007, 중국어, 『변강고고연구』 제1집~제5
    집, 북경 : 과학출판사.

김병호, 1997, 『우리문화 대탐험』, 황금가지.

김부식, 고려, 한문, 『삼국사기』.

김성구 편역, 1996, 『중국정사조선열국전』, 동문선.

김성구 편역, 1996, 한문, 『중국정사조선열국전』, 용어해설 및 주석, 동문선.

김원룡, 1991, 『한국고고학개론』, 일지사.

김원룡, 1999, 『한국고미술의 이해』, 서울대학교 출판부.

김영숙 편, 1985, 『한국복식사 자료선집』, 동양복식연구원.

김쟁원 편, 1994, 『문연각 사고전서 한글 색인집』, 태학사.

김쟁원 편, 1994, 『속수 사고전서 한글 색인집』, 신성출판사.

김정위 편, 2002, 『이슬람 사전』, 학문사.

김정학 편, 1985, 일본어, 『한국의 고고학』, 부산 : 민족문화사.

김철준, 1977, 『한국고대사회연구』, 지식산업사.

김태자, 1984, 『무령왕릉 출토 금은제 장신구에 나타나는 백제의 특징』, 홍익대학
    교대학원 석사학위논문 .

나종진 · 왕지고, 2000, 중국어, 『위진남북조문화』, 상해 : 학림출판사 · 상해과기
    교육출판사.

나종진 · 왕지고, 2004, 중국어, 『육조문물』, 남경 : 남경문화사.

나철문 · 나양, 1984, 중국어, 『중국역대제왕능침』, 상해문화출판사.

낙랑한묘간행회, 1974, 일본어, 『낙랑한묘』 제1책(1974), 제2책(1975), 1914년도
    발굴조사보고.

낙양사범학원 편, 2007, 중국어, 『낙양고고집성 : 진한위진남북조』 권상, 북경도서
    관출판사.

남경박물관 편, 2006, 중국어, 『남조능묘조각예술』, 북경 : 문물출판사.

대천 청 편, 1972, 일본어, 『백제의 고고학』, 웅산각출판사.

대평무, 2008, 일본어, 『제사고고학의 연구』, 웅산각출판사.

대평수민, 2008, 일본어, 『백제왕씨와 고대일본』, 동경 : 웅산각.

동국대학교박물관, 1972, 『불교미술』 83.

동북아역사재단, 2006, 『북방민족사 : 연구논저목록』.

동북아 역사재단 편, 『역주 중국 정사 외국전』 1~5권.

Dubois, Abbe. J. A., 2006, 영어, 『Hindu Manners, Customs and Ceremonies, Winsome Books India』.

매원말치, 1947, 일본어, 『조선의 고대묘제』, 좌우보간행회.

Macdonell, A.A. 외 옮김, 2007, 영어, 『The Golden Book of the Holy Vedas』, Delhi : Vijay Goal.

목미랑해 박사 송수기념논집, 1995, 일본어, 『중국의 종교·사상과 연구』, 국서간 행회.

문명대, 1997, 『한국불교미술사』, 한국언론자료간행회.

문화재관리국, 1973, 『무령왕릉 발굴조사보고서』, 삼화출판사.

Ministry of Cultural Affairs and Sports of the Republic Uzbekistan, 2004, 우즈벡키 스탄어·영어·러시아어, 『Masterpieces of the Samarkant Museum : The State Museum of History of Culture of Uzbekistan』.

Bowker, John, 1997, 영어, 『The Oxford Dictionary of World Religions』, Oxford University Press.

박용숙, 1996, 『지중해 문명과 단군조선』, 집문당.

반고 지음, 신정근 옮김, 2005, 『백호통의』, 소명출판사.

반위빈, 2004, 중국어, 『위진남북조수릉』, 북경 : 중국청년출판사.

Bates, Ernest Sutherland, 1937, 영어, 『The Bible』, New York : Simon and Schuster.

백제문화개발연구원, 1985, 『백제논총』 1(1985), 3(1992), 5(1996).

백제문화연구소·공주대학교, 1991, 『무령왕릉의 연구현황과 제문제 : 무령왕릉 발굴 20주년 기념학술 회의』, 1991.10.18금~19토:공주시문예회관 소강당.

법제처, 1973, 『육전조례 : 호전』, 법제 자료 제60호.

법제처, 1974, 『전록통고 : 이전·호전·공전』, 법제 자료 제67호.

법체처, 1974, 『전록통고 : 예전·병전』, 법제 자료 제68호.

법제처, 1975, 『대전속록 : 부록 경국대전 주해』, 법제 자료 제69호.

법제처, 1982, 『국조오례의』 1~5, 고법전 간행위원회.

복부민량 지음, 이경훈 옮김, 1987, 『불교의학』, 경서원.

복영광사, 1987, 일본어, 『도교사상사연구』, 동경 : 암파서점.

복영광사 편, 1989, 일본어, 『도교와 동아시아 : 중국 · 조선 · 일본』, 인문서원.

봉옥방부 편, 1990, 중국어, 『중국도교의 현상 : 도사 · 도협 · 도관』, 동경 : 동경대
　　　학동양문화연구소.

부산방 편, 1972, 한문, 『한문대계』, 동경 : 부산방.

부아서, 2005, 중국어, 『중국상고제사문화』, 고등교육출판사.

불함문화사 편, 2003, 『한국불교학 연구총서』 31권, 백제 불교 1, ~37권, 백제불교 7.

사마천, 전한, 중국어, 『사기』.

산본효문, 2006, 『삼국시대 율령의 고고학적 연구』, 서경.

산전광양, 1998, 일본어, 『악기의 고고학』, 동성사.

삼목영, 1963, 1991 보정, 일본어, 『보정 조선의학사 급 질병사』, 사문각출판.

상연빈 · 장홍매, 2002, 중국어, 『중국고대 신화와 전설』, 북경 : 연산출판사.

서건학, 청, 중국어, 『독려통고』.

서곡정 편, 2007, 일본어, 『동아시아 고고학 사전』, 동경 : 동경당출판.

서곡정, 2009, 일본어, 『위지왜인전의 고고학』, 동경 : 학생사

서유방 등, 조선, 한문, 『협길통의』, 관상감.

서위민, 2002, 중국어, 『진공제왕릉』, 북경 : 중국청년출판사.

섬서성고고연구소, 2000, 중국어, 『진시황제릉원』, 과학출판사.

섬서역사박물관, 2004, 중국어, 『당묘벽화 국제학술토론논문집』, 서안 : 삼진출판사.

소진철, 1994, 『금석문으로 본 백제 무령왕의 세상』, 원광대학교 출판국.

손중가 · 임여명, 1987, 중국어, 『중국제왕릉침』, 흑룡강인민출판사.

수등 진, 1991, 일본어, 『중세의 장송 · 묘제』, 길천홍문관.

신봉진, 2010, 『고대의 커뮤니케이션에 대한 연구 : 도교 부적을 중심으로』, 공주
　　　대학교대학원 역리학과 석사학위논문.

신순식 외, 1996, 『고려시대 이전 한의약학에 관한 연구 연구보고서』, 한국한의학
　　　연구소.

신입상 지음, 김용성 옮김, 2005, 『한대의 화상석의 세계』, 학연문화사.

아부맹 편, 2005, 일본어, 『일본고대사사전』, 조창서점.

ApaⅡob, A. B., 2010, 러시아어, 『Bukhara : Masterpieces of Central Asia』.

Azimov, I., 1987, 러시아어 · 영어, 『Decorative Painting of Uzbekistan』.

앙리 마스페로 지음, 신하령 · 김태환 옮김, 1999, 『도교』, 까치.

Eliade, Mircea 지음, Trask, Willard R. 옮김, 1959, 영어, 『The Sacred & the Profane
  : The Nature of Religion』, New York and London.

Eliade, Mircea, 1987, 영어, 『The Encyclopedia of Religion』, Macmillian Publishing
  Company.

양관 지음, 장인성 · 임대희 옮김, 2005, 『중국역대 능침제도』, 서경.

양관, 1985, 중국어, 『중국고대능침제도사연구』, 상해 : 상해문화출판사

양수달 지음, 왕금자 해설, 2000, 중국어, 『한 대혼상예속고』, 상해 : 상해고적출판사.

양임인 편, 2009, 중국어, 『양릉지미』, 섬서 : 삼진출판사.

여계명 편, 2000, 중국어, 『중국동경도감』, 항주 : 절강대학출판사.

염만리 편, 2008, 중국어, 『한당고고학 강고』, 삼진출판사.

염봉 · 진봉위 편, 1999, 중국어, 『간명고완사전』, 북경 : 화령출판사.

오계화, 2003, 『무령왕의 출자와 왕위계승』, 건국대학교대학원 석사학위논문.

오야정남, 2000, 일본어, 『철의 고대사 3 : 기마문화』, 백수사.

왕개 · 갈명우, 2005, 중국어, 『서주사자산 초왕릉』, 생활 · 독서 · 신지 3연서점.

왕병화, 2009, 중국어, 『서역고고문조』, 난주 : 난주대학출판사.

왕쌍 편, 2007, 중국어, 『대왕릉 : 탐비제후왕후적 지하궁전』, 북경 : 만권출판공사.

왕영파, 2005, 중국어, 『장청서한 제북왕릉』, 생활 · 독서 · 신지 3연서점.

왕부, 송, 중국어, 『당회요 문연각 사고전서 사부』 606책, 607책, 상해 : 상해고적
  출판사.

왕자금, 2007, 중국어, 『중국도교사』, 북경 : 구주출판사.

요시미즈 츠네오 지음, 오근영 옮김, 2002, 『로마문화의 왕국, 신라』, 씨앗을 뿌리
  는 사람.

왕학리, 2003, 중국어, 『한경제와 양릉』, 서안 : 삼진출판사.

요천 · 고병, 1981, 중국어, 『남조능묘석각』, 문물출판사.

위정, 2011, 중국어, 『육조 묘장적 고고학 연구』, 북경대학출판부.

Walker, Benjamin, 2005, 영어, 『Hindu World : An Encyclopedic Survey of Hinduim』, Rupa Co.

유경주 · 이류방 지음, 내촌다가사 옮김, 1991, 일본어, 『전한황제릉의 연구』, 동경 : 학생사.

유경주 · 이류방, 1987, 중국어, 『서한11릉』, 섬서인민출판사.

유서 · 유도, 2010, 중국어, 『서한 제후왕릉묘제도 연구』, 중국사회과학출판사.

유원제, 1995 증보, 『중국정사 백제전 연구』, 한연문화사.

유의, 2006, 중국어, 『명대제왕릉묘제연구』, 북경 : 인민출판사

유이민 편, 2004, 중국어, 『청동고기』 상 · 하, 해남 : 해남문선각출판사.

유홍도, 2002, 중국어, 『고대역법계산법』, 천진 : 남개대학교출판부.

육석홍 편, 2001, 중국어, 『중국고대기물대사전 : 기명』, 석가장 : 하북교육출판사.

윤록 · 매곡성 · 하국종 등, 청, 중국어, 『문연각 사고전서 자부』 811책, 상해 : 상해고적출판사.

윤세영, 2007, 『문헌사료로 본 삼국시대 사회 생활사』, 한국고고환경연구소 학술총서 5, 서경문화사.

윤용혁, 2010, 『경부자은의 연구』, 서경문화사.

Youn, P. Laurentio, 1959, 『Dictionarium Latino - coreanum 라한사전』, 경향잡지사.

음법로 · 허수안 편, 1991, 중국어, 『중국고대문화사』, 북경 : 북경대학출판부.

이광지 등, 청, 중국어, 『성력고원, 문연각 사고전서 자부』 811책, 상해 : 상해고적출판사.

이귀영, 1997, 『백제무령왕릉 출토 금속공예품의 제작기법 고찰』, 공주대학교대학원 석사학위논문.

이남석, 2002, 『웅진시대의 백제고고학』, 서경.

이남석, 2002, 『백제묘제의 연구』, 공주대학교 백제문화연구소.

이남석, 2002, 『백제의 고분문화』, 서경.

이남석, 2004, 『백제무덤 이야기』, 주류성.

이남석, 2010, 『송산리 고분군』, 공주시·공주대학교 박물관.

이도학 외, 2006, 『불교의 나라 백제』, 사비성, 주류출판사.

이림보 등 찬, 진중부 점교, 1992, 당, 중국어, 『당육전』, 북경 : 중화서국.

이빙 편, 2010, 중국어, 『조조고릉』, 항주 : 절강문예출판사.

이여삼, 2003, 중국어, 『한대상장예속』, 심양 : 심양출판사.

이재, 조선, 『사례편람』.

이재열, 2004, 『불상에서 걸어 나온 사자』, 주류성.

이재운·이상균, 2005, 『백제의 음식과 주거문화』, 주류성.

일연, 고려, 한문, 『삼국유사』.

임계유, 1990, 중국어, 『중국도교사』, 상해인민출판사.

임동권, 2004, 『일본에 살아 있는 백제문화』, 주류성.

임소주, 조선, 한문, 『천기대요』.

임소주 지음, 대한역법연구소 옮김, 1977, 재판, 『상석 신증참찬비전 천기대요』, 대지문화사.

임수중 편, 1984, 중국어, 『남조능묘조각』, 인민미술출판사.

임이나부 편, 1976, 일본어, 『한대의 문물』, 동경 : 동경대학인문과학연구소.

장검광 외편, 2005, 중국어, 『중국왕릉지미』, 황산서사.

장금명 편, 2005, 중국어, 『중국고동경 감상도록』, 강문 : 상오미술출판사.

장발 등 외 편, 2006, 중국어, 『자기돌래축휘황』, 북경 : 광명일보출판사.

장인성, 2001, 『백제의 종교와 사회』, 서경.

장자 지음, 안병주·전호근·김형석 옮김, 2006, 『역주 장자』 4, 전통문화연구회.

장황·이탁택, 1930, 중국어, 『양대능묘고』, 상해 : 상해토산만서국.

적계호배휘죽촌, 중국어, 『의례정의』, 남청서원.

전용신 옮김, 1989, 『완역 일본서기』, 일지사.

전통무예십팔기보존회 편, 2010, 『무학』 제1권, 동문선.

정군 편, 2001, 중국어, 『중국장식예술』, 북경 : 고등교육출판사.

정사룡 등 찬, 정긍식·전중준광·김영석 옮김, 2009, 『역주 경국대전주해』, 한국 법제연구원.

정씨 주, 후한, 공영달 소, 당, 중국어,『예기주소』.

정인지 등, 조선, 한문,『고려사』.

정인수, 2010,『박물관에서 찾아낸 옛 사람들의 지혜』, 주류성.

정주시문물고고연구소, 2004, 중국어,『중국고대진묘신물』, 북경 : 문물출판사.

정현, 한, 동오금, 명, 중국어,『반정 주례정주』, 대만중화서국.

조곤후, 2010, 중국어,『운강석굴불교고사조각예술』, 남경: 강소미술출판사.

조선총독부, 1914~15, 일본어,『조선고적도보』 1~3.

조선총독부, 1926, 일본어,『고적조사보고』.

조선총독부, 1935, 일본어,『조선고적조사보고』.

조유전, 1998,『발굴이야기 : 왕의 무덤에서 쓰레기까지, 한국 고고학 발굴의 여
정』, 대원사.

조유전, 2005,『백제고분 발굴 이야기』, 주류성.

조진선, 2005,『세형동검문화의 연구』, 학연문화사.

주대위 · 유치 · 양만창 · 진용, 2005, 중국어,『위진남북조 사회생활사』, 북경 : 중
화사회과학출판사.

『주례정의』, 중국어, 중화서국.

주의 편, 2003, 중국어,『제왕릉침 건축』, 중국건축공업출판사.

주일랑 · 황혜현 · 노개만, 2011, 중국어,『남북조사』, 북경 : 중국대백과전서출판
사.

주희조 · 등고, 1935, 중국어,『육조능묘조사보고』, 중앙고물보관위원회.

중국 국가계량총국 · 중국역사박물관 · 고궁박물관 엮음, 김기협 옮김, 1993,『중
국도량형도집』, 법인문화사.

중국국가박물관 편, 2003, 중국어,『문물중국사 5, 삼국양진남북조시대』, 태원 : 산
서교육출판사.

중국문물학회 전문가위원회, 2008 2쇄, 중국어,『중국청동기감상도전』, 상해사전
출판사.

중국미술전집편집위원회 편, 1988, 중국어,『중국미술전집 회화편 돈황벽화』
상 · 하, 신화서점상해발행소.

중국미술전집편집위원회 편, 1988, 중국어, 『중국미술전집 회화편 사관벽화』, 신화서점북경발행소.

중국사회과학원 고고연구소 편, 2003, 중국어, 『중국문명기원연구 요람 : 고고학 전서 을종』 제37호, 북경 : 문물출판사.

중국사회과학원 고고연구소 편, 2010, 중국어, 『중국고고학』, 중국사회과학출판사.

중국역사서, 중국어, 『구당서』 상·하, 『신당서』 상·하, 『북사』, 『남사』, 『송서』, 『한서』, 『후한서』, 『북제서·주서·수서』, 『삼국지』, 『위서』, 『진서』 상·하.

중국청년출판사, 중국어, 『역대제후능침연구서계』 8책.

중앙문화재연구소, 2011, 『동아시아의 고분문화』, 서경문화사.

증포천관 지음, 부강 옮김, 2004, 중국어, 『육조제릉』, 남경 : 남경출판사.

창산임계·산안양이 편, 2007, 일본어, 『원시·고대일본의 제사』, 동성사.

촌산지순, 1931, 일본어, 『조선의 풍수』, 조선총독부.

최광식, 2006, 『백제의 신화와 제의』, 주류성.

최재석, 1996, 『정창원 소장품과 통일신라』, 일지사.

추월관영 편, 1987, 일본어, 『도교와 종교문화』, 동경 : 평하출판사.

충남대학교 백제연구소, 1974, 『백제연구』 5(1974), 6(1975), 8(1976), 9(1978), 10(1979), 11(1980), 12(1981), 특별호(1982), 27(1997).

충청남도·공주대학교 백제문화연구소, 1991, 『백제무령왕릉』.

충청남도역사문화원, 2005, 『백제사료자료원문집』 I ~III.

Keith, A. Berriedale, 1956, 영어, 『A History of Sanskrit Literature』, Oxford University Press.

클레어 필립스 지음, 김숙 옮김, 1999, 『장신구의 역사』, 시공사 시공아트.

Тухлнeв, Н., ?, 러시아어, 『ВЕЛИКИй ШЕЛКОВЫй ПУТЬ』.

Propp.V., 1970, 영어, 『Morphology of the Folktale』, Indiana Universty Research Center.

하야시 미나오 지음, 이남규 옮김, 1992, 『고대중국인 이야기 : 중국고대생활사』, 솔.

한국고대사회연구소, 1992, 『역주 한국고대금석문』 제1권 : 고구려·백제·낙랑 편, 가락국사적개발연구원.

한국고미술연구소, 1993,『고고학지』5(1993), 6(1994), 11(2000).

한국역사연구회 고대사 분과, 2004,『고대로부터의 통신』, 푸른역사.

한국한의학연구소, 1996,『고려시대 이전 한의약학에 관한 연구』, 경희대 한국한
　　의학연구소.

한병삼 편, 1985,『고분미술』, 한국의 미 22, 중앙일보.

한양릉고고진열관 편, 2004, 중국어,『한양릉고고진열관』, 문물출판사.

한연화, 2007,『한국·중국 도교 음악 연구』: 악·가·무 접근을 위한 국문학적
　　시론, 공주대학교대학원 석사학위논문.

호북성문물고고연구소·형문시박물관·양형고속도록고대 편, 2006, 중국어,『형
　　문좌총초묘』, 북경 : 문물출판사.

홍만선, 조선, 한문,『산림경제』.

홍윤기, 2008,『일본 속의 백제 구다라』, 한누리미디어.

홍윤기, 2009,『일본 속의 백제 나라』, 奈良, 한누리미디어.

홍윤기, 2010,『백제는 큰 나라』, 한누리미디어.

홍윤기, 2011,『일본문화사신론』, 한누리미디어.

화전췌, 1995, 일본어,『일본고대의 의례와 제사·신앙』상~하, 각서각.

황경락 섭학명, 2010, 중국어,『중국 제왕릉』, 중국국제광파출판사.

황렴, 1997, 중국어,『중국제왕능침』, 대련출판사.

황효분 지음, 김용성 옮김, 2006,『한대의 무덤과 그 제사의 기원』, 학연문화사.

황효분, 2003, 중국어,『한묘적 고고학 연구』, 악록서사.

히데오 아오키 지음, 유순태·조기여·이화순 편역, 2004,『서양화장문화사』, 동
　　서교류.

부록1
외뿔 돌짐승[진묘수] 연구

1. 서론

이 연구는 무령왕릉 널길[연도] 중앙에 밖을 향하여 놓여 있던 돌짐승[石獸]을 살피려는 데에 그 목적이 있다.

보고서[1973]에 의하면, 이 돌짐승은 한 시기 이래 무덤 앞에 세우는 '벽사(보기 돌사자)' 나 무덤 안의 '진묘수' 와 '상통' 하고 '일각수' 에 해당된다.

'벽사' 란 근거는 『한서』 '서역 오익전' "桃拔一名符拔 似鹿長尾 一角者或爲天鹿 兩角者或爲辟邪"에 의거한 것이다. '진묘수' 란 '진산' 즉 '마을을 지키는 산' 과 같이 '무덤을 지키는 짐승' 인 셈이다. '일각수' 란 형태면에서 '외뿔 짐승' 으로 본 것이다.

그런데 무령왕릉의 '철제 외뿔 석제 짐승' 은 '뿔이 하나' 라는 점에서 '天鹿' 혹은 '天祿' 에 해당한다. 더구나 '벽사' 와 '천록' 은 한·당시기의 무덤 밖에 세우는 것이므로, 그것이 무령왕릉 안에 위치했다는 점에서 구별된다. 이 점에서 무령왕릉의 그것은 '진묘수' 와 '상통' 한다. 무덤 안에서는 '진묘'와 밖에서는 '벽사'나 '천록'이 된다면, 우리가 사용하는 용어상 문제가 있다. 왜냐면, 무덤 밖과 안에 위치한 것을 달리 구별하는 데에는 이유가 있을 것이기 때문이다. 이여삼은 『한대상장례속』, 「진묘수 진묘용」[2003]에서 "한 시기의 무덤길[묘도]·무덤방[묘실]·관에 있어서 왕왕 쇠, 흙, 나무로 만든 짐승 모양과 인형[용] 모양의 진기[진압용 기구]를 놓는다. 그 형태가 괴이하여 흉하고 사나우며 영악함을 보인다. 무덤을 지키고 벽사하는 데 쓰인다"고 설명하고 있다. 말하자면, '무덤을 지키는 짐승[진묘수]'이나 '무덤을 지키는 인형[진묘용]'은 '벽사의 무덤 지킴이'라는 것이다. 이들이 '벽사의 무덤지킴이'라면, '매지권', '진묘권', '진묘병' 따위도 있다. 이여삼은 이들을 한 묶음으로 처리하고 있다.

작은 결론을 내리자면, 벽사의 무덤지킴이로 철제 외뿔 석제 짐승을 본다면, 매지권도 묶어서 살필 필요가 있다는 것이다. 그동안 발표된 무령왕릉에 관한 연구 성과를 보면서, 문외한인 사람의 눈에는 "껴묻거리[부장품] 하나하나가 서로 무관한 것처럼 보인다"는 것이 사실이다. 너무 분화되고 갈라져서 '무령왕릉'은 없고 그 대신 그 '부속품'만 보인다는 것이다.

> 고분 축조에 관련된 도량형의 문제, 구조·역학적 문제, 공동 묘지의 정치적·문화적·경제적·사회적 문제, 묘제 자체에 반영된 사생관·종교관·신분·계급적 문제, 고분군 사이의 지역적 차이 문제, 연대와 부장품에 반영된 갖가지 문제 등 실로 고분에 관한 연구 과제는 너무나 많고 복잡한 것이다. 나는 이 책에서 그러한 점들을 몰라서 다루지 않은 것이 아니라, 다룰 수 있는 바탕이 되어 있지 않기 때문에 부득이 그대로 지나친 것이다.

이 인용문은 김원룡의 『한국의 고분 연구』[1974] 서문에서 뽑은 것이다. 그는 고분 연구가 "고분에서 나온 갖가지 껴묻거리[부장품]만 가지고 떠드는 것이 연구의 전부가 아니다"라고 했다. 우리 시대 최고의 학자였던 그는 "자신이 무능력하다"고 '솔직한 심정'과 '고백'을 토로했던 것이다.

그러나 이러한 연구 진척 상황은 여전히 호전되지 않은 듯하다. 간혹 무령왕릉에 관한 학술대회가 열려도 '고고학자들의 목소리' 이외의 민속학자 혹은 인류학자, 언어학자, 종교(불교 또는 도교)학자 등은 찾아보기 힘들다. 그래서 감히 용기를 낸 것이 본고다.

본론을 쓰기 전에 몇 가지 연구자의 입장을 밝혀둘 필요가 있다. 필자는 그동안 민속에 관한 몇 토막글을 쓰면서 '중국이 문화의 시발지 내지는 출발지'만이 아니라 '경유지'라는 사실을 깨닫게 되었다. 무령왕릉의 '일각수'만 하더라도 고대 인도의 '일각수'인 브리샤쉬바파티와 유럽 등지의 '일각수'인 유니콘Unicom과 아무런 관련이 없는 것인가? 인도의 인더스와 메소포타미아의 유크라테스와 이집트의 나일강 등이 서로 교류하며 남긴 흔적은 없는가? 우리나라의 문화는 그동안 '변두리'를 벗어나지 못했는데, 앞으로도 계속 그래야 되는가? 이런 의문이 일었던 것이다.

또 하나의 입장은 무령왕릉에서 출토된 108종 2,906점 유물이 각각 독립된 세계를 가지면서 동시에 전체가 하나의 세계를 가지는 것이며, 나아가서는 백제사와 동북아세아와 세계사와의 '의미망'을 가져야 한다는 것이다. 직접 세계사와 연결되지 않고 제1·제2 경유지를 거쳐 쌓인 문화라고 하더라도 의미망 구축은 가능할 것이다. 일부 일본인 학자들은 경유지인 우리나라를 빼내고 직접 경유한 것으로 그들 문화를 정립하고자 애를 썼고 나름대로 세계문화에 인식시켜 왔다.

이 글의 최종적인 목표는 지금까지 쌓은 고고학적 연구를 비롯한 여러 성과물을 정신문화 내지는 무형문화라는 끈으로 엮어보자는 것이다. 그러기 위해서는 불가피하게 보강이 필요한 부분이 생기게 된다. 예를 들면, '무덤을 지킨다'는 개념은 한 시대 '그림돌[화상석]'이나 '그림벽돌[화상전]'의 자료를 떠오르게 한다. 이들도 모두 무덤 안의 껴묻거리인 것이다. 현재도 무덤에는 소위 '산신단'이 있다. 일종의 '무덤지킴이'인 셈이다. 마서전이 명·청 시기에 무덤지킴이로 '산신', '용신', '복신'을 포함시킨 것도 같은 맥락인 것이다. 이런 문맥에서 자연스럽게 무덤지킴이인 후토의 후백인 '토백'이란 신격이 취급될 수밖에 없다.

2. 사후세계 문화

전통사회에서 초상이 나면, 사립문 앞에 '사자 밥'을 놓기 마련이다. 회심곡 따위를 보면, 월직 사자, 일직 사자, 시직[혹은 금강] 사자가 망자를 잡아가기 위해 지상에 내려온다. 이러한 사자를 대우하기 위하여 상을 차리게 된다. 또한 망자의 혼을 불러 살리려는 과정을 보통 '초혼'이라 한다. 이러한 행위는 사람이 죽으면, 사후의 세계가 어떠한가를 보여준다고 할 것이다.

백제시대 사람의 사후관은 어떠했을까를 먼저 살펴보는 것이 순서일 것이다.

무덤의 석물 가운데 '혼유석'이 있다.

조선시기 임금의 경우는 봉분 앞에 상석처럼 위치해 있다. 일반인의 묘의 경우는 상석과 봉분 사이에 위치한 상석과 연결해 놓은 독립된 돌이다. 임금 무덤의 혼유석과 일반인의 그것이 다른 형태를 하고 있는 셈이다. 구체적으로 말하자면, 임금 무덤의 혼유석이 일반인 묘에서는 그 기능이 상석으로 변화된 것이다. 임금이나 임금의 아내, 혹은 임금의 자녀의 무덤은 능원 제도에 따라 왕급은 정자각 황제급은 일자각이 있기 때문에 봉분 앞의 상석이 원래의 혼유석 역할을 담당하는 것이다. 정자각 혹은 일자각은 그 역할의 가운데 하나가 제사를 모시는 데 있다. 그러나 일반인 묘의 경우, 재실에서 제사를 모시지 않는다. 직접 봉분 앞에서 제사를 모시기 때문에 제사상이 필요하게 된다. 그 결과 능에 봉분 앞의 커다란 혼유석을 상석으로 활용한 것이 된다. 그 대신 상대적으로 작은 크기의 규모의 혼유석을 배치하게 된 것이다.

이 '혼유석'은 글자 그대로 '혼이 노는 돌 방석'이라 할 수 있다. 이는 사람들이 죽은 후의 관점을 잘 보여주는 대목이다. 혼이 무덤 안에 위치해 있는지, 아니면 무덤이 아닌 다른 곳 예컨대 하늘에 위치해 있는지 봉분 밖에 와서 논다는 관념이 있다는 것을 의미한다.

'혼비백산'이란 단어가 있다. "혼은 날고 백은 흩어진다"는 뜻이다. 혼은 하늘을 날아다니고 백은 땅에 흩이지는 존재이다. 사람이 죽으면, '초혼'을 하는 과정이 있다. 이는 혼이 하늘을 날아다닌다는 우리나라 사람들의 관념의 하나라는 증거다. 혼과 백에 관하여, 이런 관념은 재미있는 보기로 "살아서는 진천이 좋았고 죽어서는 용인이 좋았다"는 전설을 만들어냈다.[1]

---

1) '생거진천 사거용인'의 전설의 내용은 이러하다. 진천과 용인에서 각각 같은 해, 같은 달, 같은 날, 같은 시에 즉 사주팔자가 같은 사람이 두 지역에서 태어난다. 진천에 사는 사람은 자손이 흥부처럼 많고 가난했으나 용인에 사는 사람은 부자이고 직위도 높았다. 이제 생명을 거두어야 할 즈음에, 저승에서 진천에 사는 사람을 잡아가게 된다. 용인에 사는 사람을 잡아가야 하는데, 사자들이 착오를 일으킨 것이다. 심판 과정에서 이 사실이 밝혀져 다시 용인에 사람을 잡아오고 진천에 사는 사람을 세상에 다시 보내주게 된다. 진천에 살던 사람이 이 세상에 돌아와 보니. 자신의 백이 땅에 묻혀서 혼이 할 수 없이 용인에 살던 사람의 백에 들어가게 된다. 그 결과로 관아까지 가는 소동이 벌어진다. 결국에는 용인에서 살다가 삶을 마치게 된다. 이 사람이 죽으면서 저승사자와 나눈 말이 "살아서는 진천이 좋았고, 죽어서는 용인이 좋았다"이다.

혼과 백의 이중적 구조로 보는 것은 세계 어느 나라, 어느 시기를 막론하고 크게 다르지 않았던 것 같다. 백제인들의 죽음도 이와 마찬가지였을 것이다.

마이클 로이Michael Lowe[1982]의 『고대중국인의 생사관Chinese Ideas of Life and Death;Faith, Myth and Reason in the Han Period(B.C.202~A.D.220)』에서도 이와 비슷한 고대 중국인의 사생관이 비교적 명료하게 설명되어 있다.[2]

그는 고대중국인의 사생관을 '혼 - 백 - 몸[신]' 으로 파악하고 있다.

매장 연도가 B.C.168년으로 추정되는 화중 지방의 마왕태 1호분을 보기로 들고 있다. 이 묘는 발굴 당시 상태가 대단히 양호한 상태로 보존되어 있었고 시체가 썩지 않은 것으로도 유명하다. 묘의 주인이 연후의 부인이 확인되고 비의백화[비단 종류]와 많은 부장품도 쏟아져 나왔다. 이 '옷이 아닌 비단 그림' 은 연후의 부인이 봉래섬을 지나서 선계로 들어가는 '부적', 즉 일종의 보증서라는 것이다. 이 부적으로 인하여 인간과 동물이 지키는 저승문[창합문]을 혼이 지날 수 있다고 한다.

B.C.50년경 이후에는 서로 다른 부적이 나타났다. 이는 음양 · 5행설이 끼어들면서 죽은 자를 우주 안에서 가장 좋은 곳으로 보내는 안내에 필요한 것이라는 것이다. TLV형의 거울처럼 특징적인 도안을 가진 동경이 이에 해당된다고 보았다. 이 거울은 두 개의 우주관, 즉 12분법에 의거한 우주관과 5행설에 입각한 우주관이 조화되어 있다. 이것은 우주와 내세를 연결하는 고리를 제공할 뿐만 아니라 적절한 점복 과정을 통하여 육신의 처리가 결정된다. 말하자면 이 동경은 죽은 자의 안내를 담당하고 있다는 것이다.[3]

---

2) 마이클 로이 지음(1982), 이성규 옮김(1987, 1998 제7쇄), 『고대중국인의 사생관』 제 11장 장례의식, 지식산업사, 133~145쪽.

이렇게 죽은 사람의 혼을 안내한다는 관념은 B.C.300년까지 올라갈 수 있다. 역시 화중 지방의 묘에서 죽은 사람이 용 위에 앉아 바람과 파도를 거쳐서 선계로 도달한다고 생각한다. 그림·부조 혹은 조각에 나타나는 여러 다른 종류와 잡스런 형태의 동물도 내세의 길을 인도하는 역할을 한다. 새의 몸에 사람의 머리나 얼굴이 달리거나 사람에 날개가 달리거나 새와 사람의 결합이 그것이다.[4]

이들 동경과 조각 따위는 혼을 서왕모의 선계로 안내하는 장치라는 것이다. 서왕모의 주변에 토끼(동료들과 수집한 약초를 합성하는 모습), 두꺼비(생, 사, 재생의 과정을 상징), 구미호(선계의 한 부류), 세 발 달린 새(시중자) 따위가 선계임을 상징하는 것이다. 이 도상은 후기에 동왕공과 결합하여 부부로 등장한다. 이 두 사람의 결합은 우주의 영원한 리듬을 지속한다는 관념의 소산이다. 서왕모의 기능은 우주의 각 부분을 연결하는 하늘 기둥 위에 그녀가 자리 잡고 있는 데에서 확인된다.

이러한 서왕모의 신앙은 B.C.3년에 주목할 만한 사건이 발생한다. 동부에서 발생하여 전국을 휩쓸며 장안까지 퍼진 일종의 민간신앙 운동이었다. 서왕모의 강림을 대비하며, 춤을 추고 노래를 부르며 제사를 지내며 이를 믿는 사람은 영원히 죽지 않을 것이란 보증서도 돌려졌다. A.D. 3세기 후반 이후 도교와 밀접한 관련이 바로 그 운동이다.

마이클 로이는 한대 묘에서 백을 위한 조치도 취했다고 보고 있다.

　　이것은 백이 시체에 남아 있는 동안, 그리고 음울한 황천에서 보내게 될 내생을 편안케 하려는 의도에서 나온 것으로서, 화장도구·용기·식사에 필요한 접시나 밥그릇, 옷을 만드는 데 필요한 옷감이나 비단 두루마

---

3) 위의 책, 136~137쪽.
4) 위의 책, 137~138쪽.

기 등 보다 개인의 일용품 같은 물건과 함께 소형의 가옥 · 창고 · 농장 · 우물 및 배의 모양이 부장된 것은 이 때문이다.[5]

다른 묘에서 세면용의 대야나 재계에 필요한 향로, 등잔대 따위도 이런 목적으로 만들어졌다. 이와 같이 생활에 필요한 물건뿐만 아니라 값비싼 등기, 철기나 옥으로 만든 보석과 같은 귀중품도 생전에 누렸던 명예와 쾌락을 상정한다는 것이다. 관리의 묘에서는 인장 따위의 신분을 표시하는 방법도 같은 경우다. 이를 위해 나무인형을 만들어 넣기도 하고, 소속 동료나 술사 또는 개인 시종을 벽화에 그려 넣기도 했다. 내세에서 죽은 자가 즐겁게 할 악사나 곡예사 인형도 같은 이유에서다. 칼이나 복판[점치는 널빤지]의 부장품은 백이 곤경에 빠지거나 조언과 지도가 필요할 때 사용되는 물품이라 할 수 있다. 학술서 및 기술서의 필사본, 의서, 점복서, 병서 따위도 백의 곤경에 대한 대비인 셈이다. 거액의 돈을 부장하는 것도 땅값이나 땅세로 묻은 것이라고 한다.

죽은 자의 시체를 오래 보존하려는 조치가 이루어졌다는 것이 마이클 로이의 주장이다. 백을 행복하게 하려는 것은 백이 이 세상에 다시 돌아와 자기가 받은 학대의 대가로 사람을 해치는 것을 막기 위함이다. 이는 두 가지 방법이 있다. 첫째가 사각형 옥 조각으로 시체에 맞는 옷을 만들어 씌우는 장치이다. 옥은 생명을 부여하는 물질이므로 시체가 훼손되지 않는다고 믿었기 때문이다. 둘째가 마왕퇴 부인의 묘처럼 4중의 육중한 목관 안에 시체를 넣어 깊이 매장하고 관 주변을 진흙과 목탄 층으로 빈틈없이 채우고 봉합하여 시체의 훼손을 막았다. B.C.167년에 매장된 묘나 B.C.202년에 죽은 제후의 시체가 썩지 않은 채 A.D.225년 발견된 것도 이러한 조치 때문이다.

---

5) 위의 책, 139쪽.

부장품 가운데는 머리에는 정교한 뿔이, 얼굴에는 길게 내민 혀가, 한 쌍의 불거진 눈이 달린 형상이나 뱀을 들고 있는 모습의 도상들이 있다. 이들 도상은 죽은 자를 악기[나쁜 기운]로부터 지키는 수호자가 아니라 『초사』에 등장하는 토백이라는 것이다. 토백의 '몸은 아홉 번 타래를 틀고, 이마에 예리한 뿔을 가진 것[초혼]'이다, 뱀을 삼키는 모습은 시체를 보호하는 바람직한 수단이라는 것이다. 길상 도상인 양[행운과 행복을 가져 오는 동물]의 머리, 흰 사슴[백록], 누런 용[황룡], 상서로운 벼[가화] 그리고 서로 연결된 나무[목연리] 따위도 모두 같은 장치다.

마이클 로이가 파악한 고대 중국인의 사생관은 어느 부분 획일적이라는 생각이 들지만, 일반적인 틀인 것이다.

우리나라의 경우도 죽은 김유신이 미추왕의 묘에 가서 싸웠다는 기록은 사후 세계를 이해하는 데 도움이 될 것이다. 말하자면, 묘는 죽은 자의 '거처'라는 관념은 동서양을 막론하고 예외가 없는 듯하다.

그동안 고구려 벽화를 연구한 전호태 교수는 고분벽화를 '장의문화'라고 정리한 바 있다.

고구려 고분벽화의 주제는 시대의 흐름에 따라 ① 생활풍속계, ② 생활풍속계, 사신계, 장식무늬계, ③ 사신계로 바뀌었다. 이는 당시 고구려 사람들에게 풍미했던 내세관의 변화와 관련이 있다는 것이다.

5세기에 두드러지는, 풍미하던 벽화주제로서의 생활풍속의 쇠퇴와 연꽃 중심 장식무늬의 유행은 고구려 전통적인 계세적 내세관의 후퇴와 이를 대신하는 불교의 내세관의 수용과 확산을 뜻한다. 현세와 내세를 동일시하는 계세적 내세관을 바탕으로 그려지는 생활풍속계 고분벽화에서 무덤 주인은 말을 타고 개인의 인도를 받으며 조상신의 세계로 삶의 터를 옮긴다. 그러나 불교의 내세관이 바탕에 깔린 생활풍속 및 장식무늬 계통의 벽화에서 무덤 주인은 생전에 쌓은 선한 공덕에 의지하여 연꽃 속에서 새롭게 태어나 정토세계의 일원이 된다. 정토세계에서 무

덤 주인은 단순히 하늘 사람으로 화생할 수도 있고 보살이나 천왕으로 태어날 수도 있다.[6]

후기의 사신 계통은 오두미교를 신봉하던 7세기에 현저하게 약화되고 오행설과 신선신앙과 같은 비불교적 고구려인에게 이미 익숙한 신앙체계와 관념체계의 영향으로 보고 있다.[7]

전호태는 '혼 - 백 - 몸[신]'이란 세분된 분류는 아니지만, 고구려 사람들의 사생관도 포괄적인 면에서 중국 고대인과 차이가 없음을 보여 준다. 이런 개연적인 설명은 기층 인류의 보편적 관념으로 보인다.

보기로 생활풍속계 고분벽화를 들어 본다. 사람이 죽은 뒤 가는 세계도 현세와 같거나 유사한 신분 제도 및 사회체계를 지니고 있으며 죽은 자의 신분, 지위, 생활방식이 내세에도 그대로 유지된다는 바탕으로 생활풍속이 선택되었다. 무덤 안에서 주로 묻힌 자의 살아 있을 때, 기념할 만한 것과 풍요한 생활모습이 제재로 선택 되었다. 막하의 문무 관리와 군사, 남녀 시종 및 곡예단을 동반한 대행렬이나 산하에 펼쳐지는 대규모의 사냥 장면, 곡예 및 가무를 관람하며 음식을 즐기는 연희 장면, 대저택에 깆추어진 각종 부속건물에서의 생활모습 등은 대표적 제재라는 것이다.[8]

이런 두 사람의 견해를 제시하지 않더라도 무령왕 무덤의 세계를 어떻게 이해해야 하는가는 비슷한 위치에 놓이게 될 것이다. 다만 여기에서 논의하고 싶은 것은 '매지권',[9] 돌짐승[석수], 왕과 왕비의 나무베개,

---

6) 전호태, 2005, 『고구려 고분벽화의 세계』, 서울대학교 출판부, 385~386쪽.
7) 위의 책, 249~250쪽.
8) 위의 책, 20쪽.
9) '매지권'은 처음부터 매지권이냐 묘지(墓誌)냐를 놓고 설왕설래하던 부분이다. 최근에는 묘지와 매지권의 두 가지 기능을 갖춘 것으로 정리되는 것 같은 느낌이 든다. 그러나 필자는 돌짐승이 '진묘수'라면, '진묘권(鎭墓券)'이라고 해야 한다.

관, 동경, 왕관식, 벽돌로 쌓은 궁릉식 따위를 모두 한 꾸러미에 꿰어서 보자는 것이다. 보고서 등과 현재까지의 고고학적 연구 성과에도 불구하고 이들 부장품은 서로 분리되어 종합되지 못하고 있다는 것이다.

3. 기존의 고고학적 연구 성과와 과제

윤무병은 「무령왕릉 석수의 연구」[1978]에서 돌짐승을 다음 6항목으로 나누어 고찰했다. ① 돌로 만들었다는 것, ② 네 다리로 선 모습이라는 것, ③ 뿔이 하나 있다는 것, ④ 날개 달린 짐승이라는 것, ⑤ 등 갈기가 솟아 있다는 것, ⑥ 소의 모습이라는 것 따위가 그것이다.

1) 돌로 만들었다는 것

백제 '진묘수'에서 지적할 수 있는 가장 큰 특징의 하나가 석제품이다. 중국에서는 묘 앞에 배치된 석수를 제외하고 현재[1978]까지 무덤 내부에서 석제 진묘수가 발견된 일이 없다.[10] 원래 중국에서 묘 안의 진묘

---

10) 육조의 무덤 내의 석제(석회질) 돌짐승이 1996년 12월에 강소성미술관 편, 『육조미술』이 나오면서 널리 소개된 바 있다. 출토지는 강소 남경 영산 남조묘이고 현재 남경시 박물관에 소장되어 있다. 그 형태가 소와 비슷하고, 머리에서 꼬리까지 한 줄로 톱날 등줄기 머리카락이 있다. 이것은 일종의 진설적 맹수로 무덤 가운데 진사(鎭邪)를 구하기 위하여 배치했다. 남조 묘소에 보인다. 길이 38.6mm, 높이 22.8mm이다.

수는 명기니상[진흙으로 만든 명기]으로 제작되므로 석제품이 없다. 백제에서 석제 진묘수를 만들게 된 동기는 묘 앞 '진묘수'와 묘 안 그것의 개념을 절충한 것인지 알 수 없다. 아무튼 무령왕릉 출토 진묘수는 한국적 색채의 하나가 석제품이라는 점이다.[11]

이 석조물은 조사한 결과(현미경 관찰 등을 실시함) 각섬석Homblendite이다.[12] 각섬석은 각섬석을 주성분으로 하는 현경질의 화성암이며 각섬석 이외에 구성광물로서 흑운모, 휘석, 감람석, 홍유석 자철석 등의 광물이 함유하는 때가 많다.

각섬석은 경북 문경 지구와 전북 임실 지구가 있다고 한다. 이찬희 교수에 의하면, 전북 장수의 경우는 산 전체가 각섬석으로 구성된 지역도 있다고 한다. 공주 지역에는 장기면 금암리에 존재한다고 한다.

2) 네 다리로 선 모습

중국의 진묘수는 사각저립형과 준좌형, 단신준좌형 따위가 있다. 그런데 무령왕릉 진묘수는 사각저립형이나 자료가 희소하여 중국과 비교하기가 힘들다.

3) 뿔 하나가 달렸다는 것

보고서(1973)의 '수지형[나무가지 형식]'을 부정하고 중국의 '독각'

---

11) 윤무병, 1978, 「무령왕릉 석수의 연구」, 『백제무령왕릉 연구논문집』 I , 158쪽.
12) 문화공보부, 1973, 『무령왕릉발굴조사보고서』, 123~127쪽.

과 '쌍각' 과 구별되는 '백제 독자의 고안에 의한 것' 이다. 이 철제각의
형태[편평한 철판의 상변에는 세 개의 융기. 말미에는 둥근 방울을 단 것
처럼 원형으로 매듭]는 '무엇이라고 형용하기가 어렵다'.

4) 날개 달린 짐승이라는 것

중국의 진묘수는 조익형과 장모정익형 두 가지가 있다. 무령왕릉 익
수는 후자다. 원류가 중국이다.

5) 등 갈기가 솟아 있다는 것

무령왕릉 석수의 등에는 4개의 융기가 있다. 중국의 경우 준좌형에서
'종모[말갈기가 갈라져서 몇 개의 뿔처럼 용립한 것' 이다. 이와 유사한
조각 수법이다.

6) 소의 모습이라는 것

전체를 두고 문제를 삼았을 때 그것이 소를 본떠서 조각되었는지 그
렇지 않으면 돼지나 혹은 양을 생각한 조형인지는 판단하기가 어렵다.
그런데 보고서는 소 모습으로 보고 있다. 우리나라 감은사 서삼층탑 사
천왕중에도 지국천왕이 우형을 밟고 있다.

이상은 윤무병이 무령왕릉의 '진묘수' 를 읽은 시각이다. 이들 항목은
모두 '외형적 형태' 나 '예술상 기법' 에 관한 논의다. 왜 이런 도상이
도출되었는지는 어디에도 없다. 과제를 남긴 셈이다. 결국 윤무병이 내

린 결론은 예술적 기법이 '한국적 특성'이 있다는 것이다. 그러나 백제인이 어떻게 숨 쉬고 살았는지 하는 '생활'이 비어 있다.

이러한 고고학적 해석은 정확하게 10년 후 성주탁에게도 그대로 전승된다. 다만 윤무병이 무슨 성격인지 분명하지 않다던 '철제 유각'을 '용'의 상징으로, 날개를 '구름'으로 해석한 것이 다르다.[13]

사실 윤무병의 외형적 형태와 예술적 기법에 의거한 논의조차 1996년 12월 강소성미술관에서 『육조예술』로 석제 '진묘신물'이 공개됨으로써 값어치가 절반이 추락할 수밖에 없었다. 이를 우리나라에 소개한[14] 권오영(2005)이 이번에는 '무령왕릉 발굴 35주년 기념 신보고서 발간을 위한 무령왕릉 학술대회'[15]에서 「무령왕릉 출토 진묘수의 계보와 사상적 배경」을 발표했다.

권오영은 진묘수의 계보를 '등장·초 - 성장기·진한 - 발전기·양진남북조 - 전성기·수당 - 쇠락기·오대 이후'라고 정리하고 있다. 이를 바탕으로 남조 석수의 형태적 특징을 ① 석수의 종류와 명칭, ② 석수의 소개, ③ 석수의 형태적 특징과 변화과정으로 전개하고 있다. 윤무병이 개진한 '외형적 형태'와 '예술적 기법'을 보다 체계적이고 상세하게 설명한 것이다. 그래도 다행인 것은 무령왕릉의 진묘수를 '독각계 진묘수와 신선세계'라는 성과를 얻었다는 점이다.[16]

---

13) 「무령왕릉 석수 철제 '角'의 의미」, 『초우황수영박사 고희기념미술사학논총』, 지식산업사.
14) 권오영, 2005, 「무덤을 지킨 돌짐승, 진묘수」, 『고대동아시아문명교류사의 빛, 무령왕릉』.
15) 무령왕릉 학술대회는 2006년 11월 24일~25일 국립공주박물관에서 열렸다. 발표는 1·2·3부로 진행되었다. 1부 발표자는 이남석(공주대), 길정수부(동경대), 주경미(서울대), 2부는 권오영(한신대), 이남규(한신대)·신경환·장경숙(금속연구소)·이한상(동양대), 김규호(공주대), 3부는 장남원(이화여대), 이송란(인천공항문화재감정관), 차건길(동아대), 조유전(토지박물관장) 등이었다.

이들 연구 성과의 과제는 왜 동일한 무덤지킴이인 그림돌[화상석]이
나 그림벽돌[화상전]을 취급하지 않느냐는 의문을 남긴다는 것이다. 무
덤 밖의 돌짐승[석수]과 안의 도기[흙], 짐승과 인형[용] 따위는 양식상의
동일한 점밖에 없다는 사실이다. 말하자면, '기능Function' 내지는 '의미
Meaning' 를 고려의 대상에서 제외하고, '형태Form' 에만 매달리고 있는
지 설명이 필요하다는 것이다. 이 점에서 권오영 '무령왕릉 출토 진묘수
의 계보와 사상적 배경' 은 공과를 동시에 지닌 연구 결과였다.

4. 무령왕릉 신수 돌짐승의 도상Icon
- '외뿔 짐승' 과 '소의 모습' 을 중심으로 -

윤무병이 제시한 무령왕릉 '진묘수' 의 도상(6요소) 가운데서 중심적
인 항목의 하나가 '뿔 하나 달린 돌짐승' 이다. 보고서에는 '뿔 하나 달
린 신수' 가 '벽사' 이고, '뿔 두개 달린 신수' 가 '천록' 이라고 했다.

'뿔 달린 신수' 가 '진묘수' 로 제시된 것은 전국 시기의 묘에서 발굴
된 입체적인 '칠목[칠한 나무]' 과 '청동제 진묘수' 에서부터다. 호북, 호
남, 하남 등지의 많은 초나라 묘에서 발견되었기 때문이다.[17] 여기서
'머리에 완만한 뿔이 하나 달린 신수' 는 청동제다. 칠목제 사슴뿔과 구
별되는 도상이었다.

---

16) 본 연구물의 탈고 직전에, 권오영의 이 글이 발표되었다.
17) 정주시문물고고연구소(鄭州市文物考古研究所) 편, 2004, 『중국고대진묘신물(中國
    古代鎭墓神物)』〈전국 시기적 진묘신물 출토정황〉, 2쪽.

이 '완만한 뿔 하나 달린 신수'의 도상은 무령왕릉 신수의 그것과 유사하다. ① 네 다리로 선 모습이라는 것, ② 뿔이 하나 있다는 것, ③ 날개 달린 짐승이라는 것, ④ 등어리에 갈기가 솟아 있다는 것 따위로 4요소가 일치되었던 것이다. 그러나 뿔을 기준으로 볼 때, 무령왕릉의 길고 곡선인 그것과는 거리가 먼 도상이었다.

무령왕릉 신수의 뿔과 비슷한 도상이 등장한 것은 1988년에 발굴된 감숙무위시신화향마취자 한묘의 목제였다. 두 종류가 발견되었는데, 그 하나는 뿔의 길이가 23m이고, 다른 것은 17m였다. ① 네 다리로 선 모습이라는 것, ② 뿔이 하나 있다는 것, ③ 날개 달린 짐승이라는 것, ④ 등허리에 갈기가 솟아 있다는 것 따위가 그것이다. 청동제 도상과 같은 요소를 구비했으나, 뿔이 길다는 것으로 무령왕릉의 뿔과 훨씬 가까운 도상이었다.

'뿔이 하나 달린 신수'는 한 시기 무덤의 그림돌[화상석]이나 그림벽돌[화상전]의 중요한 도상이었다.

'뿔 하나 달린 짐승'는 2006년 현재 조사된 섬서성과 산서 지역 동한 시기[25~220]에 출토된 그림돌에서만 10여 건이 넘는다. 이들 도상의 위치는 문짝[문비]이나 문의 기둥이다. 몇 가지 사례를 보기로 한다.

1958년 섬서성 유림시 우가양향 고성탄촌 묘에서 출토된 문짝의 그림돌에서 '뿔 하나 달린 신수'가 등장한다. 이 그림은 아래 단에 서로 왼쪽과 오른쪽의 대칭으로 '뿔 하나 달린 짐승'이 새겨져 있다. 왼쪽과 오른쪽이 대칭인데, 그 도상은 두 판으로 되어 있다. 크기는 세로 106mm, 가로 49mm로 현재 유림시 홍석협문물관리소에 소장되어 있다.

이 도상은 세 단으로 구성되어 있다. 맨 위에는 주작이, 중간에는 문고리쇠머리 원형재갈[포수함환]이, 맨 아래에는 뿔이 하나 달린 짐승이다. 왼편과 오른편이 대칭으로 되어 있다. 이 외에도 1992년 발굴된 유림현 진흥 묘, 1994년 발굴된 유림현 단가만 묘, 1981년 출토된 미지현

장관 묘, 1951년에 출토된 수덕현 왕득원 묘, 같은 지역 양맹원 묘(1982 발굴), 1920년에 발굴된 유림현 양가평 묘에도 같은 도상이 있다.

1996년 발굴된 섬서성 신목현 태보당 묘의 경우는 왼쪽 문짝만 '뿔 하나 달린 짐승' 만 있고 오른쪽이 없는 경우이다. 1975년 발굴된 수덕 현 묘 문기둥 그림돌(세로 104mm×가로 32mm)도 좋은 보기다. 이 도 상은 역시 3단 구성인데, 신산 선수 위에 앉은 동왕공과 홀기를 든 문리 [문지기], 권운만초와 나는 날짐승과 달리는 들짐승이 배치되고 '뿔 하 나 달린 돌짐승' 은 맨 아래에 위치해 있다. 1975년 발굴된 자주현 묘 오 른쪽 문짝 그림돌(세로 198mm×가로 47mm)이나 같은 해 같은 지역에 서 발굴된 회령만 묘 오른쪽 문 기둥의 그림돌(세로 98mm×가로 31 mm)에도 이 도상이 있다.

이상에서 보듯이 동한 시기[25~220]의 무덤에는 '뿔 하나 달린 돌짐 승' 의 도상이 널리 사용되었던 것이다.[18]

1958년에 섬서성 유림시 우가양항 고성탄촌 묘의 그림돌이 발굴되었

---

18) 물론 이런 이 도상(뿔 하나 달린 짐승)만 있는 것은 아니다. 뿔 하나가 달린 짐승 대 신 청룡과 백호가 새겨진 경우가 있고 아예 이들이 빠진 경우도 있다. 전자는 1981 년 발굴된 섬서성 미지현(米脂縣) 당가구(黨家溝) 묘 문짝 그림에는 뿔이 하나 달 린 짐승 대신에 왼쪽(세로 112mm×가로 51mm)에 백호가 오른편(세로 112mm× 가로 50mm)에 청룡이 새겨져 있고, 이들 청룡과 백호는 각각 선초(仙草)를 바라보 고 모습을 하고 있다. 1981년 출토된 수덕현 출토 묘에서도 청룡과 백호가 도상으 로 사용되고 있다. 1974년에 발굴된 수덕현 묘, 같은 지역 사십리포(四十里鋪) 묘, 1975년에 발굴된 사십리포 다른 묘, 1992년 발굴된 청간현(清澗縣) 묘, 1996년 발 굴된 신목현(神木縣) 태보당(太保當) 묘, 후자는 뿔 하나 달린 짐승이나 청룡·백 호가 아예 없는 경우도 있다. 1981년 출토된 같은 미지현 당가구 다른 묘의 문짝그 림, 미지현 상장(尚莊) 묘(1978년 발굴)의 문 조합그림, 1975년에 발굴한 수덕현 연 가차(延家岔) 묘, 1983년 발굴된 신목현 유창(柳蒼) 묘의 오른쪽 문짝그림, 1990년 발굴된 이석현(離石縣) 마무장(馬茂莊) 2호 묘, 1993년 발굴된 같은 지역 19호 묘, 1993년 발굴된 이석현 마무장 묘 따위가 그것이다.

다. 문 왼쪽과 오른쪽 기둥의 그림돌(각각 세로 186mm×가로 35mm)은 현재 유림시 홍석협문물관리소에 소장되어 있다.

이 기둥 그림도 3단으로 그려져 있다. 왼쪽 기둥 맨 위에는 소의 머리에 새의 머리를 가진 동왕공이 신산[신선들이 사는 산]의 선수[신선 나무] 위에 앉아 있고 산봉우리 위에는 긴 꼬리 여우와 금조[황금새]가 서 있다. 중간에는 한 개의 극[두 갈래로 갈라진 창]을 든 문리[문지기]가 서 있고 몸은 짧은 옷을 입었고 서 있는 모습이다. 맨 아래에는 한 마리 말이 서 있다. 왼 편의 길다란 가장자리는 위로는 만초권운문[구름무늬]이 아래에는 시체문[감나무 가시무늬]이 장식되어 있다. 오른 기둥 맨 위에는 닭 머리를 한 서왕모가 두 날개를 흔들며 동왕공과 서로 대칭인 모습이 있다. 그 아래 내용은 왼 편과 같다.[19]

이 도상은 동왕공(왼쪽 기둥) - 문리[문지기] - 말과 서왕모(오른쪽 기둥) - 문리[문지기] - 말로 서로 대칭된다. 여기서 문리와 말은 각각 동왕공과 서왕모의 권속으로 보아 좋을 것이다. 이러한 유추는 문 처마 그림돌(세로 35mm×가로 186mm)에서도 그대로 확인된다. 이 처마의 도상은 손님을 맞이하고, 말을 타고 출행하며, 수렵하는 광경이다. 왼편부터 한 부인이 보이고 중간에는 출행하고 말 탄 사람이 보이며 오른 편에는 수렵하는 광경인 것이다. 그림 위의 장식은 중간에 주작이 있고 왼쪽에는 손님을 모시고 출행하는 도상과 대응하여 권운[구름]으로 꾸며 길상의 양, 사슴을 배치하고 오른쪽에는 우인[신선]과 비조[날으는 새] 따위가 본 그림과 대응하여 새겨져 있다. 여기에 나오는 주작은 문짝에 나오는 주작과 동일하며, 말도 문의 동왕공과 서왕모의 말과 동일한 것이다. 말하자면, 사자가 외출과 사냥을 나서는 광경인 것이다. 만약 이런 논리를 수긍한다면, '뿔 하나 달린 짐승' - 문고리쇠머리 원형 재갈은 주작의

19) 『중국화상석전집』 5 : 섭서ㆍ상서한화상석 도판해설, 1쪽.

권속인 것이다. 다른 그림돌에서 '뿔 하나 달린 짐승' 대신에 왼편과 오른편에 각각 청룡과 백호를 새겼다면, 이들 역할은 남쪽에서 동서의 축을 담당하는 사자라고 할 수 있다.

무령왕릉의 '뿔 하나 달린 돌짐승'이 '소 모습'이라는 보고서 이래로 중요한 도상의 하나다. 남조에서 돌로 만든 '소 모습'의 '진묘수'가 발굴되어 관심을 끈다.

2004년 북경 문물출판사에서 정주시문물고고연구소[장송림, 요영민, 장문하가 『중국고대진묘신물』을 발간했다. 이 책이 소개한 시대별 '진묘수'는 다음과 같다.

전국 시기 4종(중산국 1, 초 3)
진 · 서한 시기 11종(진 1, 서한 5, 동한 5)
양진 · 남북조 시기 47종(남조 제 3, 양 2, 陳 2, 서위 1, 무주 1, 서진 8,
　　　　　　　　동진晉 3, 후진秦 1, 북위 10, 동위 1, 북주
　　　　　　　　10, 북제 2, 북조 1, 남조 2)
수 · 당 시기 150종(수 15, 초당 55, 성당 74, 중당 1, 만당 4)
오대, 송, 원, 명 시기 11종(오대 8, 북송 1, 명 2)

'진묘수'가 남조시기와 수 · 당 시기에 몰려 있음을 확인할 수 있다. 권오영은 이 점에서 중국 '진묘수'의 발전기 - 전성기로 설명했다.

그런데 이 시기에 특히 양진 · 남북조 시기에 '소 모양'이 집중적으로 등장하는 것은 주목을 요한다.

서진 시기는 8종[20]의 '진묘수'가 소개되었다. 이중 5종이 '소 모습'

---

20) 서진(西晉) 시기는 8종 진묘수가 소개되었다. 진흙을 재료로 회칠한 도기(陶器)인데, 채색한 경우도 있다. 출토지는 하남의 낙양, 정주, 언사, 축의, 강소의 강정 지

의 진묘수다. "형태가 물소와 비슷하다"거나 "몸체가 소와 비슷하다"거나 "정리된 몸체의 형상이 물소와 가까워 비슷하다"로 도상이 설명된다. 서진의 소 모습의 도상은 북위 시기(9종[21])의 그것과 대비된다. 이들 도상은 '사람의 얼굴에 짐승의 몸체', '사람의 머리에 짐승의 몸체', '사람 얼굴', '무사', '하인[축누]' 따위와 같이 사람과 관련된 모습으로 나타나기 때문이다. 또한 북주 시기(10종[22])는 '무사' 모습 4종, 머리와 얼굴만 보이는 신수 모습 2종, 짐승 머리와 몸체 신수 3종, 호랑이 모습 1종 따위를 보인다. 북위와 북주의 '진묘수'는 유사성을 보인다.

윤무병이 무령왕릉의 '진묘수' 재료가 '석제'라는 점을 제1 요소로 제시한 대로 '돌(석회암)'이면서 '소 모습'을 한 것이 나타났던 것이다.

역이다. 이들 몸길이는 29~36.5mm이고 높이는 13.5~24.4mm 정도다. 물론 묘의 현실에 위치하고 있다. 악어 모양과 형태 파악이 어려운 신수가 원강(元康) 7년, 즉 297년의 강소의정화우공업공사공지 93호 묘에서 각각 1종씩 출토되었다. 이들 소 모양 진묘수는 뿔이 하나고 형태가 사나운 모습이다. 네 다리로 서 있고 다리 위에는 날개 모습이 있다. 목 부위에 세 묶음의 갈기머리가 있고 등어리 척추머리는 곡선의 갈기가 있다. 꼬리는 대체로 치켜들고 끝마무리는 휘어졌다.

21) 북위(北魏) 시기는 9종이 소개되어 있다. 진흙을 재료로 회칠한 도기인 것은 서진과 같다. 출토지는 하남의 낙양 3종, 섬서의 서안 1종, 산서의 대동 3종, 하북 곡양 1종, 내몽골 자치구 1종 따위다. 크기는 길이가 25mm 정도 높이가 21~39.5mm이다. 이들 진묘수의 도상은 '외뿔'과 '날개'가 있으나 '사람'과 관련지으려는 의도가 보인다.

22) 북주(北周) 시기의 10종이 소개되어 있다. '무사' 모습 4종, 머리와 얼굴만 보이는 신수 모습 2종, 짐승 머리와 몸체 신수 3종, 호랑이 모습 1종 따위다. '무사'는 투구와 갑옷을 입었다. 투구가 귀를 덮고 있다. 재료는 진흙이나 회칠한 도기의 3종보다 붉은 칠을 한 홍도(紅陶)의 7종으로 많다. 홍도는 '무사'가 모두 여기에 속한다. 크기는 길이가 18mm 정도이고 높이가 8~29mm이다. 출토지는 영하의 고남원 3종, 섬서의 함양 5종, 장안 2종이다. 이들 외에 동진(東晉) 시기의 3종(호랑이 모양, 재료 금 1종, 무사용 2종), 후진(後秦) 시기의 1종, 북제(北齊) 시기 2종, 북조(北朝) 1종(무사 모습 진흙·회), 남조(南朝) 2종이 있다.

양진 남북조의 '진묘수' 37종이 모두 진흙에 회칠하거나 채색한 도·자기[23]인 점을 감안하면, 특기할 만한 일이다.

이 '석진묘신수'는 남경 영산 남조 묘에서 출토되었다. 현재 남경시 박물관에 소장되어 있다. 이 '진묘수'가 널리 알려진 것은 1996년 12월에 강소성 미술관 편 『육조예술』이 출판되면서였다. 그 설명은 다음과 같다.

> 형태는 소와 비슷하다. 머리부터 꼬리까지 일 조條의 톱니 모양의 척추 머리털이 있다. 이것은 일종의 전설적 맹수로 묘 가운에 배치함으로써 진사鎭邪[사특한 것을 누르는 것]를 구하려는 것이다. 남조 묘소에 보인다. 길이 38.6mm, 높이 22.8mm이다.[24]

이상은 『중국고대진묘신물』「석진묘신수」[채색도판 67]를 옮긴 것이다. 무령왕릉의 그것과 설명이 비슷하다는 것을 알 수 있다. 묘 안에 위치한 '석제 진묘수'는 진한 시기의 10종[25] 가운데 2종이다. 물론 묘 밖에 위치한 한당 시기 13종[26] 모두는 석제다.

---

23) 모두 도기이고 자기는 섬서 한중 최가영서에서의 서위의 묘의 〈자인면진묘신수 (瓷人面鎭墓神獸)〉가 유일하다.

24) 정주시문물고고연구소 편, 2004, 『中國古代鎭墓神物』, 문물출판사, 93쪽.

25) 진한(秦漢) 시기의 '진묘수'는 10종이 소개되어 있다. 진(秦) 시기의 묘가 1종이고 한(漢) 시기가 나머지 9종이다. 그들의 위치는 묘실이다. 재료는 진흙, 나무, 돌 따위이며 회칠이나 채색하여 만든 도용(陶俑)이다. 뿔이 하나 또는 두 개 있고, 날개가 하나 혹은 둘이 있다. 『중국고대진묘신물』에서의 용어는 '도유익진묘신수(陶有翼鎭墓神獸)'가 3종, '도진묘신수(陶鎭墓神獸)'가 1종, '석진묘신수(石鎭墓神獸)'가 2종, '도회채유익진묘신수(陶繪彩有翼鎭墓神獸)'가 1종, '목회채진묘신수(木繪彩鎭墓神獸)'가 2종, '도회채진묘신수(陶繪彩鎭墓神獸)'가 1종이다. 출토지는 섬서의 서안 5건, 하남의 언사 1건, 남양 2건, 감숙의 무위 2건 따위이다. 크기는 높이가 15~37mm이고, 길이가 24~42mm이다.

5. 무덤지킴이 '토백' 과의 관계

'진묘수' 는 '묘를 지킨다' 는 의미를 가지고 있다. 그러나 중국에서조차 '진묘수' 의 개념은 쉽게 간주할 수 있는 것이 아니다. 아직 용어가 정립되지 않았다는 뜻이다.

이성구[1997]는 『중국고대의 주술적 사유와 제왕통치』에서 진묘수에 관한 학설[27]을 다음과 같이 정리한 바 있다.

① 산신[산의 신]이라는 견해[왕서명 '진묘수' 고 『문물』1979.6], ② 토백이라는 견해[진약균 · 원문청, 1983.3, 「'진묘수' 약고」, 『강한고고』], ③ 사자[죽은 이]의 영혼을 인도하여 승천케 하는 용이라는 견해[팽호, 1988.2, 「진묘수신해」, 『강한고고』], ④ 새에서 이화된 결과물로 추측하는 견해[오영증, 1989.10, 「전국 · 한대적 "조사신괴" 및 유관신화미신적 변이」, 『문물』], ⑤ 기타 영혼의 화신, 영혼을 돌보는 자, 명부 수호자, 생명의 신 따위의 복합적 성격을 지녔다는 견해[팽덕, 1991, 「초묘 '병주

---

26) 한(漢) · 당(唐) 시기의 '진묘수' 는 13종이 소개되어 있다. 이들 위치는 묘 밖에 돌로 만든 신물들이다. 종류로는 '천록(天祿)' 5종, '기린(麒麟)' 2종, '사자[獅]' 2종, '짐승[獸]' 1종, '해치(獬豸)' 2종, '독각수(獨角獸)' 1종 따위이다. 이들의 특징은 날개가 없거나(1종) 혹은 둘(12종)이고, 뿔이 아예 없거나(9종) 하나(2) 혹은 둘(2)인 경우가 있다. 출토지는 경안릉(景案陵, 강소 단양 제나라 무제), 애향묘(艾鄕墓, 강소 단양), 소연수릉(蕭衍修陵, 강소 단양, 양梁나라 무제), 소융묘(蕭融墓, 강소 남경 양梁 계양간왕桂陽簡王), 영안릉(永安陵, 강소 남경 진陳 문제 진청陳菁), 영릉(永陵, 섬서 부평, 문제文帝) 교릉(橋陵, 섬서 포성, 당唐 예종睿宗), 순릉(順陵, 섬서 함양, 무측천모 양楊씨) 따위로 왕릉이 주조를 이룬다. 크기는 길이가 2.75~4.2m, 높이가 2.75~4.6m이다.
27) 이성구, 1997, 『중국고대의 주술적 사유와 제왕통치』, 일조각, 178~179쪽.

[군사의 주인]' 고」, 『초문예론집』, 호북미술풀판사, 191쪽] 따위가 있다.[28]

이와 관련하여 권오영은 「무령왕릉 출토 진묘수의 계보와 사상적 배경」(2006)에서 ① 산신설은 다양한 신들(형태적 특징 ; 용형, 사슴뿔, 짐승 얼굴, 사람 얼굴, 두 머리)를 단순화시키는 과정이 납득하기 어렵다. ② 토백설은 토백의 몸이 아홉 번 휜다는 점에서 초묘의 진묘상과 일치하지 않는다. ③ 벽사진묘가 아닌 승천하기 위한 용이라는 설은 초묘의 백화[비단 폭 그림]의 용봉문[혼을 이끌어 천상에 오름]과 초묘의 진묘수가 다른 개념이기 때문에 인정하기가 어렵다. ④ 진묘수가 조타신이라는 설은 진묘수와 조타신의 성격이 모호하다고 지적했다. ⑤ 진묘수가 산 자를 위한 진흉벽사의 설은 진묘수의 기능을 일면만 파악한 단순성을 지적했다. 권오영은 이성구가 정리하지 않은 일본인 학자[길촌거자]의 진묘수의 내용이 통시적 변모를 겪었다는 설을 소개하고 있다. 우태산이 제시한 진묘수의 5가지 형태의 변모를 설명한 것이다. 그러면서 권오영은 '진묘수'의 통시적 변모를 통하여 무령왕릉의 '진묘수' 계보가 '독각수'로 신선세계라고 보고 있다.

그런데 이성구 교수는 진묘수의 신격을 문신적 전신[전쟁신]으로 파악하고 있다.[29] 그 근거의 하나로 진묘수의 특징 가운데 '토설[빼민 혀]' 현상을 들고 있다. 위협과 동시에 상대를 먹어치우겠다는 살육의 의미가 포함되어 있다는 것이다. 이 토설 현상은 뱀의 벽사주력을 상징하는 함사[뱀을 재갈 물림], 조사[뱀을 부림]의 전형적인 특징이다.[30]

---

28) 기존의 진묘수 연구 동향과 그 문제점에 대하여는 邱東聯, 1994.2, 「'진묘수' 辨考」, 『江漢考古』이 있기도 하다.

29) 이성구, 1997, 「전쟁주술과 벽사의 관념구조」, 『중국고대의 주술적 사유와 제왕통치』, 일조각.

이러한 설들을 종합하면, 모두 7종의 견해가 제시된 셈이다.

그러나 이들의 견해는 무덤지킴이의 연구 자료로 '진묘수 계통', 즉 형태만을 연구 대상으로 삼았기 때문에 재고할 필요가 있다. 논리의 원점에서 견해를 정리해 볼 필요가 있다는 것이다.

무령왕릉의 신수인 '뿔 하나 달린 돌짐승'은 소위 '매지권'을 응시하는 자세로 서 있다. 이 '매지권'에는 '토왕[흙의 왕] - 토백[흙의 제후] - 토부모[흙의 부모] - 상하 2000석 받는 중관[여러 관리]' 등이 등장한다. 이들은 '왕 - 백(작위) - 부모 - 위·아래의 관리'라는 위계질서를 보여준다. 이들 신격은 저승 즉 명부 세계의 계통에 속한다.

마서전은 『중국 명계의 제신』[1998]을 명왕[저승의 왕] - 명사[저승의 책사] - 음관명리[저승의 관리] - 흉신악살 - 귀졸[귀신 졸병]의 체계로 정리한 바 있다.[31] 마서전의 이 명부 세계와 무령왕의 그것을 비교한다면, 토왕은 명왕이 된다. 그리고 토백은 명왕이 내린 작위다. 이 '토백'이란 용어는 『초사』'초혼'에 근거한다. 즉 '魂兮歸來 君无下此幽都些 土伯九約'이 그것이다. 이를 왕일은 후토가 다스리는 곳으로 지하의 유도라

---

30) 권오영, 2006, 「무령왕릉 출토 진묘수의 계보와 사상적 배경」, 『무령왕릉 발굴 35주년 기념 신보고서 발간을 위한 무령왕릉 학술대회』, 56쪽.

31) 마서전이 정리한 명계의 여러 신은 다음과 같다. 명왕편은 ① 지장왕(地藏王), ② 풍도대제(酆都大帝), ③ 동악대제(東嶽大帝), ④ 염왕(閻王), ⑤ 십전염왕(十殿閻王), ⑥ 중국 4대염왕 따위이고 명사편은 ① 5도장군(五道將軍), ② 종규(鐘馗), ③ 동악십태보(東岳十太保), ④ 강원수(康元帥), ⑤ 맹원수(孟元帥), ⑥ 양원수(楊元帥), ⑦ 온원수(溫元帥), ⑧ 십대음사(十大陰師) 따위이고, 음관명리편은 ① 성황(城隍), ② 판관(判官), ③ 수묘신후토(守墓神后土), ④ 토지(土地), ⑤ 지두부인 혈하대장군(池頭夫人 血河大將軍), ⑥ 공조사자(功曹使者) 따위이고, 흉신악살편은 ① 5통(五通), ② 살신(煞鬼), ③ 오온 오온사자 8부귀신(溫神 五蘊使者 八部鬼神), ④ 상문신 조객(喪門神 弔客) 따위이고, 귀졸편은 ① 흑무상 백무상(黑无常 白无常), ② 우두 마면(牛頭 馬面), ③ 야차 나찰(夜叉 羅刹), ④ 맹파신(孟婆神) 따위다.

는 것이다. 그러므로 토백은 후토의 후백이다.[32]

왕일의 이런 해석을 따른다면, 명왕은 후토인 셈이다. 토왕도 이와 같은 위치일 것으로 짐작된다.

중국고대 명부의 최고 통치자는 최초에 지장보살과 십전염왕아 아니라 대지신인 후토였다. 마서전은 명부의 최고 통치자 즉 명왕을 지장왕, 풍도대제, 동악대제, 염[라대]왕, 십전염왕, 중국4대염왕을 제시하고 있다. 후토는 원래 남신이었으나 수나라 이후 여신으로 바뀌었다.[33]

마서전은 후토신이 묘를 지키는 신이라는 관념이 『대당개원례』부터라고 했다. 사람들이 묘를 만들고, 장례를 지내며, 묘를 옮길 경우, 보살핌을 청하는 신이었던 것이다. 중국의 경우, 후토신은 묘 앞의 왼편 혹은 오른편에 자리하며 청나라 이후에는 '후토신' 또는 '사신소[제사 지내는 곳]' 라고 새기는 풍속이 생겼다. 비는 보통 높이가 좌우로 2자였는데, 드물게는 '산신', '용신', '복신[복을 주는 신]' 이라 쓰기도 했다.

마서전의 견해를 빌리면, 무령왕릉의 토왕 계열은 아직 후토가 묘를 지키기 이전의 형식이라고 할 수 있다.

현재의 학문적 수준에서 확인되는 토백의 도상은 1979년 발굴된 호북수현 증후을 묘 관그림[관화]일 것이다. 이 토백의 모습은 험상궂기 짝이 없다. 한 손에는 창[戈]을 잡고 다른 손에는 끈 줄을 잡았다. 머리는 날카로운 뿔이 나 있다. 등과 몸에는 융기가 나 있고, 손톱에는 선혈이 흐른다. 날렵하게 사람들을 잡는다. 머리는 늙은 호랑이 모습으로 3개의 눈을 가졌다. 몸체는 소의 모습으로 맛있는 성찬을 하는 듯하다. 이 토백은 사람을 잡아먹는 일면이 있고, 명계의 문관[문지기]이며 보호

---

32) 마서전, 2002, 2판, 『중국명계제신(中國冥界諸神)』, 단결출판사, 178~179쪽, "幽都, 地下后土所治也 地下幽冥 故稱幽都 土伯 后土之侯伯也".
33) 후토는 묘우에서는 여성신이 아니라 여전히 남성신이다.

자이며, 귀신을 누르고 사특한 것을 쫓아내며 망령을 호위하는 일면이 있다.[34]

　이와 같은 토백의 식인적 일면은 당시 도굴하는 사회에 대한 경고 메시지로 여겨진다. 『당률소의』[35]에 당시 모습을 짐작하는 형률이 있다.

　『당률소의』 제6조[명례 6, 10악 율문 2, 소의 3 모반 위모위사직]에서 십악[36]의 하나로 등장한다. '사직'에서 '사'는 5토의 신을 삼고 '직'은 전관[밭을 맡는 관리]의 우두머리를 삼아서 토지의 신묘함을 현시하고 곡물의 수확을 주관한다는 의미가 있다. 임금은 신에게 쾌주가 되고 음식은 사람에게 하늘이므로 쾌주가 편안하면 곧 귀신이 안정되고 귀신이 안정되면 곧 풍년이 든다. 신하가 장차 역모를 꾀하여 임금을 없애려는 마음을 가져, 군주의 지위가 위태롭게 된다면, 귀신이 어디에 의지하겠는가. 감히 황제의 존호를 들어서 말할 수 없으므로 가탁하여 '사직'이

---

34) 마서전은 토백을 방상씨(方相氏), 신다(神荼)와 욱루(郁壘), 종규(鐘馗) 정도로 결말을 맺고 있다.

35) 『당률소의(唐律疏議)』은 장손무기(長孫無忌) 등이 편찬한 책으로 원명이 『율소(律疏)』이다. 당 고종 초 영휘(永徽) 4년(653) 『영휘률(永徽律)』에 주소(注疏)를 더하여 편찬한 일종의 율(律) 해석서다. 고려 시대의 『고려률(高麗律)』, 조선시대의 『경국대전(經國大典)』에 영향을 주었다.

36) 『당률소의』에는 십악(十惡)이 등장한다. 십악은 모든 죄[五刑] 가운데 죄질이 가장 나쁜 열 가지다. 인륜의 명분과 교화를 훼손하고 사대부의 지위를 상실하게 하는 행위이기 때문이다. 특별히 명례편의 맨 앞에 두어 분명하게 경계하였다. 가장 나쁜 범죄행위를 헤아려 사항별로 분류하면 10항이 되므로 '십악'이라고 한다. 한(漢)나라에서 제정한 구장(九章)은 비록 없어졌으나 '불도(不道)', '불경(不敬)'의 죄목은 아직 남아 있다. 그 기원이 한나라부터였으나 남조의 양(梁)·진(陳) 이후도 그 조항이 대략 있고 북주(北周)·남제(南齊)에도 10악의 죄명은 있으나 '십악'이란 죄목은 없다. 수(隋) 문제(文帝) 개황(開皇, 581~600)에 법제를 정하면서 비로소 죄목이 생겼는데, 옛 법제를 참작하여 그 수를 10조목을 하였다. 양제(煬帝) 대업(大業, 605~616)에 개정하여 8조가 되었고 무덕(武德, 618~626) 이후에는 개황률(開皇律)을 준수하여 가감된 일이 없었다.

라 말한 것이다. 『주례』 '동관 장인[기술자]' 에 왼쪽에 종묘 오른쪽에 사
직이라고 하였는데 이것은 모두 임금이 높이 받드는 것이다.[37]

　『당률소의』 58조[위금 1] 난입태종묘문은 당시 무덤에 대한 사회의식
을 보여준다. 태묘문 및 산릉의 저역문에 난입한 자는 도형 2년에 처한
다. '闌' 이라 함은 들어가면 안 되는 데 들어가는 것을 말한다. 소의 1
태는 크다는 의미가 있다. 묘는 사당[廟]이다. 황실 조상의 신주가 그 안
에 있음을 말한다. 그러므로 태묘라 이름한다. 산릉은 『삼진기』에 "秦은
천자의 무덤을 산이라 하였고 한은 능이라 하였다"고 했는데 이를 합하
여 산릉이라 하였다. 높고 큼이 산과 같고 언덕과 같음을 말한 것이다.
'조역문' 은 『효경』에 "그 묘지[택조]를 점친다"라고 했다. 좋은 묘지를
얻은 뒤에는 그 주위를 묘지의 구역으로 삼는다. 모두 숙위를 두어 막고
지키게 했다. 출입을 해야 할 경우에는 '명적[기록하는 장부]' 이 있다.
그러므로 들어가선 아니 되는 데를 들어가는 것을 '난입' 이라 하고 각
각 2년의 도죄를 받는다. 태묘의 실에 들어가면 해당 조문에 죄명이 없
더라도 아래 조문의 "묘[종묘는 궁에서 1등을 감한다"는 예에 따라 어
재소에서 1등을 감하여 유형 3,000리에 처한다. 만약 이유없이 산릉에
올라가면 또한 태묘에 들어갔을 때의 처벌과 동일하다. 원은 담이다. 태
묘나 산릉의 담을 넘은 자는 각각 도형 3년에 처한다. 수위는 군인으로
태묘 · 산릉 · 태사에서 막고 지키며 숙위하는 자를 말한다. 만약 수위가
담을 넘거나 문에 난입하는 것을 적발하지 못하면 각각 죄에서 2등을 감
한다. 수위를 막고 지키는 위사 가운데 밤낮으로 시간을 나누어 전담하
는 자를 말하며 시간을 맡지 않는 자는 처벌되지 않는다. 주수[주된 장
수]는 태묘 · 산릉 · 태사를 숙위하는 병사의 감독을 말한다. 주수는 1등

---

37) 『당률소의』 제6조 명례名例6 10惡 律文 2 소의 3 모반謀反 謂謀危社稷.

부록1 외뿔 돌짐승[진묘수] 연구　247

을 감한다. 고의로 놓아준 자는 각각 죄인의 죄와 같다. 다른 조문의 수위 및 감문은 이에 준한다.

당시 묘를 지키기 위하여 얼마나 많은 노력을 하였는지 짐작할 수 있다.

또 하나는 문신적 벽사진경의 일면이 중국인에게 있어서 여전히 믿어지는 신앙인 것이다. 아직까지 토백이 중국 민속에 남아 있는 것은 이 때문일 것이다.[38]

일종의 지킴이인 것이다. 집지킴이인 구렁이가 집을 나가면, 그 집은 망한다는 믿음이 전통사회에 있었다. 이는 과학적인 사고이기도 하다. 초가집에서 뱀이 집을 떠난다는 것은 먹이인 쥐가 떠났음을 의미한다. 이는 집의 '사망선고'라 할 수 있다.

이러한 무덤지킴이의 믿음은 오른쪽 다리를 떼어놓는 모습으로 나타난 듯하다.

> 우편 후각은 발견 당시 이미 절단되어 있었다. 그 이유를 알 수 없으나 혹시 왕비추장시에 넘어 떨어뜨렸는지 알 수 없다.[39]

이러한 오른쪽 뒷다리의 파손은 고의적이었다고 생각된다.

우리나라 민예품 가운데서 나무 호랑이 조각이 있다. 이 나무 호랑이

---

38) 그 민속을 들어 보면 다음과 같다. 2월 초2일은 토지정신(土地正神)의 탄신이어서 토지공에 제사를 지낸다. 3월 18일은 후토진의 탄신일이며 청명절은 '귀절(鬼節)'이라 하여 봉분을 올리고 묘를 청소하고 여러 무리의 귀신들에서 제사를 지낸다. 또한 성황이 순찰하는 날이기도 하다. 특히 4월 22일과 7월 15일은 북경의 우두머리 성황(都城隍)이 순찰하는 날이다. 6월 초6일은 장족(壯族)의 경우 토지신에게 제사를 지낸다. 이와 같이 민속에 이미 생활화되어 버린 것이다.

39) 보고서, 46쪽.

는 공주민속극 박물관에 소장되어 있는데, 가로 세로가 50~30cm 가량의 크기다. 그런데 흥미로운 것이 뒷다리 발목 부분이 새겨져 있지 않다. 심우성 관장의 설명에 의하며, 호랑이가 달아날까 봐서 달아나지 못하도록 그렇게 되었다는 것이다.

만약 무덤지킴이 뒷다리가 일부러 파손된 것이라면, 우리나라의 이러한 민간 신앙은 백제 시기부터 그 연원이 됨을 확인한 셈이다.[40) 무덤지킴이의 뒷다리를 파손하면서 잡아두려는 것은 '지킴이'라는 관념이 바탕에 깔려 있다고 할 것이다. 마이클 로이의 견해처럼 무령왕과 왕비의 혼이 선계로 가는 길을 안내하는 '말'이라고 할 수 있다.

우리나라를 비롯하여 동양권의 신화에서 신들은 '말'이다. 산신령의 말은 '호랑이'이고, 용왕은 '용'이거나 '잉어'이며, 서낭은 '말'이다. 도교에서 구천응원뇌성보화천존은 '기린'이고, 문수보살은 '사자'이고 보현보살은 '코끼리'다. 우리나라 전설에서 나오는 유명한 장군이나 사람은 으레 거기에 상응하는 '명마'를 만나게 된다. '적토마'나 '백마' 따위도 그 좋은 보기다. 백마는 당나라 현장이 서역에서 불경을 싣고 오면서, 거의 신화화되었다. 『삼국지』에 등장하는 방통이나 제갈공명이 '백마'를 타는 것도 이런 믿음에서 비롯된다. 우리나라 신부들이 '백마 타고 오는 신랑'을 바라는 것도 같은 민간신앙이라고 할 수 있다. 오늘날에도 여전히 나라의 최고 통치자들은 특별한 장치를 배려한 전용기와 같은 기능이 전승되는 셈이다.

---

40) 권오영은 『고대 동아시아 교류의 빛, 무령왕릉』에서 중국 연구 과정에서 박순발에 의하여 '진묘수' 뒷다리가 부서진 공통점을 발견했다고 했다.

6. 고대 인도의 브리샤쉬바파티와 유니콘Unicorn

중국은 문화의 경유지이자 생산자라는 관점에 대하여 살펴보고자
한다.

1) 고대 인도의 '1각수' 브리샤쉬바파티

고대 인도 시기의 모헨조 - 다로,[41] 하랍빠 그리고 유적들에서 글씨가
새겨진 유물이 4,200개 가량 출토되었다. 이들은 주로 인장이나 연한 돌
조각 그리고 구리판에 새겨진 것이었다. 이들은 완숙한 문자 체계가 존
재하였고 수메르나 파라오 통치기의 이집트 필기체와 뚜렷이 구분되는
것이다. 문자 기록과 함께 인장에 들어 있는 주제 그림으로는 혹 달린
황소, 혹 없는 황소, 물소, 코끼리, 호랑이, 코뿔소, 악어, 영양, 물고기,
거북이 등이 있었다.

여기서 주목되는 것이 혹 달린 황소 즉, 일각수다. 피곳Piggott, Stuart에
의하면, 혹이 달린 황소 또는 브라마 황소(Bos indicus)가 하랍빠 사람들
에게 신성한 의미가 있다. 이 종은 오늘날 인도의 마을과 도시를 자유로
이 돌아다니는 특권을 부여받고 있다. 그 중에서도 '여물통' 앞에 서 있
는 동물을 지적하고 있다. 마하데반I. Mahadevan은 이 여물통을 베다의

---

41) 모헨조 - 다로의 가장 오래된 지층은 그 연대가 3,000년 이전의 시기로 왕조 시대
이집트 초창기와 일치하거나 왕조 시대 이전의 통치자들이 지배하던 시기와 일치
한다. 고대인도 241~242.

신찬ambrosia:soma을 여과하기 위한 성스러운 장치로 고대 베다의식에서 중요한 역할을 맡고 있었던 것으로 풀이하고 있다. 말하자면, 인장의 혹 없는 황소를 일각수로의 해석은 베다의 경전에 의거했던 것이다.

인더스 - 사라스바티 인장의 그림 중에서 가장 흔한 것은 뿔이 하나 달려 있는 짐승의 모습이다. 어떤 사람들은 이것을 혹 없는 황소라고 주장하였다. 그러나 이러한 주장은 전혀 확실하지 않다. 이 그림의 상태를 살펴보면, 다른 인장들에 묘사되어 있는 사실적인 그림들보다 그림솜씨가 못한 것이거나 신화에 나오는 복합 동물을 묘사한 것이거나 둘 중의 하나일 것이다. 뒤의 설명이 맞는 것으로 보이는데, 그 짐승이 일각수를 나타낸다. 그것은 베다의 유산과 직접적인 관련이 있기 때문이다. 무엇보다도 뿔이 하나인(에카 - 쉬링가) 동물의 개념은 후대 힌두 문헌에 비교적 자주 나온다.[42]

이런 해석에 대하여 『최초의 문명은 고대인도에서 시작되었다In Search of the Cradle of Civilization』의 저자들은 황소와 말의 복합 동물로 보고 있다. 몸통이 길고 이상하게 보이는 것은 이 황소만이 아니란 것을 말한다는 것이다. 이 복합동물은 '브리샤쉬바파티' 로 발현한 인드라 신을 묘사한 것이라는 것이다.

브리샤쉬바파티의 축자적인 뜻은 '황소 - 말의 왕(파티)' 라는 의미를 가지고 있다. 브리샤(황소)와 아쉬바(말)의 합성어인 브리샤쉬바(황소 - 말)는 베다신화에서 인드라 신이 타던 말을 나타낸다.[43]

---

42) 리그 - 베다(II.31.6)에 나와 있는 'eka-pad' 라는 용어는 일각수를 가리키는 것으로 믿는 학자들이 있다. 그렇지만 이 단어는 '뿔이 하나인' 보다는 '발이 하나인' 이라는 의미를 지니고 있으며 여기서 분명히 태양을 가리킨다.

43) 게오르그 포이어스타인 외 지음, 정광식 옮김, 『최초의 문명은 고대인도에서 시작되었다』, 226쪽.

인도에 소가 처음 도입된 것은 기원전 2000년대에 아리안족이 침입하면서로 알려져 있다. 소의 길들임은 서부 아시아의 다른 고대 정착지보다 먼저 머가르에서 시작되었다는 것이 새로운 증거에 의해서 밝혀졌다. 게다가 머가르의 주민들이 그 어떤 길들여진 큰 짐승들보다 소를 중요시하였다는 증거가 있다. 그 문화의 특성은 수천 년이 흐르는 동안에도 잘 보존되어서 오늘날 힌두교에 전해졌다.[44]

고대 산스크리트어에서 '암소' 와 '황소' 를 가리키는 단어는 모두 'go' 라고 한다. 이 단어의 복수형으로 사용하면 별과 태양광선을 의미한다. 'go' 는 또한 지구를 의미하며 우리 현대인들을 더욱 혼동하게 만드는 것은 인간의 말, 특히 베다 선각자들의 말을 가리키기도 한다.

'go-kula(소치는 사람 또는 소의 가족)' 라는 단어는 사원을 가리킨다. 'go-cara(소치는 목장)' 는 '범위' 또는 '한계' 라는 추상적인 개념을 나타내기도 한다. 'gotra' 는 '외양간' 이외에도 '가족' 또는 '인종' 이라는 뜻으로 쓰이기도 한다. 'go-pati(소의 주인)' 는 황소를 의미하기도 하고 달을 의미하기도 한다. 'go-pala(소 보호자)' 는 소박한 소치기 또는 지구(go)를 통치하는 왕을 가리키기도 한다. 'go-bhuj(소를 즐기는 사람)' 도 '왕' 을 나타낸다. 'go-shtha(소의 우리)' 에서 파생된 'goshthit' 는 '모임' 또는 '친교' 를 의미한다. 그리고 마지막으로 'gosh-pada(소의 발자국)' 라는 단어는 '사소한 일' 이라는 은유적인 의미를 갖기도 한다.

'go' 라는 단어에서 이토록 많은 단어가 파생한 것을 보면 베다 아리안족들의 마음에 가장 크게 자리잡고 있는 것이 소였다는 것은 분명한 것을 알 수 있다. 그들이 소를 위해서 기도하고 싸웠던 것이다. 그러나 리그 - 베다를 편견없이 읽어보면 자연히 드러나는 일이지만, 그들은 아

---

44) 위의 책, 248쪽.

주 숭고한 형이상학적인 개념들을 표현하기 위해서도 소과[종류]와의 친숙함을 이용하였다.[45]

이 글에서 황소와 말의 복합 동물이라는 견해에 주목하는 것은 뿔이 하나일 뿐만 아니라 앞발 허벅지 부분에 안장 모양의 무령왕릉의 지킴이와 비슷한 데서 비롯한다. 천마총에서도 천마가 그러하듯이 무령왕이 타고 다니는 말이 필요하기 때문이다. 더구나 이 인장들은 '소유권'을 나타내기 위하여[46] 사용되었다는 해석도 관심의 대상이다.

2) 서양의 '1각수' 인 유니콘Unicorn · 아피스Apis · 아누Anu

흔히 중세 유럽의 동물지에 나오는 전설적인 동물로 일각수인 유니콘 Unicorn이 있다.

브리테니커 사전에 의하면, 유니콘은 말과 같은 체구로 이마에는 한 개의 뿔이 있는 것이 특징이다. 그 뿔의 아래 부분은 흰빛, 중간 부분은 검은 빛, 위 부분은 붉은 빛이다. 그 뿔에는 불가사의한 효능이 있어 독 가까이에 놓으면 습기를 띠게 된다고 믿어졌다. 이런 전설 때문에 돌고래를 닮은 해수인 우니코르(일각고래)의 이빨이 대단히 비싼 값으로 팔렸다. 16세기의 의사 앙브루아즈 팔레는 『일각수론』을 썼고, 영국 왕실의 문장[무늬]으로 사자와 상대를 이루는 일각수의 그림을 사용하고 있다.

고대의 여행가 크테시아스의 기록에 의하면, 이 일각수는 인도산이라

---

45) 위의 책, 249~250쪽.
46) 인장을 눌러 찍어서 만든 점토판도 상당수가 발견되었다. 이 점토판들은 수많은 물품에 붙어 있던 꼬리표와 같은 역할을 했던 것으로 보이는데, 그것은 이 점토판들의 뒷면에 포장재료의 흔적이 가끔 남아 있기 때문이다. 우연의 일치인지도 모르지만, 무령왕릉의 진묘수는 소위 '매지권'을 지키고 있기도 하다.

고 한다.

이런 일각수의 도상은 황소Bull에 기원하는 것이 아닌가 짐작된다. 원래 황소는 선사시대 종교의식의 대상이었다. 이 의식은 에게 바다 동부에서 시작되었으며, 파키스탄의 인더스 계곡에서 동부 유럽의 도나우강까지 퍼져나갔다. 황소 신의 상징은 남근상이었고, 동쪽에서 황소는 종종 위대한 풍요의 여신의 배우자로 묘사되었다. 따라서 생산의 남성적 원리와 정복할 수 없는 힘을 나타냈다. 많은 황소 조각이나 그림들이 발견되었는데, 부적이나 액막이에 사용되도록 고안된 것이었다. 이것들은 부족의 성소에 있는 커다란 도상의 복제품이었던 듯하다. 이런 황소 숭배는 역사 시대에도 계속되었으며, 특히 인더스 계곡과 크레타 섬에서 중요하게 행해졌다.

신화에 구체적으로 나타난 신이 고대 이집트의 아피스Apis와 메소포타미아의 아누Anu(수메르어는 An)가 있다.

아피스는 고대 이집트 종교에 나오는 황소의 신이다. 멤피스에서 숭배되었다. 본래 나일 강의 신 하피와 같은 형상을 가졌던 아피스는 이집트의 다른 황소 신들과 같이 처음에는 가축이나 짐승의 번성과 관련된 다산의 신이었을 것이다. 그러나 이 신은 멤피스 지방의 최고신인 프타, 죽음의 신 오시리스(우세르 - 하피), 지하세계의 신 소카리스와 관련되었다. 그 결과 이 신은 아피스 - 아툼으로 태양 숭배와도 관련되었고, 뿔사이로 햇무리가 표현되었다.

그리스 · 로마 저술가들의 글에서 나오는 아피스는 흑백 무늬를 띠었고, 눈에 띠는 반점이 그 특징이었다. 저술가들은 아피스가 하늘에서 비추는 한 줄기 햇살로 인해 잉태되었다고 하고, 어떤 저술가는 아피스 황소가 다른 아피스 황소에게서 태어났다고 했다. 신성한 황소가 죽으면 사람들은 그를 이을 송아지를 찾아내어 멤피스의 아피에이온에 앉히었다. 제사장들이 아피스의 행동을 관찰하여 징조를 점치면서 아피스의 신탁은 널리 퍼졌다. 아피스 황소가 죽으면 고대 그리스·로마 세계에 사라페움으로 알려진 지하 회랑 사카라에 커다란 관과 함께 매장되었다. 프톨레마이오스 1세 때 사라피스(그리스의 오소라피스 상을 본뜬 것인데, 오소라피스는 오시리스와 아피스의 혼합신으로 아나톨리아 신화에 나옴) 숭배가 일어난 곳은 사라페움이었을 것이다. 알렉산드리아에까지 전해진 사라피스 숭배는 그리스·로마에 퍼져 나가서 가장 널리 보급된 동양 제의 중 하나가 되었다.

아누Anu는 메소포타미아의 하늘의 신으로 수메르어로는 An이다. 아누는 이 지역에서 벨Bel(수메르어로는 Enlil)과 에아Ea(수메르어로는 Enki) 따위와 함께 3대 신이다. 대부분 하늘의 신처럼, 이론상으로는 최상의 신이었으나, 실제로 송가 의식에서 차지하는 비중은 낮은 편이었다. 아누는 모든 신들의 아버지인 동시에 악마와 악령들의 아버지이기도 했고, 왕들과 책력의 신이기도 했다. 대개 힘을 상징하는 뿔이 달린 머리 장식을 하는 것이 이 신의 특징이다. 그 기원은 최소한 B.C.3000년경의 수메르 상고시대로 거슬러 올라간다. 원래 그는 커다란 황소로 생각되었던 듯하다. 그러나, 뒤에는 이 황소라는 개념이 안An과는 별개로 안이 소유하는 하늘의 황소The Bull of Heaven라는 신화적 존재로 변하게 되었다.

이들 유니콘, 아피스, 아누는 모두 '일각수'라는 특징이 있다. 이 뿔은 처음 생산 즉 번식의 상징이었으나 하늘의 신으로 승격되었다. 뿔은 아래와 위가 다른 색깔로, 혹은 햇무리로 표현되었다. 무령왕릉 돌짐승의 철제 뿔이 아래와 위가 다른 모양을 연상시킨다. 이들 신들은 상고시대의 산물이며 인도 등지와 관련이 되어 있다.

중국 남북조에 소 모습의 도상이 나타난 것과 무관하지 않을 것이라고 생각된다. 이 시기는 중국이 서역과 교류가 빈번하던 시기였기 때문이다. 또한 왜 무령왕릉의 지킴이가 소의 도상이고 무덤 안에 위치해 있는지를 설명해주는 것처럼 생각된다.

앞에서도 살핀 바 있는 토백의 도상을 연상시키기 때문이다.

그 모습은 험상궂기 짝이 없다. 한 손에는 창(戈)을 잡고 다른 손에는 끈줄을 잡았다. 머리는 날카로운 뿔이 나 있다. 등과 몸에는 융기가 나 있고, 손톱에는 선혈이 흐른다. 날렵하게 사람들을 잡는다. 두뇌는 늙은 호랑이 모습으로 세 개의 눈을 가졌다. 몸체는 소의 모습으로 맛있는 성찬을 하는 듯하다.

토백에 관한 최초의 기록은 『초사』 「초혼」이다. "토백은 몸이 아홉 굴곡이 있고 그 뿔은 뾰족하고 뾰족하다[土伯九約 其角觺觺些]"란 구절이 그것이다. 왕일王逸이 주석을 달았는데, 대략 다음과 같다.

토백土伯은 후토의 후백侯伯이다. 지하에는 토백이 문[門戶]을 지킨다는 말이 된다. 그 몸은 아홉 구비가 있고, 뿔은 뾰죽뾰족하여 접촉하면 사람을 해친다. 의의觺觺은 날키로운 모습이다. … 중략 … 비비駓駓는 질주하는 모습이다. 눈을 보면 늙은 호랑이지만, 그 몸체는 소와 비슷하다. 이것은 모두 사람을 잡아먹는다는 것이다.

이를 요약하면, 토백의 모습은 뿔이 뾰족하고 닿으면 사람을 해친다. 몸체는 소와 비슷하다. 특히 '비駓'는 '누른 빛과 흰 빛이 섞인 말' 이므로, '비비駓駓'는 그런 말들이 달려가는 모양이라고 할 수 있다.

토백의 이러한 모습과 속성은 유니콘과 아주 유사한 부분이 많다. 유니콘이 뿔이 가지고 있다는 점, 그 뿔의 색깔(아래 부분은 흰빛, 중간 부분은 검은 빛, 위 부분은 붉은 빛)이 있다는 점, 그 뿔에는 불가사의한 효능이 있다는 점 따위가 그러하다.

무령왕릉의 돌짐승 철제 뿔이 세 부분의 융기를 가졌다는 점은 유니콘의 뿔의 세 가지 색깔을 연상시킨다. 더구나 철제를 사용한 것도 주목해야 할 점이다. 물소[서우]가 솥을 쟁취하려는 흥미로운 그림돌(세로 96mm×가로 227mm)이 있다. 동한 시기의 것으로 1995년 발굴된 것으로 현재 서주한화상석예술관에 소장되어 있다. 이 그림돌의 도상은 위 아래 두 층으로 되어 있다. 아래 층은 출행도로 화려하다. 위 층은 중앙에 솥이 배치되어 있다. 곁에는 옥토끼가 솥을 지키고 있다. 머리가 두 개이며 날개가 달린 소가 솥을 향하여 받으려고 하고 옥토끼는 이를 막고자 한다. 솥의 위에는 '아홉 모가지가 있는 벼'를 새기고 가화 곁에는 대응하여 봉황이 있다. 왼편 위에는 구미호가 있고 오른편에는 기린이 있다.[47] 이런 도상으로 보아 무령왕릉의 짐승은 쇠(솥)를 얻은 것으로 생각할 수 있다. 그만큼 완전한 신수라는 뜻이다.

유니콘의 뿔에는 불가사의한 효능이 있어 독 가까이에 놓으면 습기를 띠게 된다고 한다. 이런 전설 때문에 돌고래를 닮은 해수인 우니코르(일 각고래)의 이빨이 대단히 비싼 값으로 팔렸다. 16세기의 의사 앙브루아즈 팔레는 『일각수론一角獸論』을 썼고, 영국 왕실의 문장紋章으로 사자와 상대를 이루는 일각수의 그림을 사용하고 있다.

아피스는 고대 이집트 종교에 나오는 황소의 신神이다. 멤피스에서 숭배되었다. 본래 나일 강의 신 하피와 같은 형상을 가졌던 아피스는 이집트의 다른 황소 신들과 같이 처음에는 가축이나 짐승의 번성과 관련된 다산의 신이었을 것이다. 그러나 이 신은 멤피스 지방의 최고신인 프타, 죽음의 신 오시리스(우세르 - 하피), 지하세계의 신 소카리스와 관련되었다. 그 결과 이 신은 아피스 - 아툼으로 태양 숭배와도 관련되었고, 뿔 사이로 햇무리가 표현되었다.

서양의 일각수와 동양의 그것 사이에는 이와 같은 많은 유사성이 있다는 것이다.

이송란은 「백제 무령왕과 왕비 관의 형태와 도상」에서 팔메트가 이집

---

47) 중국하상석전집 4(江蘇 · 安徽 · 浙江) 犀牛爭鼎 車馬出行畵像, 38쪽.

트 신왕국(B.C.1570~1085)에서 알렉산더대왕의 동방원정을 통하여 인도 서북부, 중앙아시아 지역까지 헬레니즘 문화가 유입되었다고 했다.[48]

7. 결론

무령왕릉의 무덤지킴이는 서양의 일각수와 무관하지 않다는 것이다. 21세기에 들어서서 문화현상를 연구함에 있어서 '경유지'이면서 동시에 '생산지'라는 관점을 가진다. 사람들 삶의 모습이란 100리가 되면 달라지게 된다. 기후와 풍토 때문이다. 따라서 원래 생산지에서와 달리 재생산되면서 퍼져 나간다는 생각이다.

중국에 '진묘수' 논의에서도 그림돌[화상석]과 그림벽돌[화상전] 현대의 산신·용신·복신까지 자료로 삼아야 한다. '철제 외뿔 달린 돌짐승'이 무덤 안의 지킴이라면, '매지권'도 마땅히 '진묘권'으로 보아야 한다. 다시 말하자면, 무령왕릉의 유물 하나하나 독립된 것이면서 동시에 전체적인 것이라는 것이다. 무령왕릉의 신물 철제 외뿔 석제 돌짐승의 기능은 무덤 도굴자에 대한 경고이자 왕릉 지킴이로 문신이면서 사자인 말이기도 한 것이다.

---

48) 이송란, 2006,「백제 무령왕과 왕비 관의 형태와 도상」,『무령왕릉 학술대회』, 192~202쪽.

참고문헌

구중회, 2001,『계룡산 굿당 연구』, 서울 : 국학자료원.

국립공주박물관, 2005,『공주무령왕릉 : 출토 유물 분석 보고서 I』제17책.

국립공주박물관,『무령왕릉 학술대회』, 공주 : 2006.11.24~25.

권오영, 2005,『고대 동아시아 교류사의 빛, 무령왕릉』, 서울 : 돌베개.

문화공보부 문화재관리국, 1973,『무령왕릉학술조사보고』, 서울.

박소정 편역, 2005,『교양중국사』, 서울 : 이산.

薄松年 編, 1998,『中國門神畵』, 北京 : 嶺南美術出版社.

백제문화연구소,『백제무령왕릉 연구논문집』I・II.

백제문화연구소・공주시, 1991,『백제무령왕릉』, 공주.

吳榮曾, 1989.10,「戰國・漢代的 ‘操蛇神怪’ 及有關神話迷信的變異」,『文物』, 北京.

王瑞明, 1979.6,「‘진묘수’ 고 ‘鎭墓獸’ 考」,『文物』, 北京.

이남규 역, 2005,『중국고대 생활사』, 서울 : 솔.

李成九, 1997,『中國古代의 呪術的 思惟와 帝王統治』, 서울 : 일조각.

李如森, 2003,『漢代喪葬禮俗』, 심양 : 심양출판사.

장인성・임대희 역, 2005,『중국역대 陵寢제도』, 서울 : 서경.

장호수, 2002,『문화재학 개론』, 서울 : 백산자료원.

전호태, 2004,『고구려 고분벽화의 세계』, 서울 : 서울대학교 출판부.

정광식 역, 2000,『최초의 문명은 고대 인도에서 시작되었다』, 서울 : 사군자.

中國畵像石全集編輯委員會 編, 2000,『中國畵像石全集』1・2・3 : 山東漢畵像石,
　　　濟南 : 山東美術出版社.

中國畵像石全集編輯委員會 編, 2000,『中國畵像石全集』4 : 江蘇・安徽・浙江漢
　　　畵像石, 濟南 : 山東美術出版社.

中國畵像石全集編輯委員會 編, 2000,『中國畵像石全集』5 : 陝西・山西漢畵像石,
　　　濟南 : 山東美術出版社.

中國畵像石全集編輯委員會 編, 2000,『中國畵像石全集』6 : 河南漢畵像石, 鄭州 :
　　　河南美術出版社, 濟南 : 山東美術出版社.

中國畵像石全集編輯委員會 編, 2000,『中國畵像石全集』7：四川漢畵像石, 鄭州：
　　河南美術出版社, 濟南：山東美術出版社.

中國畵像石全集編輯委員會 編, 2000,『中國畵像石全集』8：石刻綫畵, 鄭州：河南
　　美術出版社, 濟南：山東美術出版社.

中國畵像磚全集編輯委員會 編, 2006,『中國畵像磚全集』：四川畵像磚 1・2, 成都：
　　四川美術出版社.

中國畵像磚全集編輯委員會 編, 2006,『中國畵像磚全集』：全國其他地區畵像磚, 成
　　都：四川美術出版社.

中國畵像磚全集編輯委員會 編, 2006,『中國畵像磚全集』：河南畵像磚, 成都：四川
　　美術出版社.

中華世紀壇藝術館・內蒙古自治區博物館 編, 2006,『成吉思汗：中國古代北方草原
　　游牧文化』, 北京：北京出版社.

陳躍均・院文清, 1983.3,「'鎭墓獸' 略考」,『江漢古考』, 北京.

충청남도,『武寧王陵의 硏究現況과 諸問題』, 공주：1991.10.18~19.

彭德, 1991,「'楚墓' '兵主' 考」,『楚文藝論集』, 湖北：湖北美術出版社.

彭浩 鎭墓獸新解, 1988.2,『江漢古考』, 北京.

현용준, 1967.3,「濟州島의 門祭의 由來」,『제주시』, 제주.

http://lair2000.net/Unicorn_Dreams/Unicorn_Dreams.html.

부록2
구리거울[동경] 연구

1. 서론

1) 구리거울[동경]의 명문 복원

무령왕릉에서 출토된 구리거울은 3점[왕 2점, 왕비 1점]이다. 임금의 것은 머리 부근에서 '의자손 수대경' 이, 발 부근에서 '방격규구 신수문경' 이 나왔고, 왕비 것은 머리 부근에서 '수대경' 이 나왔다. 3점 모두 거울 뒷면이 하늘을 향하여 놓여 있었다.

지금까지 연구된 바에 의하면, 왕의 것은 2점이 모두 명문[대]이 있는데, 왕비의 것에는 없다. 물론 크기와 무늬가 다르다.

그런데 왕의 구리거울 2점 명문이 모두 '의자손' 을 주제로 하고 있다는 점에서 흥미를 끈다. '의자손' 이란 시경에 등장하는 문구인데, 자손의 번창, 장수, 출세를 의미한다.

'의자손 수대경' 은 명문의 판독이 거의 불가능할 뿐 아니라 그 때[대]조차 희미하다. 다만 일본의 군마현 고기시 관음총 고분 출토 구리거울과 '동범경' 으로 알려졌다[통구릉강, 1972, 「무령왕릉출토경과 7자경」,

보고서(1973)]. 따라서 '동범경'의 연구 성과에 힘입어 명문 그 일부가 밝혀졌다.

□□□□□□□□□□[10자] 渴飮玉泉飢食棗 □□□□□□□□□ □□□□□□□[13자兮

'방격규구 신수문경'의 명문은 거의 판독이 가능하다. 다만 끝부분의 1글자가 투각하는 바람에 보이지 않을 뿐인데 그 글은 다음과 같다.

尙方作竟眞大好 上有仙人不知老 渴飮玉泉飢食棗 壽□金石兮

위의 □은 '如'로 본다. 이 명문은 '방격규수 신수문경'에서 너무나도 널리 알려진 것이기 때문이다.

위에서 보인 것처럼 '의자손 수대경'과 '방격규구 신수문경'의 명문 가운데서 '갈음옥천 기식조'가 서로 일치한다는 것을 알 수 있다.

'의자손 수대경'의 판독되지 못한 앞부분 10자와 뒤 부분 13자는 무슨 글자인가? 이 명문도 일본의 '동범경'으로 풀었기 때문에 중국의 동일한 명문들을 검토해볼 필요가 있다.

① 尙方作竟眞大好 上有仙人不知老 渴飮玉泉飢食棗 壽如金石兮[方格規矩神獸文鏡]
② 尙方作竟眞大好 上有仙人不□□ 渴[方格四乳八乳鏡]
③ 新有善銅出丹陽 涷 尙方佳境眞大好 上有仙人不知老 渴飮玉泉飢食棗 浮游天下有四[海] [善銅四神博局鏡]
④ 尙方佳竟眞大巧 上有仙人不知老 渴飮玉泉飢食棗 壽而金石天之保兮[尙方四神博局鏡]

⑤ 尙方佳竟眞大巧 上有仙人不知老 渴飮玉泉飢食棗 壽而金石天之保 長樂未央如侯王 子孫□居中央 富貴昌 □益□兮[尙方四神博局鏡]

⑥ 尙方佳竟眞大巧 上有仙人不知老 渴飮玉泉[尙方四神博局鏡]

⑦ 尙方佳竟眞大巧 上有仙人不知老 渴飮玉泉飢食棗 浮游天下有四 (海) 壽而金石天之保[尙方四神博局鏡]

⑧ 尙方佳竟眞大巧 上有仙人不知老 渴飮玉泉飢食棗 浮游天下有四 (海) 壽而金石天之保 日月明兮[尙方四神博局鏡]

⑨ 尙方佳竟眞大巧 上有仙人不知老 渴飮玉泉飢食棗 飮眞玄入□[尙方禽獸博局鏡]

⑩ 尙方作竟眞大巧 上有仙人不知老兮[尙方八禽博局鏡]

⑪ 尙方作竟眞大巧 上有山人[八鳥簡化博局鏡]

이상 명문은 중국에서 발간된 구리거울 책자에서 뽑아온 것인데, 상방경의 2종 가운데 하나다. 이 종은 주로 '장생' 과 관련되어 있다. 그런데 다른 종은 '장생' 보다는 '자손 번창과 출세' 에 초점이 맞추어져 있다. 무령왕릉의 출토품 3점은 모두 '장생' 과 관련되어 있다.

이 명문은 '방격규구', '방격', '박국' 등과 관련이 있음을 알 수 있다. 이들 3용어는 모두 같은 종류라고 보면 된다.

그런데 '의자손 수대경' 의 명문은 방격류 혹은 박국류인데 실제 거울의 경우 '방격' 내지는 '박국' 이 없다는 것이다. 이런 형식과 명문의 차이는 백제나 일본의 경우에는 무시되었다고 할 수 있다. 앞으로 풀어야 할 과제라 여겨진다.

'의자손 수대경' 의 앞부분 10자는 '尙方佳竟眞大巧 上有仙人不知老' 과 관련이 있다고 보아야 한다. 그나마 10자와 가장 가까운 명문은 11자인 '尙方作竟眞大巧 上有山人' 인데 그 자체로 독립되었으므로 비정하기가 어렵다. 더구나 '上有仙人不知老' 는 '渴飮玉泉飢食棗' 의 대구라는 점을 고려한다면 다음 10자로 추정해 볼 수 있다고 생각된다.

　尙方竟 上有仙人不知老

　여기서 '尙方' 은 한대에 설치된 관직 이름으로 '소부' 라는 부서에 속해 있다. 임금의 물건[어물]을 만들고 또 보관하는 일을 맡았다. '上方' 이라고도 한다. '竟' 은 물론 '鏡' 과 같은 의미다. 상방에서 만든 거울인데 천상에서는 선인이 있어 늙을 줄을 모른다는 의미가 된다.
　그러면 뒤부분 13자는 무슨 글자일까?

　浮游天下有四[海] [선동 4신박국경]
　壽而金石天之保兮[상방 4신박국경]
　壽而金石天之保 長樂未央如侯王 子孫□居中央 富貴昌 □益□兮[상방 4신박국경]
　浮游天下有四[海] 壽而金石天之保[상방 4신박국경]
　浮游天下有四[海] 壽而金石天之保 日月明兮[상방 4신박국경]
　飮眞玄入□[상방 금수박국경]

　위의 6가지 사례 가운데 '상방 4신박국경' 이 여기에 부합된다.

　浮游天下有四 壽而金石天之保[1]

　위의 '부유천하유사[해]' 라고 한 것은 '해' 자가 빠져 있는 것이므로

---

[1] 다른 명문은 '浮游天下有四 壽而金石天之保' 에서 '四' 다음에 '海' 가 있고 '천지보' 대신에 '爲國保' 로 국가의 만세와 관련된 것도 있다.

13자가 된다. 천하를 떠돌다 보면 동서남북 바다가 있고, 수명은 쇠와 돌과 같이 하늘에서 보장해준다는 의미다. 이것은 해와 달이 밝혀준다는 믿음이 바탕에 깔려 있다.

여기서 "천하를 떠돈다"는 의미는 장자[B.C.369~286]의 '소요유'라는 역사적 배경을 갖고 있다. '소요유'란『장자』첫편으로 자유로운 경지에 노는 것을 말한다. 자기의 본성을 따르고 크고 작음, 영화와 오욕, 죽음과 삶, 일찍 죽음과 오래 삶 따위의 차별적 관점을 버리면 소요자재 할 수 있다. 따라서 정신적으로 지인, 진인 등의 초현실적 경지를 나타낸 것이라 할 수 있다.

왕의 '방격규구신수문경' 이 중국의 방격류 내지는 박국류의 기본적인 명문을 채택하고 있다는 것을 알 수 있다. 그런데 '의자손 수대경' 은 도상에 있어서 방격류 내지는 박국류와 전혀 다른 종류인데 명문이 같은 이유는 무엇일까? '의자손' 이라는 본래의 의미인 자손 번창, 장생, 출세를 표현하고자 했다고 할 수밖에 없다.

2) 명문의 의미

명문에서 도교의 신선을 도상화한 것은 우선 '장생' 을 내세운 것이라 할 수 있다.

이 명문을 이해하기 위해서는 도교의 고사故事를 알지 않으면 아니된다. "갈증은 침[玉泉]으로 해소하고2) 기갈은 대추[棗]로 채운다" 는 것은

---

2) 김영심은 이 구절을 '목마르면 옥천(玉泉)의 물을 마시고, 배고프면 대추를 먹어도' 로 번역한 바 있다(한국고대사회연구소, 1992,『역주 한국고대금석문』I : 고구려 · 백제 · 낙랑, 186쪽). 그러나 '옥천' 을 샘[泉]으로 번역한 것은 도교의 의례를 고려하지 않았던 까닭이다.

도교의 벽곡辟穀 수양과 관련이 있다.

'옥천玉泉'은 타액 즉 침을 말한다. 침을 삼키는 수행법은 벽곡의 일종으로 태식론胎息論을 이해할 필요가 있다. 밤 자시 뒤에 혀를 입천장에 버티고 조용히 숨을 쉬고 잠시 있으면 타액이 저절로 나와 입 가득히 찬다. 이것을 천천히 삼켜 자연스럽게 오장五臟에 보낸다. 이것이 기氣를 단전丹田으로 돌려보내는 방법이다.

한漢나라의 부경剛京은 아침마다 옥천을 마시고 이를 두드리는 고치叩齒를 27번 하는 포정鋪精을 실천하여 120살이 되어도 건장하였다. 또 두경승杜景升은 항상 옥진玉眞을 마시고 옥천을 삼키는 태식胎息을 실행했다고 한다.

사람의 몸은 진액으로 근본을 삼는다. 땀과 피, 눈물, 정액으로 한 번 나가면 다시 돌이킬 수 없다. 다만 타액만이 다시 돌이킬 수 있다. 들이킨다는 것은 산다는 의미이고 계속된다는 의미다. 타액이야말로 내 몸의 보배인 것이다.[3]

'대추[棗]' 도[4] 역시 벽곡 수행과 관련된 것이다.

진晉나라 무렵에 나무를 하여 생계를 유지하던 왕질王質이란 사람이 있었다. 어느 날 석실산石室山에서 나무를 하다가 문득 돌로 만든 굴과 같이 생긴 방을 보았다. 석실 안에는 여러 명의 어린 아이들이 모여서 바둑을 두고 있었다. 원래 바둑을 좋아하는 그였으므로 관전을 했다. 그런데 한 아이가 대추 한 개를 주었다. 대추를 먹고 구경하였는데 배 고픈 줄을 몰랐다. 얼마 있다가 한 아이가 집으로 가지 않겠느냐는 권유를

---

3) 한국도교사상연구회 편, 1990, 『한국 도교사상의 이해』, 230쪽.
4) 『한서(漢書)』「백관공경표(百官公卿表) 하」에 의하면, 147년(中元 3)에 "자조후(煮棗候)인 병창(秉昌)이 봉상(奉常)이 되었다"는 기록이 나온다. 대추를 삶는 제후라는 의미가 무엇인지 확실하지만 않지만, 대추의 의미가 상당히 널리 쓰였던 것은 확인이 가능한 일이다.

했다. 정신을 차리고 보니, 도끼 자루가 다 썩었고 도끼날도 벌겋게 녹이 슬어 있었다. 깜짝 놀라 집에 돌아와 보니, 동네가 이상하게 변해 있었다. 알고 보니 자기가 산에 들어간 지 수 백년이 되어 가족과 친지는 모두 세상을 떠난 뒤였다.[5]

여기서 대추 한 개를 먹었다는 것은 불로장생을 구하기 위해 오곡 혹은 오미백곡五味百穀을 먹는 것을 피한다든지, 끊든지 하는 양생법을 말한다.[6]

보고서에 의하면, 왕비의 수대경은 명문이 없는 것으로 되어 있다. 그런데 중국에서 수대경과 거의 동일한 형태의 '칠유금수경'은 '의자손'이란 명문이 있다. 다만 왕비의 수대경의 경우는 '간단한 초화문 비슷한 문양이 배치' 되고 '의자손' 이란 명문이 없다. 역시 왕이나 왕비의 거울을 모두 자손의 장생에 맞추어져 있다고 생각된다.

일본의 우전팔번화상경[직경 22cm]은 무령왕과 관련이 있다. 화가산현 교본시에 위치한 우전팔번신사에 소장되어 있는데, 사마[무령왕 이름]의 장수를 빈다는 내용이 있다. 역시 장생과 관련된 셈이다.

그런데 중국의 거울은 자손 번창과 장생 이외에도 '출세'에 많은 관심을 보인다. 주로 7언인데 주종을 이룬다. 백제의 구리거울과 성격이 다른 측면이다.

상방에서 만든 구리거울은 문장을 새겨 넣으니 왼쪽의 청룡과 오른쪽의 백호가 상서롭지 않은 것을 피하고 주작과 현문이 음양에 순응하니 자손이 없는 사람이 없어서 중심이 되고 부모가 장수하고 보전하여 부귀하고 번창하여 즐거우니 수명이 쇠와 돌과 같아서 제후와 같다는 유[7]

---

5) 쿠보 노리타가 지음, 정순일 옮김, 1992, 『도교와 신선의 세계』, 136~137쪽.
6) 이름을 달리 각립절미(却粒絶味), 휴량절식(休糧絶食)이라고도 한다.
7) 尙方作竟大毋傷 巧工刻之成文章 左龍右虎辟不羊 朱鳥玄武順陰陽 子孫備具居中央 長保二親樂富昌 壽敝金石侯王兮.

이다. 여기서는 제후와 같다는 것은 제후가 되라는 다른 표현이라 여겨진다.

子孫備具居中央 長保二親具富昌 如侯王[상방 4신박국경]
八子九孫治中央 刻樓博局去不羊 家常大富宜君王[선동 4신박국경]
常樂貴富莊君上 長保二親及妻子 爲吏高遷位公卿 世世封傳于無窮[시건국천풍2년 4신박국경]
王氏作竟四夷服 多賀新家民息 胡虜殄災天下復 風雨時節五谷熟 長保二親子孫力 官位尊顯蒙祿食 傳告後世樂無極 大利兮[왕씨 4신박국경]
新興辟雍建明堂 然于擧土侯王 子孫復具治中央[신흥 4신박국경]

'집안에 항상 부유하고 군왕이 날 것[선동 4신박국경]', '하급 관리가 고급 관리인 공경이 되어 세세에 전하여 무궁할 것[시건국천풍2년 4신박국경]', '관직이 올라가 녹봉이 걱정이 없으니 후세까지 즐거울 것[왕씨 4신박국경]', '토후왕으로 천거되어 자손들이 중앙을 다스릴 것[신흥 4신박국경]' 등과 같은 것이 그 보기다.

3) 제작 시기

왕의 '의자손 수대경'과 '방격규구신수명경' 그리고 왕비의 '수대경' 3점은 임금의 즉위를 기념하기 위하여 제작된 것으로 추측된다. 중국의 경우 새로운 정치가 필요할 때 연호를 바꾸면서 구리거울[동경]을 제작하는 것이 일반적인 일이기 때문이었다.

그 좋은 사례가 왕망[B.C.46~A.D.23, 재위 9~23]과 후한[동한]의 환제[재위 146~167] 등이 주조한 구리거울이 그렇다.

왕망은 전한[서한]과 후한 사이 신나라를 세워 14년간 통치하다가 죽은 황제이다. 서한 원제[재위 B.C.48~33] 왕황후의 조카, 황후의 아들 성제(재위 B.C.33~7)가 즉위하자 대사마까지 오른 사람다. B.C.1년에 실권을 잡고 오행과 참위설을 이용하여 나라의 여론을 얻었다. 결국 A.D.9년에 태자 영을 폐하고 천자의 자리를 빼앗고 '신' 나라를 세웠다. 그리고 급진적인 개혁정책과 새로운 화폐를 주조하여 토지와 노예제도를 바꾸었다. 이때에 소위 '왕망경[2회에 걸쳐 4점]'을 만들었다.

후한의 환제가 연호를 '영강'이라 바꾸고 구리거울 4점을 주조한 사례가 있다.

환제는 양태후에 의하여 옹립되었던 황제다. 그 때문에 정권 초창기에는 실질적인 권력은 양기[?~159]가 쥐고 있었다. 환제는 159년인 연희 2년에 환관 단초 등의 힘을 빌려 양기를 죽이고 이들 세력을 몰아내는데 성공했다. 그러나 이는 결과적으로 다시 환관이 득세하는 계기가 되었다. 연희 9년인 166년에 외척과 관원, 태학의 학생들이 연합하여 환관의 전횡을 성토하게 되자 이를 계기로 조령을 내려 이응[110~69] 등 주동자 200여 명을 체포하였다. 이들 '당고의 화'라고 한다.

이런 배경 속에서 환제는 연호를 영강으로 새로이 바꾸고 전기를 마련하고자 구리거울을 5차례나 주조한 것이다. 환제는 영수 2년인 156년에 '수수경[직경 약 6치]'과 '수뉴수수경[직경 약 5치2푼]'을, 연희 2년 즉 양기를 몰아내던 159년에는 '환상유신수경[직경 약 3치8푼]'을, 연희 3년[160]에는 '반원방형대신수경[직경 약 3치5푼]'을, 연희 7년[164]에는 '수뉴수수경[직경 약 5치]'과 '수수경[직경 약 4치]'을, 연희 9년[166]에는 '수뉴수수경[직경 약 4치7푼]' 등을 주조한 바 있다.[8)]

이상의 구리거울들은 신수경 계열로 당시 장생을 주제로 한 것들이었다. 무령왕릉 출토의 구리거울과 같은 형식과 테마였다.

---

8) 유영명 편, 1999, 『한당기년경도록』, 12~18쪽.

무령왕의 즉위를 기념하기 위하여 구리거울을 만들었다는 추측 근거는 일본에서 나왔다.

　널리 알려진 대로 일본의 우전팔번 신사에는 '인물화상경'이 있다. 그런데 이 거울에는 무령[사마]과 관련된 명문이 있어서 주목의 대상이 되어 왔다.

　계미년 8월에 사마의 장수를 염원하기 의하여 거울을 만들었다[자세한 것은 뒤에서 항을 만들어 설명하기로 한다]는 것이다.

　계미년은 무령왕과 관련시킬 때 3년인 503년이다. "백제에서 구리거울을 만든 경험과 기술이 없이 어떻게 일본에서 만들었는가?" 하는 의문이 생긴다. 당시 구리거울이란 그냥 거울이라는 사물이 아니다. "하늘이 왕과 나라와 함께 한다"는 국가적 상징물인 것이다. 이러한 국가적 상징물을 국내에서 실행하지 않고 외국에 가서 실행한다는 것은 상식적으로 납득이 되지 않는다.

　또 하나 503년이란 시점이 문제가 된다. 이 '인물화상경'이 사마[무령]의 장수를 염원한다면 자연스럽게 '십대왕[다른 해석도 있지만 단편적이거나 왜곡된 것이라 여겨진다]'과 관련이 지어질 것이다. 십대왕 옆에는 소위 '업경대'라는 거울이 있기 때문이다. 살아 있을 때 선악을 알아내는 상징적인 기구라 할 것이다.

　일본에서 구리거울을 만들기 한 해 전인 502년에 백제에는 전염병[여역]이 돌았다. 이러한 전염병은 당시의 문화적 배경으로 무령왕의 정치에 대한 '하늘의 징치'이기 때문이다. 그러므로 무령왕은 목숨을 잃을 수가 있다. 이것이 인물화상경을 만든 배경이라는 것이다.

　계미년 8월은 동성왕의 3년상을 마치는 시기이기도 하다. 명부의 십대왕과 관련지을 때, 동성왕 죽은 혼이 구천에 떠돌며 무령왕을 잡아갈 수도 있다. 따라서 동성왕을 천도하여야 무령왕의 장수가 보장된다.

　인물화상경이 사마[무령]의 장수를 빌기 위한 것은 명문 그대로다. 그

렇다면, 백제에서는 이미 구리거울을 만들어 영험을 얻었다는 증거가
된다.

2. 중국의 구리거울 연구와의 관계

  주지하는 바와 같이, 웅진시대 더 구체적으로 무령왕이 활동하던 시
대는 중국에서는 위진남북조 시대다. 따라서 무령왕릉 출토 구리거울 3
점은 중국의 위진남북조 시대의 구리거울과 비교할 필요가 있다. 공상
성 · 유일만이 1988년에 공저한 『중국고대동경』에 의하면, 위진남북조
시대는 중국 구리거울의 정체기에 속한다. 그들은 중국 구리거울의 발
달 과정을 ① 기원 : 제가문화기와 상주, ② 발전과 유행 : 춘추전국, ③ 전
성기 : 한대, ④ 정체기 : 삼국위진남북조, ⑤ 성숙 : 수당, ⑥ 쇠퇴 : 오대
· 송대, 금대, 원대 등으로 나누고 있다.
  무령왕릉 출토 3점의 구리거울을 알기 위해서는 중국에서의 그것에
대한 이해가 필요하다.
  한 · 중 · 일 거울의 비교를 위하여, 중국의 자료는 유영명, 1999, 『한
당기년동경도록』을 활용하고자 한다. 이 책을 활용하고자 하는 것은 책
제목에서 보듯이 '기년' 이 있는 것만을 대상으로 하였기 때문이다. 아
래의 자료는 모두 이 책자에 근거하기로 한다.
  '방격규구 신수문경' 은 중국식의 이름을 붙이면, 왕망경의 하나인
'팔유방격 4신경' 이 될 것이다. 공상일 · 유일만의 『중국동경도경』에
의하면, '시건국 · 천풍 2년 4신박국경', '선동 4신박국경', '상방 4신박
국경', '왕씨 4신박국경', '복록 4신박국경' 따위와 같이 될 것이다. 왕

의 '의자손 수대경'이나 왕비의 '수대경'도 역시 위와 같은 양상이 될 것이다.

구리거울 연구에 있어서 한·중·일이 이름 붙이는 방식이 서로 다를 뿐만 아니라 인식도 차이가 있다. 중국은 일상생활의 도구로, 일본은 신성한 물건으로, 한국은 그 중간이라고 생각된다.

한·중·일뿐만 아니라 세계적인 연구를 수용하기 위해서는 이름부터 정리하는 과정이 필요하다고 할 것이다. 그래야 본격적인 연구가 되고 역사인식을 같이 할 수 있기 때문이다. 거울을 너무 신성시하거나 일상화[현대화]하거나 하지 말고 당대의 문화로 수용하여야 한다는 의미다.

옛날 구리거울은 아무 때나 만드는 것이 아니다. 연호를 시작하는 연대에 구리거울을 제일 많이 만든다는 것을 확인할 수 있다.

총 129점 가운데 연호 원년에 제작한 것이 46점이고 2년이 24점, 3년이 12점, 5년이 4점, 6년이 7점, 7년이 9점, 8년이 없음, 9년이 3점, 10~24년이 15점 등으로 나타난다. 연호 원년이 36%이고 원년과 2년이 70점으로 56%이다. 이는 구리거울을 통하여, 앞에서 보기를 든 왕망[B.C.45~A.D.23]의 경우처럼 새로운 왕조의 '천명'을 천명하는 의도를 드러내기에 적합하기 때문일 것이다.

구리거울을 제작하는 달을 정리해보았다.

1월 22점, 2월 6점, 3월 3점, 4월 5점, 5월 30점, 6월 4점, 7월 7점, 8월 2점, 9월 6점, 10월 5점, 11월 없음, 12월 1점, 윤달 1점, 미상 37점 따위가 된다. 구리거울의 제작은 겨울, 즉 11월, 12월, 윤월이 비교적 적고 1월과 5월이 집중적임을 알 수 있다. 1월은 그 해의 출발점이고 5월은 양의 기운이 가장 왕성한 달이기 때문이라 생각된다.

제작 일자별로 보면, 4일, 7일, 15일, 25일 등이 많고 2일, 11일, 27일이 전혀 없는 것이 눈에 띈다. '오午'와 관련된 날짜가 중심을 이루었다.

특히 병오일이 19점, 경오, 임오, 무오 등을 합하여 22점이 된다. 경오의 경우 초하루[삭]의 일진에 맞추어 제작한 것도 기억할 만하다.

> 명문의 기일 가운데서 병오를 많이 사용했다. 이는 길일을 상징한다.
> 보정 삼년 세차태양, 오월병오시五月丙午時는 한낮[日中]과 같다. …
> 오행 가운데서 병丙은 화火에 속한다. 그런 까닭에 병은 화를 대칭하게
> 된다. 간지에서 오五는 오午로 간주된다. 중국 한족漢族의 집에서 불놀이
> 가 있는데 이는 불이 가장 왕성할 때가 오午라는 설이다.[9]

심종문은 『동경 사화』, 「구리거울의 역사 이야기」(2005)에서 위와 같이 '오시'를 설명하고 있다. 구리거울의 제작을 해의 기운과 맞추려는 것을 알 수 있다.

구리거울의 제작자에 대하여 살펴본다. 여기서 제작자란 거울을 만들기로 계획하여 경비를 모으는 따위의 전반적인 일을 담당하는 제작자, 이들 구리거울을 사는 형식으로 모금에 경비를 내는 사람, 직접 구리거울을 만드는 기능인 따위를 총괄하여 말한다.

제작자는 일반적으로 국가가 된다.

배태기에 해당하는 왕망王莽(B.C.45~A.D.23, 재위 9~23)이 신新 왕조를 세운 뒤 시건국始建國 2년인 10년에 사유금수경四乳禽獸鏡(약 5촌2푼)과 금수간화박국경禽獸簡化博局鏡(약 5촌2푼)을 만들고, 천풍天風 2년인 15년에 팔유방격사신경八乳方格四神鏡 2종(약 5촌6푼짜리와 약 5촌짜리)이 대표적인 사례다. 아직 '상방명경尚方明竟[鏡]'이란 용어가 나타나기 이전으로 '신가존新家尊'이라 해서 전서체篆書體[10]로 명문이 쓰였다. 많

---

9) 유영명 편, 1999, 『한당기년동경도록』전언 2.

·

은 백성들이 나라의 은혜를 입으니, 장사하는 사람들이 저자의 일을 중시하여 인색하게 재산을 모으지 않고 다시 교관校官들을 다스려 화해하는 법을 만들며 오곡이 성숙하여 천하가 편안하다. 선비가 은혜를 입어 마땅히 관가에 오르고 자손을 보존하게 된다는 것을 알게 된다. 이것이 구리거울을 만든 목적이다. 연호를 '시건국' 이라 한 다음 해, '천풍' 이라 한 다음 해에 민심을 모으고 분위기를 쇄신하려 한 것이 아닌가 여겨진다.

> 시건국·천풍 2년에 좋은 거울을 만들었다. 풍류·부귀가 일상화되어 임금이 올라 엄숙해지며, 길이 아버지와 어머니 두 어버이를 모셔서 아내와 아들까지 미치니, 벼슬길이 높아져 공경의 지위를 얻게 되며, 세세로 봉해져서 무궁하도다.[11]

국가와 가정의 풍요함을 표현한 것이라 여겨진다. 이후에 국가는 보통 '나[朕]' 로 표현하고 있다.

보통 '내가 명경을 만들었다' 는 의미로 '오작명경' 나 '오조작상방명경' 따위의 기록이 그것이다. 이 경우 '대사면' 에 해당되는 '일천대사(105년)' 나 '일천대술' 이 관련이 있다.

> 태강 3년 2월 20일에 나는 거울을 만들었다. 여러 차례 정련하여 만들었다. 네 오랑캐를 복종시키고 나라의 백성들이 쉬면서 축하받는 일이 많

---

10) 유영명 편, 1999, 『한당기년경도록(漢唐紀年鏡圖錄)』에 의하면, 전서체는 연호명 대경(A.D.6년), 사유금수경(10년), 금수간화박국경(10년), 팔유방격사신경(15년) 2종, 용호경(60년) 따위가 전부다. 이후는 모두 예서체로 사용된다. 당나라 개원 10년인 722년의 월화규화경부터 해서체가 나타난다. 1세기부터 8세기까지 예서체를 사용한 것이다.
11) 위의 책, 4~5쪽.

아졌다. 호로의 재앙이 끊겨 천하가 회복되며 바람과 비가 오는 시절이 순조로워 오곡이 잘 익었다. 나라가 태평하여 풍류가 오래 갈 것이다.[12]

이상은 진[266~426] 태강 3년[282]의 반원방형대신인신수경 명문의 일부다. 사마염[236~290, 재위 266~290]이 오나라[229~280]를 멸망시키고 한나라 시대 영토를 대부분 회복한 기개가 넘치고 있다.

그러나 구리거울의 제작자가 모두 '황제'인 것만은 아니다. 여러 계층의 사람이 구리거울 제작에 나서고 있다. 다음이 그 보기들이다.

영평 7년[64] 정월에 공손가가 거울을 만들었다.[13]
한 서촉의 유씨가 [160년에] 거울을 만들었다.[14]
건안 10년[205]에 주씨가 ['중렬신인신수경'을] 만들었다.[15]
기능공[16] 정예가 [217년에] 명경을 만들었다.[17]
무창원이 [221년에] 명경을 만들었다.[18]
황초 3년[222]에 기능공 복덕이 합하여 명금경을 만들었다.[19]
황무 6년[227] 5월 4일에 여윤이 삼명의 의황단후를 만들었다. … 오나라 장군 장홍의 거울이다.[20]
갑자가 기주인 때에 대사 진세엄이 [228년에] 명경을 만들었다.[21]

---

12) 앞의 책, 117쪽.
13) 위의 책, 7쪽.
14) 위의 책, 15쪽.
15) 위의 책, 36쪽.
16) 여기서 '사(師)'를 기능공으로 풀이하는 까닭은 진세(陳世, 진세엄을 부르는 말)가 여러 번 불로 달구어 정련하여 명경을 만들었다는 기록 때문이다.
17) 위의 책, 38~39쪽.
18) 위의 책, 45쪽.
19) 위의 책, 46쪽.
20) 위의 책, 53쪽.
21) 위의 책, 54~55쪽.

정시 원년[240]에 진자시가 거울을 만들었다.[22]

적조 원년[238]에 아직 풍류가 절정에 이르지 않은 시기에 기능공 주유가 ['반원방형대신인신수경' 을] 만들었다.[23]

감로 4년[259] 5월 10일에 우상방사가 거울을 만들었다.[24]

진 태시 7년[271] 정월 15일에 왕씨가 청동의 거울을 만들었다.[25]

태시 9년[273] 3월 7일에 장씨가 거울을 만들었다.[26]

천기 원년[277]인 정유에 기능공 서백소가 명경을 만들었다.[27]

태강 원년[280]에 평말이 명경을 만들었다.[28]

태화 원년[360] □□기사 □□□에 주朱가 명경을 만들었다.[29]

이상은 구리거울을 만든 사람을 뽑은 것이다. 제작자가 공손가, 유씨, 주, 정예, 무창원, 복덕, 여윤, 진세엄(혹은 진세), 진자시, 우상방사, 왕씨, 장씨, 서백소 등등이 바로 그들이다. 이름이 없거나 점쟁이가 제작자로 참여한 것은 일반인도 가능하고 유행했다는 의미로 풀이된다.

구리거울을 만드는 일은 많은 경비가 수반되는 일이다. 경비를 내는 것은 일종의 구리거울을 사는 행위로 간주한 듯하다. 이들 경비를 내는 사람, 즉 구리거울을 사는 사람은 집안이 부유해지고 번창하며 자손은 삼공이나 제후까지 오르게 되며 장수하게 된다고 유도하고 있다.[30]

---

22) 위의 책, 67쪽.
23) 위의 책, 66쪽.
24) 위의 책, 84 · 87쪽.
25) 위의 책, 101~102쪽.
26) 위의 책, 106~107쪽.
27) 위의 책, 109쪽.
28) 위의 책, 114쪽.
29) 위의 책, 125쪽.
30) 당시 도교는 장릉(張陵, 34~156)의 오두미교(五斗米敎)를 창시하여 장형(張衡, ?~179)이 이어받아 성행하던 시기였다. 오두미교란 병을 고치는데, 치병의 보수로 쌀 다섯말을 내게 하는 데에서 비롯된 것이다. 당시 병은 신의 벌이라 여겨지던 때

145년의 기풍경 이후부터 구리거울를 사도록 하는 생각은 187년 신수경까지 지속된다. 189년 사수경은 옛날 사람이 구리거울을 사서 밭을 늘리고 크게 길하여 하늘이 도왔다는 영험담을 소개하는 데까지 이른다.

이번에는 기능공을 중심으로 주체 세력이 옮겨진 것이다. 즉 구리거울을 만드는 일에 종사하는 사람들을 설득하는 방향으로 진행되었다는 뜻이다.

> 영안永安 원년에 명경을 만들었다. 가이 밝은 세상이 되었다. 거울을 만드는 일에 종사하는 사람은 늙어도 장수하며, 직접 만드는 사람은 오래 살게 된다.[31]

위의 명문에서 보듯이 황무 4년인 225년에 만들어진 반원방형대신인신수경 이후 천기 원년인 277년의 중렬신인신수경까지 지속된다. 경비 조달 방식이 바뀌었다는 의미일 것이다.

건흥 3년인 315년의 반원방형대신수경에는 구리거울의 밝음이 만년까지 가며 자손은 제후의 지위에 오르게 되고 좋지 못한 것이 꺼리게 된다고 하였다.

이상에서 보는 것처럼 구리거울 제작과 관련된 사람은 현세에서 도움 내지는 구원을 받게 된다는 신앙이 있었던 것이다.

이상이 중국에서 기년이 있는 구리거울(동경)에 대한 일반적인 자료라고 할 수 있다. 무령왕릉 출토의 3점도 이와 같은 범주에서 이해되어야 한다고 생각된다.

였다. 말하자면 오두미를 내면, '건강을 살 수 있었던 것'이다. 156년 구리거울은 이러한 도교 풍조와 무관하지 않았다고 여겨진다.

31) 永安元年 造作明竟[鏡] 可以昭明 服者老壽 作者長生.

3. 일본의 우전팔번신사 '인물화상경'

이 구리거울은 교본시의 옛날 무덤에서 출토되었다. 그림이 그려진 거울이 유행하던 시기는 후한시기[25~220년]였다. 중국에서 이런 형식의 구리거울 가운데 기년이 적힌 것으로는 167년(영강 원년)의 2점(약 4치와 3치4푼)이 출토된 바 있다.

우전팔번화상경의 방각에는 명문 대신 기하무늬만 12개가 있고, 명문대의 명문은 시계 운동의 반대 방향으로 기록되어 있다. 우전팔번화상경의 명문을 최초로 소개한 재등충이 다음과 같이 판독했다.

癸未年八月日 十大王年 男弟王在意紫沙加宮時 斯麻念長壽 遣開中費
直穢人今州利二人等 取白上同二百旱 作此竟[32)]

이상의 명문은 그 이후 산미행구, 을지중륭, 삼준도, 김재붕, 이진희, 소진철 등이 새로이 해석한 바 있다. 한국고대사회연구소『한국고대금석문』에 위의 네 학자[산미행구, 삼준도, 김재붕, 이진희]의 해석이 정리되어 있다.

본고에서는 우전팔번화상경의 명문을 백제와 왜라는 역사적 사실을 전제로 해석하지 않고 명문 그 자체로 읽어보려 한다.

일반적으로 명문대의 명문은 구리거울의 ① 주조 연월일, ② 주조 방

---

32) 한국고대사회연구소, 1992, 『역주 한국고대금석문』 I , 183쪽. 재등충의 해석은 다음과 같다. 계미년 대왕의 대에 남제왕이 의사사가궁(意柴沙加宮)에 있을 때 왕의 신하[臣]인 사마가 하내(河內)의 비직(費直)인 개중(開中)과 예인인 금주리(今州利) 두 사람을 시켜서 이 거울을 만들었다.

법 및 주조 부서 혹은 지역, ③ 주조 목적 혹은 효용 따위로 구성되어 있다. 이런 점에서 우전팔번화상경의 명문도 세 부분으로 나누어 다루려고 한다.

① 癸未年八月日 十大王年 男弟王在意紫沙 加宮時
② 斯麻念長壽 遣開中費直穢人今州利二人等
③ 取白上同二百 早作此竟

①은 제작 연월일시를, ②는 제작자를, ③은 제작 재료와 의도를 설명하고 있다고 생각된다.

1) 제작 기간에 대하여
- 癸未年八月日 十大王年 男弟王在意紫沙 加宮時

앞에서 취급하였으므로 반복하지 않는다. 다만 십대왕, 즉 명부의 왕만을 소개해두기로 한다.

십대왕이란 불교나 도교에 명계나 음부에 있다고 하는 십전대왕을 말한다. 제1전 진광대왕, 제2전 초강대왕, 제3전 송제대왕, 제4전 오관대왕, 제5전 염라대왕, 제6전 변성대왕, 제7전 태산대왕, 제8전 평등대왕, 제9전 도시대왕, 제10전 전륜대왕 등이다. 사람이 죽으면 그 날부터 49일까지는 7일마다 그 뒤에는 100일, 소상, 대상 때에 각 대왕에게 살아 있을 때 지은 선악업의 심판을 받는다고 한다.

'우전팔번신사'에서 '팔번'이란 의미를 살펴볼 필요가 있다.

원래 번[33]은 불·보살의 위력을 표시하는 장엄 도구인 깃발이다. 이 깃발은 법요를 설법할 때에 절 안에 세웠다. 여기서 법요란 교법 가운데

요의 즉 법용이라고도 한다. 멸죄, 추조 등을 위하여 수행하는 송경, 범패 따위의 작법을 말한다.[34] 이런 종교적 행위는 정치적인 입장을 상정할 수 있다.

'가궁시' 란 거울을 만든 시간을 설명하는 것으로 보고 싶다.

> 건흥 2년은 태양의 해다. 건천이 합하여 왕도를 시작을 만들었다. 5월 병오일 시진은 대낮에 거울을 만들었다. 구리를 여러 번 단련하였다. 이에 대하여 힘을 입는 사람은 장수하고 지위는 제후에 이르며 벽사는 피하게 된다.[35]

이 인용문은 253년에 만든 '반원방형대신인신수경' 의 명문이다. 5월 '병오일', '대낮' 에 만든 것이다. 이 시간에 맞추어야 오래 살며 출세하고 벽사를 피할 수 있기 때문이다.

> 황무 7년[228] 7월 초하루(병오) 7일 갑자 기주 시에[36] [이 거울을 만들었다].

이 인용문은 거울을 228년에 초하루가 병오일인 7월 7일 갑자시, 즉 한밤중에 만들었다는 것이다. 이때 거울을 만드는 주체의 행위가 "시진을 다스린다" 는 것으로 인식하는 것이 시사하는 바 있다.

---

33) 번(幡)은 파다가(波多迦, patāka)의 음역인데 증번(繒幡) · 당번(幢幡)이라고도 한다.
34) 운허용하(耘虛龍夏), 『불교사전(佛敎辭典)』, 261쪽.
35) 建興二年在太陽 乾川合作王道始平 五月丙午 時加日中 制作竟 百湅靑銅 服者萬年 位至侯王 辟不羊.
36) 황무 칠년(228)에 신인신수경을 2점 만들었는데 다른 1점은 '甲子紀主時' 로 기록하고 있다.

이상 두 가지 사례에서 보듯이 거울을 만드는 연·월·일·시를 제시하는 경우가 적지 않다. 특히 '加'라는 단서를 붙여서 시진을 제시하는 것은 흥미로운 일이다.

이런 사례로 우리나라 4인검의 주조를 지적할 수 있다. 사인검이란 인[범]의 해·달·일·시에 만든 검을 말한다. 조선시기에 만들어진 4인검은 비밀에 붙여졌을 뿐만 아니라 칼날에 칠성도가 그려지기도 한다. 혼인 의식도 고대에는 밤에 이루어졌다는 사실을 상기하기 바란다.

거울을 만들 때 일반적으로 시간을 제시하지 않았지만, 특별한 경우 시진을 제시하기도 했다.

건안 21년[212] 十月辛卯朔四日 甲午太歲在丁酉 時加未.

태평 원년[256] 五月丙午 時茄日中.

보정 3년[268] 歲次太陽 五月丙午 時加中日.

천기 2년[277] 七月七日 日中九湅 二十七商.

천기 4년[280] 正月二十五日 中午 吾作明鏡.

태길태강 2년[281] 三月三日 日中三工立巧 幽湅三商.

태화 원년[366] 五月丙午 時茄日中 造作明竟.

이상과 같은 용례는 기년 구리거울에서 결코 적지 않은 보기다. 시진이 '일중'에 거울을 만든다는 것이다. 간지로 시진을 표시하기도 했으니, '미[13:00~15:00]'가 바로 그것이다. 한당 시기의 기년 구리거울 주조 사례를 통하여 살펴볼 때, '오[11:00~13:00]' 특히 '병오'는 특별한 의미를 갖는 듯하다. 『한당기년동경도록』의 196점 중에서 미상인 42점을 제외하고 22점이 병오일과 관련이 있다. 이미 앞에서 논의한 대로 오시가 연월일에 겹치는 경우를 선호한 것이 아닌가 여겨진다.

이러한 경우처럼 특별한 날짜나 시진을 제시한 것은 구리거울 만드는 종교적 믿음에서 비롯된 것이라 생각된다.

우전팔번화상경의 '가궁시' 도 이런 범주로 해석해야 한다고 생각된다. 5음에서 궁은 십이지로 진·미·술·축에 해당하고[37] 오행으로는 토[흙]다.

또 하나의 '궁시' 에 대한 해석이 가능하다. 명문은 거의 기존 명문을 그대로 답습하는 것이 보통이다. 보기를 들면, 이미 예시한 것처럼 '상방명' 1종과 2종처럼 일정한 구절을 의례적으로 사용했기 때문이다. 명문에서 '악미앙[미앙궁은 한나라 황제가 거주하던 곳이다. 악을 즐겁다는 의미다] 부류가 상당히 많이 등장한다.

이는 왕망의 고사에서 비롯된 것으로 생각된다. 왕망이 제위를 빼앗은 것이 '천명' 이라는 사실을 널리 알리기 위하여 "미앙궁에서 동부백서를 받았다"고 했다. 그 '동부' 가 바로 소위 '왕망경' 이라는 것이다. 이후 구리거울 명문에는 '장악미앙', '장악미[앙]', '악미앙', '대악미앙', '악미[앙]' 따위의 관용구를 만들어냈다. 말하자면, "왕망이 미앙궁에서 동부백서를 받던 시기처럼 거울을 만들었다" 는 뜻이다.

지금까지 논의한 바를 정리하면, 정미년[503]에 십대왕년十大王年에 빌었는데 남제왕이 의자사이 있을 때에 '궁시', 즉 왕망이 미앙궁에서 동부백서를 받던 시간에 거울을 만들었다.

2) 제작자에 대하여

- 斯麻念長壽 遣開中費直穢人今州利二人等

이미 앞에서 제시한 것처럼 구리거울을 만드는 사람은 임금, 관리, 일

---

37) 상(商)은 신(申)·유(酉)로 금(金)이며, 각(角)은 인(寅)·묘(卯)로 목(木)이고, 치(徵)는 사(巳)·오(午)로 화(火)이고, 우(羽)는 해(亥)·자(子)로 수(水)이다.

반인 등이다. 구리거울을 만든다는 것은 곧 왕실이나 개인의 '부유'와 '자손의 번창'과 '장수'를 기원하는 것이었다. 이런 믿음은 도교의 전통적인 정서와 불교의 '공덕'이라는 종교적 행위와 같고 또한 부적의 기능을 했다고 할 수 있다.

사마는 거울을 만듦으로써 오래 살 수 있기를 기원하며 개중비직예인 금주리 두 사람을 보냈다. 중국의 경우 구리거울을 만들려면 많은 경비와 노력이 필요하게 된다. 이러한 많은 경비와 노력은 일상적인 행위로 해결할 수 없는 일이다. 종교적인 믿음만이 가능한 일이다.

구리거울을 만드는 것은 집안이 부유해지고 번창하며 자손이 삼공이나 제후까지 오르게 되며 장수하게 된다는 믿음이 있기 때문이다. 경비를 대거나 사는 사람도 마찬가지다.

　　이 거울을 사는 사람는 집안 부유해 창성하고 5남과 4녀가 제후가 된다. 뒤에 이 거울을 사는 사람은 큰 저자에 살게 된다.[38]

　　영강 원년 정월 병오일에 상방명경을 만들었다. 사는 사람는 길게는 자손이 마땅히 생긴다. 사는 사람은 오래도록 장수한다. 위로는 동왕부와 서왕모가 있으니 삶은 산과 바위와 같이 크게 길하다.[39]

이러한 믿음은 거울을 산 뒤 밭을 늘리고 크게 길하여 하늘이 도왔다는 데까지 이르게 된다.

　　옛날 사람은 거울을 사서 백배나 되는 밭을 얻었고 크게 길하여 하늘의 해와 달이 도왔다.[40]

---

38) 買此鏡者 家富昌 五男四女爲侯王 後買此鏡居大市.
39) 買者長宜子孫 買者延壽萬年 上有東王父西王母 生如山石大吉.

이런 믿음은 거울을 만드는 기능공까지 확장된다.

거울을 만드는 일에 종사하는 사람는 길하고 부유하며 귀하고, 수명이 오래도록 길어진다.[41)

거울을 만드는 사람은 모두 수명이 길어지고 자손이 많이 공경에 오르고 모으는 재산이 수백의 소와 양이 된다.[42)

이러한 믿음의 기초가 구리거울을 오랜 기간 통용되면서 만들게 했다.

5월 무오에 거울을 만들었다. 백번 정련하여 깨끗한 구리를 만드니, 이 밝음을 받는 사람들은 오래오래 살며 지위가 제후에 이르고 상서롭지 않은 것이 피할 것이다.[43)

이런 구리거울에 대한 도교적 신앙 체계 아래서 사마[무령]의 장수를 빈 것이다.

3) 제작의 재료와 의도

- 取白上同(銅)二百 旱作此竟(鏡)

『한당기년동경도록』에 의하면, 구리거울의 자료나 성격은 백황동 또

---

40) 古人買竟[鏡] 百倍田家 大吉 天日月.
41) 服者吉富貴 壽春長久.
42) 服竟[鏡]之人皆壽歲 子孫衆多悉爲公卿 收財數百牛羊□□.
43) 五月戊午所加日中制作竟[鏡] 百涑[煉]清銅 皎者萬年 位至侯王 辟不羊[祥].

는 황백동, 백동, 청동, 정동, 청동 따위로 나타난다.

'백황동' 또는 '황백동' 에 관한 기록은 동한 시기로 세 번 등장한다. 145년[영가 원년]의 '기풍경', 167년[영강 원년]의 '환상유신수경[황백]' 과 '신수경[백황]' 따위가 그것이다. 그런데 '환상유신수경' 과 '신수경' 은 같은 해에 만들었는데도 불구하고 '황백' 과 '백황' 을 달리 표현하는 것으로 보아 동일한 재료가 아닌가 생각된다.

'백동' 에 대한 기록도 동한 시기에 나타났는데 역시 세 차례이다. 173년[희평 2년] '환상유신수경', 178년[광화 원년] '수수경', 187년[중평 4년] '신수경' 이 그것이다. 앞의 백황동 혹은 황백동의 경우와 같이, 이 들 단어 앞에는 '유연' 이라는 서술어가 붙었다. 백황동 또는 황백동이 나 백동을 여러 차례 담금질하였다는 표현인 것이다.

'청동' 에 대한 기록은 동한과 남북조 시기에 두루 나타난다. 202년 (동한 건안 7년) 반원방경대신수경半圓方形帶神獸鏡, 253년(오 건흥 2년) 반원방경대신수경半圓方形帶神人神獸鏡, 271년(태시 7년) 중렬신인신수 경重列神人神獸鏡 2점, 315년(서진 建興 3년) · 366년(동진 太和 원년) · 366년(동진 太和 원년) · 253년(오 건흥 2년) 반원방경대신인신수경半圓 方形帶神人神獸鏡 따위가 그것이다. 비교적 널리 쓰였는데, 이 단어 앞에 '백련百湅' 이란 수식어가 붙는다는 점이다. 청동을 백번(여기서는 숫자 개념보다는 많다는 의미다) 담금질을 했다는 의미인 것이다.

'정동正銅'에 대한 기록은 238년(오 적조 원년) 반원방형대신인신수 경半圓方形帶神人神獸鏡 2점(약4촌, 약 3촌8푼5리), 256년(오 태평 원년) · 258년(오 영안 원년) · 291년(서진 원강 원년) · 317~318년(동진 건무 □년) 따위가 바로 그것이다. 이 '정동' 의 앞에서도 '백련百湅' 이란 서 술어가 예외없이 놓이고 있다. 그러면 '정동' 이 과연 어떤 종류일까 궁 금할 것이다.

256년(吳 太平 원년)에 3점(약 4촌8푼 · 약 3촌2푼 · 약 4촌)의 반원방경대신인신수경을 만들게 되는데 그 표현이 흥미롭다.

> 百湅正銅
> 百湅正章
> 百湅淸同[銅]

이런 용례에 의하면, '정동正銅' · '청동淸銅' · '정장正章' 따위의 의미를 어느 정도 짐작을 할 수 있다. 다시 말하면, '바른 것'이나 '깨끗한 것', '바른 [문장과 같은] 것' 따위처럼 '최선의 것', '정도正道의 것'으로 풀이해도 좋을 듯하다.

'청동淸銅'에 대한 의미가 어느 정도 드러난 것이라 생각된다. 기록상으로는 263년(오 영안 6년) 반원방형대신인신수경 2점(약 4촌4푼 · 약 4촌5푼), 오나라 감로 2년(266)과 보정 원년(266)의 반원방형대신인신수경, 267~268년 2점 따위의 반원방형대신인신수경 따위가 그것이다. 역시 서술어로 '백련'과 함께 사용하고 있다.

거울을 만들 때, 많은 담금질 즉 정성과 고도의 기술이 있었음을 여러 가지로 표현했다. '幽湅', '九湅', '百湅' 따위와 '三商', 따위 등이 바로 그것이다. 위에서 제시한 '淸銅', '正銅' 따위도 같은 개념으로 이해하면 좋을 듯하다.[44)]

---

44) 이 외에도 여러 가지로 담금질이 깊었음을 다음과 같이 표현한 바 있다.
常樂富貴莊君上 팔유방격사신경(八乳方格四神鏡, 15년 2점).
幽湅三商 ⋯ 長樂未英 환상유신인신수경(環狀乳神人神獸鏡, 105년), 환상유신수경(159년).
幽湅三商 ⋯ 長樂未 수수경(獸首鏡, 105년).
幽湅三商 ⋯ 長樂未央 중렬신인신수경(277년).
幽湅三商 ⋯ 太平長樂 반원방형대신인신수경(282년).

이상 논의한 바를 종합하면, 다음과 같이 정리할 수 있다.

'白上同[銅]'은 '백白'과 '상동上銅'의 결합어로 최상의 구리라는 의미다. 즉 '上銅'이란 최상의 구리 즉 '하얀 최상의 구리'로 해석하면 무리가 없을 것이다. '取'는 '作'으로 풀어도 좋을 것이다. '二百'은 일본 학자들이 풀이한 대로 '200'이 수량 개념이다. 다만 200이 구리 자체에 대한 단위인지 아니면 구리의 가격에 대한 단위인지는 정확하지 않다.

220년(동한 延康 원년)에 반원방형대신인신수경(약4촌2푼)의 명문에서 단서가 될 만한 대목이 나온다.

> 延康元年二月辛丑朔十二日壬子 師□□□□□□□作明竟(鏡) 玄涑
> (煉)章乃成 晶淸不可言 優者老壽高昇二千石 郡督部川于事[45]

이 명문에서 "2000석을 내면, 장수하고 승직한다"는 것은 분명히 구리의 가격을 말하고 있다. 고려 건국 구리거울 이야기에서도 시장에서 거울을 쌀 2말에 사는 대목이 등장한다.

長樂未央 기풍경(夔風鏡, 145년), 반원방형대신수경(半圓方形帶神獸鏡, 160년, 238년 2점), 수수경(178년), 반원방형대신인신수경(244년, 366년 2점).
幽涑三商 반원방형대신수경(160년), 환상유신수경(167년, 173년), 반원방형대신인신수경(265년, 280년, 281년, 282년, 283년).
幽三商 반원방형대신인신수경(272년).
幽涑三商 … 樂未央 수수경(168년).
樂未央 수뉴수수경(獸鈕獸首鏡, 174년), 반원방형대신인신수경(261년, 263년 2점).
大樂未央 신수경(187년).
幽涑宮商 중렬신인신수경(重列神人神獸鏡, 196년, 205년 4점), 주씨중렬신수경(朱氏重列神人神獸鏡, 205년 2점).
日月和樂 반원방형대신인신수경(219년).
幽涑三商 … 樂未 중렬신인신수경(261년 2점).
二十七商 신인신수경(278년).
45) 유영명, 앞의 책, 44쪽.

'早作明竟[鏡]'이란 명문은 동한東漢 영강永康 원년(167)에 만들어진 환상유신인신수경부터 등장하여 이후 사용되는 관용구다. '早作明竟'과 같이 단독으로 쓰이기도 하지만, '早作尚方明鏡' 따위와 같이 다른 글자가 보태어져서 쓰이기도 했다. 여기서 '早'란 '일찍부터'란 의미다. 일찍부터 마음속에 두어온 명경을 만들었다는 표현인 것이다.

지금까지 논의한 바를 정리하면, "200석의 가치가 되는 최상의 구리를 취하여 일찍부터 마음에 두어온 명경을 만들었다"로 요약할 수 있다.

4. 결론

그동안 구리거울의 연구는 고고미술사적 관점에서 논의해 왔다. 그러나 그 외의 관점의 하나인 '민속유산民俗遺産'으로도 살펴볼 필요도 있다. 무령왕릉 출토 구리거울 3점은 왕의 즉위 무렵에 같이 만들어졌는데, 왕의 의자손수대경과 방격규구신수문경은 525년 2차 빈장시에, 왕비의 수대경은 529년 2차 빈장시에 묻혔다. 우전팔번신사의 인물화상경 명문을 해석함에 있어서 그 전거로 '역사적 사실'도 중요하지만, 명문[관용] 문체로 이해할 수 있다는 것이다.

구리거울은 왕에서 일반인도 만들었기 때문에 시기와 장소에 따라 그 기능이 다르다는 것이다. 거울 연구는 "거울은 거울이다"에서 살펴보아야 할 것이다. 다시 말하면, 무령왕 관련 거울은 백제와 그 부부의 삶이 고스란히 담겨 있다는 것이다.

참고문헌

강인구(姜仁求), 2000, 『古墳硏究』, 학연문화사.

공상성(孔祥星) · 유일만(劉一曼), 1997 3차, 『中國銅鏡圖典』, 文物出版社.

공상일 · 유일만 지음, 안경숙 옮김, 2003, 『中國古代銅鏡』, 주류성.

구중회, 2001, 『계룡산 굿당 연구』, 국학자료원.

국립공주박물관, 2006, 무령왕릉 학술대회 11월24일~25일.

권오영, 2005, 『고대 동아시아 교류사의 빛, 무령왕릉』, 돌베개.

리쉐친 지음, 심재훈 옮김, 2005, 『중국 청동기의 신비』, 학고재.

문화공보부 문화재관리국, 1973, 『武寧王陵 : 발굴조사보고서』.

박용숙, 1987 5쇄, 『신화체계로 본 한국미술론』, 일지사.

상해고적출판사 편저, 박소정 편역, 2005, 『문답으로 엮은 교양 중국사』, 이산.

서거정 외, 동문선.

서유구(徐有榘), 『임원십육지(林圓十六志)』.

소진철, 1998 3판, 『金石文으로 본 백제무령왕의 세계 : 왕의 세상은 대왕의 세계』,
        원광대학교 출판부.

沈從文, 2005, 『銅鏡史話』, 萬卷出版公司.

유영명 편저, 1999, 『漢唐紀年鏡圖錄』, 江蘇古籍出版社.

윤내현, 1999, 『고조선 연구』, 일지사.

이난영, 1983, 『韓國의 銅鏡』, 한국정신문화연구원.

이두현, 1988, 『한국민속학논고』, 학연사.

이씨부인, 『규합총서(閨閤叢書)』.

이연복 · 이경복, 2000, 『한국인의 미용풍속』, 월간에세이.

이희덕, 1999, 『한국고대 자연관과 왕도정치』, 혜안.

장인성, 2001, 『백제의 종교와 사회』, 서경.

전완길, 1994 2쇄, 『한국화문화사 : 한국의 다문화와 다구』, 열화당.

정재윤, 1999, 『웅진시대 백제 정치사의 전개와 그 특성』, 서강대학교대학원 박사
        학위논문.

하야시 마나오 지음, 이남규 옮김, 2005,『중국고대 생활사』, 솔.
한국고대사회연구소, 1992,『역주한국고대금석문 I : 고구려 · 백제 · 낙랑편』.

찾아보기

ㅈ

T